Stefan Knischek
Lebensweisheiten berühmter Philosophen

Stefan Knischek

Lebensweisheiten
berühmter Philosophen

4 000 Zitate von Aristoteles bis Wittgenstein

11. Auflage

Bibliografische Information der Deutschen Nationalbibliothek
Die Deutsche Nationalbibliothek verzeichnet diese Publikation
in der Deutschen Nationalbibliografie; detaillierte bibliografische Daten
sind im Internet über https://dnb.de abrufbar.

ISBN 978-3-86910-005-0 (Print)
ISBN 978-3-86910-947-3 (PDF)

Der Autor: Stefan Knischek hat Volkswirtschaft studiert und ist als Wirtschaftsredakteur tätig. Seine Leidenschaft gilt jedoch der Philosophie. So hat er im Laufe der Zeit Tausende von philosophischen Zitaten aus den unterschiedlichsten Primär- und Sekundärquellen zusammengetragen.

11. Auflage

© 2024 humboldt
Die Ratgebermarke der Schlüterschen Fachmedien GmbH
Hans-Böckler-Allee 7, 30173 Hannover
www.schluetersche.de
www.humboldt.de

Autor und Verlag haben dieses Buch sorgfältig geprüft. Für eventuelle Fehler kann dennoch keine Gewähr übernommen werden. Alle Rechte vorbehalten. Das Werk ist urheberrechtlich geschützt. Jede Verwertung außerhalb der gesetzlich geregelten Fälle muss vom Verlag schriftlich genehmigt werden.

Covergestaltung: DSP Zeitgeist GmbH, Ettlingen
Innengestaltung: akuSatz Andrea Kunkel, Stuttgart
Titelfoto: Shutterstock
Satz: PER MEDIEN & MARKETING GmbH, Braunschweig
Druck und Bindung: TOTEM.COM.PL, Inowrocław

Inhalt

Vorwort 9

Sein 12

Natur 15

Mensch 20
Die Natur des Menschen 20
Edle und gewöhnliche Menschen 34
Praktische Menschenkunde 44
Lebensaltersfragen 55

Mensch und Seele 62
Seele 62
Gefühle 67
Liebe 73
Angst 76
Begierden 79

Mensch und Geist 84
Geist 84
Vernunft, Verstand 90
Denken, Idee 96
Erkennen, Erkunden 107
Wahrheit, Irrtum 112
Wissen 119

Ehe und Familie 128
Männer und Frauen 128
Ehe 137
Partnerschaft, Sexualität 143
Eltern und Kinder 149
Erziehung 153

Erwerbsleben 164
Arbeit 164
Geld und Besitz 172
Armut und Reichtum 181

Gesundheit, Freundschaft 187
Gesundheit 187
Freundschaft 191

Geistesleben 200
Bildung, Gelehrsamkeit 200
Wissenschaft 205
Künste (Kunst, Musik, Literatur etc.) 212
Philosophie 224

Religion 237
Religion, Glaube 237
Christentum 245
Gott 251

Politisches Leben 261
Gesellschaft 261
Kultur, Fortschritt, Geschichte 268
Gesetz, Recht und Ordnung 278
Politik 284
Staat 290
Demokratie 294
Regieren 297

Moral 304
Moral und Ethik 304
Verantwortung, Gewissen 310

Das Gute: Tugend im Allgemeinen 314
Das Gute: Einzelne Tugenden 318
Das Böse: Untugend im Allgemeinen 327
Das Böse: Einzelne Untugenden 329
Gerechtigkeit 340
Praktische Verhaltensregeln 344

Leben 351
Welt, Schicksal 351
Leben als solches, Lebenssinn 355
Freiheit 369
Glück 377

Tod, Sterben 391

Verzeichnis der zitierten Philosophen 401

Register 406

Vorwort

> Weise Lebensführung gelingt keinem Menschen durch Zufall. Man muss, solange man lebt, lernen, wie man leben soll.
> *Seneca*

Die Suche nach der Weisheit des Lebens dürfte genauso alt sein wie der Mensch selbst, und wahrscheinlich wird sie genauso lange andauern, bis der Mensch selbst vielleicht eines Tages nicht mehr existieren wird. Dass der Stein der Weisen in der Menschheitsgeschichte angeblich immer wieder gefunden worden sein soll, kann uns schlicht als Beweis für die Hartnäckigkeit der Weisheit dienen, prinzipiell unentdeckt bleiben zu wollen. Der tiefere Grund für den Unendlichkeitscharakter der Wahrheitssuche liegt sicherlich in der Natur des Menschen selbst begründet: Dadurch, dass er ständig auf der Suche nach sich selbst ist, er nach Klarheit, Identität, Harmonie und Zufriedenheit strebt, muss er sich kontinuierlich verändern und anpassen, in einer sich ständig verändernden Welt, wo sogar die Erdkugel sich unaufhaltsam um sich selbst dreht. Eine der wichtigsten Quellen für die Schwierigkeit der menschlichen Wahrheitssuche stellt mit Sicherheit die generelle Polarität der menschlichen Existenz dar: Der Mensch muss sich zurechtfinden zwischen Theorie und Praxis, Liebe und Hass, Gut und Böse, Denken und Fühlen, Hoffen und Wissen, Glück und Unglück, letztlich zwischen Leben und Tod. Da uns Weisheit und Wahrheit nicht einfach in den Schoß fallen (vgl. obiges Zitat von Seneca), müssen wir uns, wenn möglich, „mutig, unbekümmert, spöttisch" (Friedrich Nietzsche) auf diesen unseren unendlichen Weg begeben, letztlich sogar, ob wir wollen oder nicht.

Auf diesen Weg jedenfalls möchte Sie, liebe Leserinnen und Leser, dieses Buch mit seinen 4000 philosophischen Lebensweisheiten begleiten. In guten Zeiten oder an starken Tagen mag es Sie vielleicht zum vertieften Nachdenken oder zu manch interessanter Diskussion anregen, vielleicht trägt es ja auch zur Erfrischung Ihrer Lebensgeister bei oder inspiriert Sie, neue Lebensperspektiven und -entwürfe für sich zu entwickeln. In schlechten Zeiten oder an schwachen Tagen kann es Ihnen vielleicht Trost spenden, Mut zusprechen oder Ihnen diejenigen Gedanken übermitteln, aus denen Sie neue Lebensenergien und -ideen schöpfen können. Wenn dieses Buch ein Mehr an Gelassenheit und ein Weniger an Leidenschaft mit sich bringt und wenn sich irgendwann einmal sogar das Motto Montaignes einstellen sollte, dass nämlich nur eine anhaltend gute Laune als das wahre Anzeichen für Weisheit aufgefasst werden kann, dann müsste sich dieses Buch für alle Seiten gelohnt haben.

Zum Gebrauch des Buches: Den umfassenden Überblick über die zu einem bestimmten Themenkomplex bzw. Lebensbereich gemachten philosophischen Aussagen erhält man sicherlich am besten dadurch, indem man sich direkt mit einem der 54 Kapitel auseinandersetzt. Die Zitate sind innerhalb der einzelnen Kapitel in chronologischer Reihenfolge (der Philosophen) aufgeführt; ein Kapitel beginnt also meist mit den Lebensweisheiten der Antike und endet mit denen aus der Gegenwart. Das hat den nicht zu unterschätzenden Vorteil, dass der gesamte denkerische Fortgang bezüglich eines Themas oder Themenkomplexes recht gut nachvollzogen werden kann, eine kleine themenspezifische Dogmengeschichte sozusagen aufgeschlagen wird. Ab und an wird man dabei den (zustimmenden oder ablehnenden) Rekurs studieren können, der unter den Philosophen zu manchem (Reiz-)Thema stattgefunden hat. Wer Zitate zu einem speziellen Sachverhalt oder gar Begriff, wird sicherlich im Register fündig werden.

Stefan Knischek

Sein

Alles fließt, nichts ist fest. *Heraklit*

Eins sei alles! *Heraklit*

Sie verstehen nicht, wie das eine auseinanderstrebend ineinanderstrebt; wie gegeneinanderstrebend sich Bogen und Leier verbinden. *Heraklit*

Der Krieg ist der Vater und König aller Dinge. *Heraklit*

Das Sein ist ungeworden, und unzerstörbar, … es war nicht und wird nicht sein, denn im Jetzt ist es als Ganzes, Zusammenhängendes. *Parmenides*

Die Gegensätze heben sich auf in der Einheit. Sie bestehen in der Verschiedenheit, wodurch sie vergehen. Jenseits von Bestehen und Vergehen kehren sie zurück, aufgehoben in der Einheit.
Chuangtse

Der Anfang des Seins der Welt heißt die Mutter der Welt.
Laotse

Denn Sein und Nichtsein erzeugen einander. Schwer und Leicht vollenden einander. Lang und Kurz gestalten einander. Stimme und Ton vermählen einander. Vorher und Nachher folgen einander. *Laotse*

Die Wiederkehr ist der Weg des Sinns. Die Sanftheit ist die Wirkung des Sinnes. Alle Dinge dieser Welt entstehen aus dem Sein. Das Sein entsteht aus dem Nichtsein. *Laotse*

Ton knetend formt man Gefäße. Doch erst ihr Hohlraum, das Nichts, ermöglicht die Füllung. Das Sichtbare, das Seiende, gibt dem Werk die Form. Das Unsichtbare, das Nichts, gibt ihm Wesen und Sinn.
Laotse

Die größte Offenbarung ist die Stille.
Laotse

Aus nichts wird nichts.
Lukrez

Jenes eilt ins Dasein, dieses aus dem Dasein und von dem, was im Werden begriffen ist, ist manches schon wieder verschwunden.
Mark Aurel

Ewig ist, wessen Sein das Ganze zugleich ist.
Thomas v. Aquin

Das Endliche wird vor dem Unendlichen zu nichts, es wird ein reines Nichts.
Blaise Pascal

„Alles ist gut" will nur besagen, dass alles von unveränderlichen Gesetzen regiert wird.
Voltaire

Das reine Sein und das reine Nichts ist also dasselbe.
Georg Wilhelm Friedrich Hegel

Der Wechsel allein ist das Beständige.
Arthur Schopenhauer

Die Unendlichkeit und das Ewige ist das einzig Gewisse.
Sören Kierkegaard

Doch alle Lust will Ewigkeit – will tiefe, tiefe Ewigkeit.
Friedrich Nietzsche

Oh, dieses ewige Überall. Oh, dieses ewige Nirgendwo. Oh, dieses ewige Umsonst.
Friedrich Nietzsche

Alles Dasein hat in sich schon das Verderben.
Karl Jaspers

Sein bedeutet etwas, das über alles Bedeuten hinausliegt: die Wirklichkeit selber, das, was mich hält im Ursprung, der ich bin.
Karl Jaspers

Da-Sein heißt: Hineingehaltenheit in das Nichts.
Martin Heidegger

Die Undefinierbarkeit des Seins dispensiert nicht von der Frage nach einem Sinn, sondern fordert dazu gerade auf.
Martin Heidegger

Die Sprache ist das Haus des Seins. *Martin Heidegger*

Natur

Die Natur liebt es, sich zu verbergen. *Heraklit*

Die Natur liebt es, sich zu verbessern. *Heraklit*

Sofern wir in die Natur eingreifen, haben wir strengstens auf die Wiederherstellung ihres Gleichgewichts zu achten.

Heraklit

Im Entstehen ist eine harmonische Mischung der Gegensätze.

Heraklit

Das Weltall in seiner für alle Lebewesen gültigen Weltordnung (...) war, ist und wird ewig sein ein sich lebendes Feuer, das sich in ständigem Rhythmus entzündet und verlischt. *Heraklit*

Ungewordene: die Elemente. *Empedokles*

Die Natur ist ein Brief Gottes an die Menschheit. *Platon*

Die Natur macht nichts vergeblich. *Aristoteles*

Dunkelgründig, als ob es nicht sei, und doch ist es; zwanglos aus sich selbst wirkend, gestaltlos und doch voll zauberischer Kraft. Alle Dinge ernährt es, und doch wissen diese nichts davon. Dies nennt man des Ursprungs Wurzel. Wer sie erkennt, kennt die Natur. *Chuangtse*

Dank sei der gepriesenen Walterin Natur, dass sie das Notwendige leicht erreichbar schuf, das Schwererreichbare aber als nicht notwendig. *Epikur*

Tiere und kleine Kinder sind der Spiegel der Natur. *Epikur*

Das Universum ist vollkommen. Es kann nicht verbessert werden. Wer es verändern will, verdirbt es. Wer es besitzen will, verliert es.
Laotse

Dies ist die Erkenntnis von der Natur der Dinge: Das Weiche, Schwache wird das Harte und Starke überdauern.
Laotse

Die Natur ist die beste Führerin des Lebens.
Marcus Tullius Cicero

Die Natur hat uns den Nießbrauch des Lebens gewährt wie den eines Darlehens, für das (vorher) kein Rückzahlungstermin festgelegt wurde.
Marcus Tullius Cicero

Der Ursprung aller Dinge ist klein.
Marcus Tullius Cicero

Deshalb nennt man die Erde die große Mutter der Götter, Mutter des Wilds und zugleich auch die Schöpferin unseres Leibes.
Lukrez

Die Natur ist (bereits) mit wenigem zufrieden.
Seneca

Alles, was der Natur gemäß geschieht, geschieht richtig.
Epiktet

Der Schaden eines jeden Wesens besteht in dem, was wider die Natur geht.
Epiktet

Allem stimme ich zu, was mit dir, o Kosmos, übereinstimmt. Nichts kommt mir zu früh oder zu spät, was dir zur rechten Zeit kommt. Alles, was deine Jahreszeiten bringen, ist mir reife Frucht.
Mark Aurel

Das Wunder ist nicht ein Widerspruch zu den Naturgesetzen, sondern ein Widerspruch zu dem, was wir von diesen Gesetzen wissen.
Aurelius Augustinus

Man kann die Natur nur dadurch beherrschen, indem man sich ihren Gesetzen unterwirft. *Francis Bacon*

Wir dürfen nicht annehmen, dass alle Dinge unsretwegen geschaffen worden sind. *René Descartes*

Die Natur hat Vollkommenheiten, um zu zeigen, dass sie das Abbild Gottes ist, und Mängel, um zu zeigen, dass sie nur das Abbild ist. *Blaise Pascal*

Das Weltall ist ein Kreis, dessen Mittelpunkt überall und dessen Umfang nirgendwo ist. *Blaise Pascal*

Alle Dinge geschehen aus Notwendigkeit; es gibt in der Natur kein Gutes und kein Schlechtes. *Benedictus de Spinoza*

Die Natur macht keine Sprünge. *Gottfried Wilhelm Leibniz*

Die Natur kann nicht Recht von Unrecht unterscheiden. *Voltaire*

Die Natur ist unbestreitbar sehr lobenswert und sehr ehrwürdig, aber sie hat schandbare Kinder. *Voltaire*

Zurück zur Natur! *Jean-Jacques Rousseau*

Die Natur betrügt uns nie. Wir sind es immer, die wir uns selbst betrügen. *Jean-Jacques Rousseau*

Was ist Natur? Die Summe aller Wesen. *Claude Adrien Helvétius*

Die Unendlichkeit der Schöpfung ist groß genug, um eine Welt oder eine Milchstraße von Welten gegen sie anzusehen, wie man eine Blume oder ein Insekt in Vergleichung gegen die Erde ansieht. *Immanuel Kant*

Alles, was die Natur selbst anordnet, ist zu irgendeiner Absicht gut. *Immanuel Kant*

Unmittelbares Interesse an der Schönheit der Natur zu nehmen, ist jederzeit ein Kennzeichen einer guten Seele.
Immanuel Kant

Der Mensch muss sich in die Natur schicken; aber er will, dass sie sich in ihn schicken soll. *Immanuel Kant*

Die ganze Natur ist eigentlich nichts anderes als ein Zusammenhang von Erscheinungen nach Regeln. *Immanuel Kant*

Zwei Dinge erfüllen das Gemüt mit immer neuer und zunehmender Bewunderung und Ehrfurcht, je öfter und anhaltender sich das Nachdenken damit beschäftigt: Der bestirnte Himmel über mir und das moralische Gesetz in mir. *Immanuel Kant*

Aller Tod in der Natur ist Geburt, und gerade im Sterben erscheint sichtbar die Erhöhung des Lebens.
Johann Gottlieb Fichte

Wer die Natur nicht durch die Liebe kennenlernt, der wird sie nie kennenlernen. *Friedrich Schlegel*

Wäre in der Natur überhaupt Zufall – auch nur ein Zufall –, so würdest du sie in allgemeiner Regellosigkeit erblicken. Weil aber alles, was in ihr geschieht, mit blinder Notwendigkeit geschieht, so ist alles, was geschieht oder entsteht, Ausdruck eines ewigen Gesetzes und einer unverletzbaren Form.
Friedrich Wilhelm Joseph Schelling

Es ist nicht genug, dass man verstehe, der Natur Daumenschrauben anzulegen; man muss sie auch verstehen können, wenn sie aussagt. *Arthur Schopenhauer*

Der Natur liegt bloß unser Dasein, nicht unser Wohlsein am Herzen. *Arthur Schopenhauer*

Wir sind so gerne in der freien Natur, weil sie keine Meinung über uns hat. *Friedrich Nietzsche*

Schönheit ist das von uns erblickte Spiegelbild einer außerordentlichen Freude der Natur. *Friedrich Nietzsche*

Meine Brüder, die Natur ist dumm; und soweit wir Natur sind, sind wir alle dumm. Auch die Dummheit hat einen schönen Namen: sie nennt sich Notwendigkeit. *Friedrich Nietzsche*

Auch der vernünftigste Mensch bedarf von Zeit zu Zeit wieder der Natur, das heißt seiner unlogischen Grundstellung zu allen Dingen. *Friedrich Nietzsche*

Die Natur kennt keinen Kampf ums Dasein, sondern nur den aus der Fürsorge für das Leben. Was ein Tier das andre jagen und töten lässt, ist das Bedürfnis des Hungers, nicht Erwerbssinn, Ehrgeiz, Machtgelüste. *Ludwig Klages*

Alles Schöpferische ist unvoraussehbar. *Karl Jaspers*

Während wir Philosophen noch streiten, ob die Welt überhaupt existiert, geht um uns herum die Natur zugrunde.
Karl Raimund Popper

Mensch

Die Natur des Menschen

Das richtige Maß und die Mitte sind die Höhepunkte der menschlichen Natur. *Konfuzius*

Wer unsere Träume stiehlt, gibt uns den Tod. *Konfuzius*

Wer das Morgen nicht bedenkt, wird Kummer haben, bevor das Heute zu Ende geht. *Konfuzius*

Von Natur aus sind die Menschen fast gleich; erst ihre Gewohnheiten entfernen sie voneinander. *Konfuzius*

Die Perle kann ohne Reibung nicht zum Glänzen, der Mensch ohne Anstrengung nicht vervollkommnet werden. *Konfuzius*

Allen Menschen ist es gegeben, sich selbst zu erkennen und klug zu sein. *Heraklit*

Der Charakter ist das Schicksal des Menschen. *Heraklit*

Dem Menschen ist sein Sinn sein Dämon. *Heraklit*

Aller Dinge Maß ist der Mensch. *Protagoras*

Was wunderst du dich, dass deine Reisen dir nichts nützen, da du dich selbst mit herumschleppst? *Sokrates*

Der Mensch ist eine Welt im Kleinen. *Demokrit*

Wie viel klüger ist doch das Tier als der Mensch: wenn dieses etwas bedarf, weiß es, wie viel es bedarf; der Mensch aber, der etwas bedarf, erkennt das nicht. *Demokrit*

Die Natur des Menschen

Allwärts klagt der Mensch Natur und Schicksal an, und sein Schicksal ist doch in der Regel nur Nachklang seines Charakters, seiner Leidenschaften, Fehler und Schwächen. *Demokrit*

Als Naturwesen bleibt der Mensch an den Körper gebunden, als Geistwesen aber hat er Flügel. *Platon*

Der Fehler begleitet den Menschen. *Platon*

Der Mensch ist weder Tier noch Engel, und das Unglück will, dass, wer einen Engel aus ihm machen will, ein Tier aus ihm macht. *Platon*

Der Mensch ist ein Wesen mit der Möglichkeit zu neuen Wirklichkeiten. *Aristoteles*

Der Mensch sieht sein Spiegelbild nicht im fließenden Wasser. Der Mensch sieht sein Spiegelbild im stillen Wasser. *Chuangtse*

So kommt das Auge durch Scharfsichtigkeit in Gefahr, das Ohr kommt durch Feinhörigkeit in Gefahr, die Seele kommt durch Begierden in Gefahr. Jede Fähigkeit kommt dadurch in Gefahr, dass man sie zu übertreiben sucht. *Chuangtse*

Wem genug zu wenig ist, dem ist nichts genug. *Epikur*

Andere erkennen ist weise. Sich selbst erkennen ist Erleuchtung. *Laotse*

Die Gewohnheit ist eine zweite Natur. *Marcus Tullius Cicero*

Oft ist der Mensch selbst sein größter Feind. *Marcus Tullius Cicero*

Alles beruht darauf, dass du dir selbst gebietest. *Marcus Tullius Cicero*

Mensch

Nichts ist ihm schädlicher als er sich selbst.

Marcus Tullius Cicero

O welch ärmliches Geschöpf ist der Mensch, wenn er sich nicht über das Menschliche erhebt. *Seneca*

Es ist nämlich schwer, sein Wesen zu ändern. *Seneca*

Nirgends hat es die Natur besser mit uns gemeint: da sie ja wusste, zu welchen Leiden wir geboren werden, erfand sie zur Linderung der Unbill die Gewohnheit, die rasch das Allerschwerste alltäglich werden lässt. *Seneca*

Täglich aber droht dem Menschen vom Menschen Gefahr.

Seneca

Das Schwierigste ist, sich selbst zu besiegen. *Seneca*

Von den Menschen lernen wir reden, von den Göttern schweigen. *Plutarch*

Wie schnell verschwindet alles: im Kosmos die Menschen selber, in der Ewigkeit die Erinnerung an sie! *Mark Aurel*

Wir sind zur Gemeinschaft geschaffen wie Füße, wie Hände, wie die untere und obere Reihe unserer Zähne. *Mark Aurel*

Ein abgrundtiefes Geheimnis ist der Mensch.

Aurelius Augustinus

Das Verlangen nach Seligkeit und Unsterblichkeit hat Gott in unser Wesen eingesenkt. *Aurelius Augustinus*

Das ist ja die Grundbedingung der Menschennatur: so hoch sie über alle Dinge emporragt, wenn sie sich erkennt, so tief sinkt sie noch unter die Tiere, wenn sie aufhört, sich zu erkennen.

Boethius

Die Natur des Menschen

Auf zweierlei beruht alle Wirkung menschlicher Handlungen, auf Wille und Macht.
Boethius

Alles Dichten und Trachten der Menschen ... läuft doch immer auf das eine letzte Ziel hinaus, die Erlangung der Glückseligkeit.
Boethius

Es scheint, dass uns die Natur vorzugsweise zur Geselligkeit bestimmt habe.
Michel de Montaigne

Ich fürchte, die Natur hat dem Menschen selbst einen Zug zur Unmenschlichkeit eingepflanzt.
Michel de Montaigne

Wohin ich auch zu gehen gedenke, so muss ich doch erst immer einen Schlagbaum der Gewohnheit frei machen, so sorgfältig hat sie alle unsere Straßen verrammelt.
Michel de Montaigne

Die Mehrzahl meiner Handlungen beruht auf Beispiel, nicht auf Überlegung.
Michel de Montaigne

Ich habe auf dieser Welt kein ausgesprocheneres Ungeheuer und Wunder gesehen als mich selbst.
Michel de Montaigne

Der Mensch ist das, was er sein kann; aber er ist nicht alles das, was er sein kann.
Giordano Bruno

In der menschlichen Natur steckt gewöhnlich mehr vom Toren als vom Weisen.
Francis Bacon

Was ist der Mensch? Ein Nichts vor dem Unendlichen, ein All gegenüber dem Nichts, eine Mitte zwischen dem All und dem Nichts.
Blaise Pascal

Nur ein Schilfrohr, das zerbrechlichste in der Welt, ist der Mensch, aber ein Schilfrohr, das denkt.
Blaise Pascal

Mensch

Zweierlei unterrichtet den Menschen über seine Natur: Der Instinkt und die Erfahrung. *Blaise Pascal*

Welche Chimäre ist doch der Mensch! Welch Unerhörtes, welch Ungeheuer, welch Chaos, welch widersprüchliches Wesen, welch Wunder. *Blaise Pascal*

Zu unserer Natur gehört die Bewegung; die vollkommene Ruhe ist der Tod. *Blaise Pascal*

Lerne, dass der Mensch den Menschen unendlich übersteigt.
Blaise Pascal

Beschreibung des Menschen: Abhängigkeit, Wunsch nach Unabhängigkeit, Bedürfnisse. *Blaise Pascal*

Der Zustand des Menschen: Unbeständigkeit, Langeweile, Unruhe. *Blaise Pascal*

Die Empfindlichkeit des Menschen für die kleinen Dinge und seine Gleichgültigkeit für die großen zeugen von einer seltsamen Verkehrtheit. *Blaise Pascal*

Der Mensch ist dadurch groß, dass er sich elend weiß. Ein Baum weiß sich nicht elend. *Blaise Pascal*

Die Gewohnheit ist eine zweite Natur, welche die erste vernichtet. Weshalb ist die Gewohnheit nicht natürlich? Ich fürchte sogar, dass diese Natur selbst nur eine Gewohnheit ist wie die Gewohnheit eine zweite Natur. *Blaise Pascal*

Die Natur des Menschen ist nicht so, dass sie immer vorwärts ginge, sie hat ihr Hin und Her. *Blaise Pascal*

Der Mensch vermag nicht zu begreifen, was der Körper, und noch weniger, was der Geist ist, und am allerwenigsten, wie ein Geist mit einem Körper verbunden sein kann. *Blaise Pascal*

Die Natur des Menschen

Wir sind unfähig, die Wahrheit und das Glück nicht zu wünschen, und sind weder der Gewissheit noch des Glückes fähig.
Blaise Pascal

Die größte Niedertracht des Menschen ist sein Streben nach Ruhm, aber gerade dieses ist auch das Zeichen, dass er etwas Höheres ist.
Blaise Pascal

Im Reiche des Fleisches herrscht recht eigentlich die Begehrlichkeit, im Reiche des Geistes recht eigentlich die Neugierde, in der Weisheit recht eigentlich der Stolz.
Blaise Pascal

Der Mensch darf nicht glauben, er sei den Tieren gleich, er darf nicht glauben, er sei den Engeln gleich, er darf nicht das eine und nicht das andere übergehen; sondern er muss beides wissen.
Blaise Pascal

Der Mensch ist für die Freude geboren.
Blaise Pascal

Ich habe mich eifrig bemüht, der Menschen Tun weder zu belachen noch zu beweinen, noch zu verabscheuen, sondern es zu begreifen.
Benedictus Spinoza

Begierde ist des Menschen Wesen selbst.
Benedictus Spinoza

Der Mensch wird ohne Grundsätze, jedoch mit der Fähigkeit geboren, sie alle in sich aufzunehmen.
Voltaire

Alle Menschen sind gleich; nicht die Geburt, nur die Tüchtigkeit macht einen Unterschied.
Voltaire

Eigenliebe ist das Instrument unserer Selbsterhaltung.
Voltaire

Um zweierlei beneide ich die Tiere: sie wissen nicht, was an Bösem droht, und sie wissen nicht, was über sie geredet wird.
Voltaire

Vernunft, geschickte Hände, ein Kopf, der fähig ist, abstrakte Begriffe zu finden, eine Zunge, behände, sie auszusprechen – das sind die Gaben, die das höchste Wesen allein dem Menschen verliehen hat …
Voltaire

Jeder Mensch kommt mit einer sehr großen Sehnsucht nach Herrschaft, Reichtum und Vergnügen sowie mit einem starken Hang zum Nichtstun auf die Welt.
Voltaire

Wer absolut allein lebte, verlöre bald die Fähigkeit des Denkens und des Sprechens; er fiele sich selbst zur Last und würde schließlich zum Tier.
Voltaire

Jedes Lebewesen hat seinen Instinkt, und der Instinkt des Menschen, verstärkt durch die Vernunft, treibt ihn zum gesellschaftlichen Zusammenleben wie zum Essen und zum Trinken.
Voltaire

Der natürliche Mensch ist ein Ganzes für sich, eine numerische Einheit, das unbedingte Ganze, das nur zu sich selbst ein Verhältnis hat oder zu anderen Individualmenschen. Der Sozialmensch ist nur ein Bruch, der vom Nenner abhängt und dessen Wert in seinem Verhältnis zum Ganzen besteht, nämlich dem gesellschaftlichen Körper.
Jean-Jacques Rousseau

Das Bild der Natur zeigt mir nur Ebenmaß und Harmonie, das Bild des Menschengeschlechts nur Verwirrung und Chaos.
Jean-Jacques Rousseau

Die Menschen lieben sich selbst, alle wollen glücklich werden.
Claude Adrien Helvétius

Mensch: ein Tier, das Geschäfte macht; kein anderes Tier tut dies – kein Hund tauscht Knochen mit einem anderen.
Adam Smith

Die Natur des Menschen

Der Mensch ist das einzige Geschöpf, das erzogen werden muss.
Immanuel Kant

Mensch: das Tier, das sich vervollkommnen kann.
Immanuel Kant

Der Mensch ist das einzige Tier, das arbeiten muss.
Immanuel Kant

Was den Menschen über sich selbst erhebt …, ist nichts anderes als die Persönlichkeit, das ist die Freiheit und Unabhängigkeit von dem Mechanismus der ganzen Natur. *Immanuel Kant*

Die größte Angelegenheit des Menschen ist zu wissen, wie er seine Stelle in der Schöpfung gehörig erfülle. *Immanuel Kant*

Der Mensch ist unausgesetzt bemüht, sich vom Stoffe zur Form, von der Wirklichkeit zur Möglichkeit, von der Welt zu Gott zu erheben.
Friedrich Heinrich Jacobi

Handeln, das ist es, wozu wir da sind. *Johann Gottlieb Fichte*

Alle Kraft des Menschen wird erworben durch Kampf mit sich selbst und Überwindung seiner selbst. *Johann Gottlieb Fichte*

Der Mensch ist bestimmt, in der Gesellschaft zu leben.
Johann Gottlieb Fichte

Das ist des Menschen Ruhm: Zu wissen, dass unendlich sein Ziel ist, und doch nie stillzustehn im Lauf.
Friedrich Ernst Schleiermacher

Das, was der Mensch ist, ist seine Tat, ist die Reihe seiner Taten, ist das, wozu er sich gemacht hat.

Georg Wilhelm Friedrich Hegel

Jeder Mensch hat eine Welt (die ganze Welt) in sich; er ist in dieser Einfachheit ein Abgrund, der eine unendliche Menge in sich schließt. *Georg Wilhelm Friedrich Hegel*

Der Mensch ist, was er als Mensch sein soll, erst durch Bildung. *Georg Wilhelm Friedrich Hegel*

Der Mensch ist ein schaffender Rückblick der Natur auf sich selbst. *Friedrich Schlegel*

Denke dir ein Endliches ins Unendliche gebildet, so denkst du einen Menschen. *Friedrich Schlegel*

Nur durch die Liebe und durch das Bewusstsein der Liebe wird der Mensch zum Menschen. *Friedrich Schlegel*

Es ist der Menschheit eigen, dass sie sich über die Menschheit erheben muss. *Friedrich Schlegel*

Der Mensch ist vor allen anderen Geschöpfen ein auf Hoffnung gestelltes Wesen. *Friedrich Schlegel*

Durch das, was wir tun, erfahren wir bloß, was wir sind.
Arthur Schopenhauer

Das fortwährende Dasein des Menschengeschlechts ist bloß ein Beweis der Geilheit desselben. *Arthur Schopenhauer*

Mensch: im Grunde ein wildes Tier. Wir kennen es bloß im Zustand der Bändigung und Zähmung. *Arthur Schopenhauer*

Der Mensch für sich allein vermag gar wenig und ist ein verlassener Robinson; nur in der Gemeinschaft mit den anderen ist und vermag er viel. *Arthur Schopenhauer*

Die Natur des Menschen

Als Zweck unseres Daseins ist in der Tat nichts anderes anzugeben, als die Erkenntnis, dass wir besser nicht da wären.
Arthur Schopenhauer

Der Wille, als das Ding an sich, macht das innere, wahre und unzerstörbare Wesen des Menschen aus: an sich selbst ist er jedoch bewusstlos.
Arthur Schopenhauer

Alles überwindet der Mensch …, wenn er muss.
Ludwig Feuerbach

… nur der Gegenstand der wahren Liebe entwickelt und offenbart auch erst das wahre Wesen des Menschen.
Ludwig Feuerbach

Das Handeln ist bei den organischen Wesen die vorzüglichste Bestimmung des Lebens, der Gesundheit und der Kraft.
Pierre Joseph Proudhon

Wer verzweifelt, findet den ewigen Menschen.
Sören Kierkegaard

Wenn das Meer alle seine Kraft anstrengt, so kann es das Bild des Himmels gerade nicht widerspiegeln; doch wenn es stille wird und tief, senkt sich das Bild des Himmels in sein Nichts.
Sören Kierkegaard

Es ist nicht das Bewusstsein der Menschen, das ihr Sein, sondern umgekehrt ihr gesellschaftliches Sein, das ihr Bewusstsein bestimmt.
Karl Marx

Der Mensch ist im wörtlichen Sinne ein zoon politikon, nicht nur ein geselliges Tier, sondern auch ein Tier, das nur in der Gesellschaft sich vereinzeln kann.
Karl Marx

Mensch

Alle Revolutionen haben bisher nur eines bewiesen, nämlich, dass sich vieles ändern lässt, bloß nicht die Menschen.

Karl Marx

Was der Mensch sei, sagt ihm die Geschichte.

Wilhelm Dilthey

Der Mensch ist ein Seil, geknüpft zwischen Tier und Übermensch, – ein Seil über dem Abgrunde. *Friedrich Nietzsche*

Der Mensch ist etwas, das überwunden werden soll.

Friedrich Nietzsche

Wirf das Missvergnügen über dein Wesen ab! Verzeihe dir dein eigenes Ich! *Friedrich Nietzsche*

Der Unterleib ist der Grund dafür, dass der Mensch sich nicht so leicht für einen Gott hält. *Friedrich Nietzsche*

Was groß ist am Menschen, das ist, dass er eine Brücke und kein Zweck ist: Was geliebt werden kann am Menschen, das ist, dass er ein Übergang und kein Untergang ist.

Friedrich Nietzsche

Was wissen wir, wozu uns die Umstände treiben könnten!

Friedrich Nietzsche

Der Mensch ist das beste Raubtier. Allen Tieren hat der Mensch schon ihre Tugenden abgeraubt. Nur noch die Vögel sind über ihm. *Friedrich Nietzsche*

Die Einsamkeit macht uns härter gegen uns und sehnsüchtiger gegen die Menschen: in beidem verbessert sie den Charakter.

Friedrich Nietzsche

Nichts zeigt so sehr die Tiefe des menschlichen Niveaus, als wozu der Mensch greift, um das Leben aushalten zu können.
Georg Simmel

Mensch: das denkende Tier. *Ludwig Klages*

Den Menschen als Doppelwesen aus Gott und Tier zu beschreiben ist nicht sehr fair gegenüber den Tieren. Eher ist er ein Doppelwesen aus Gott und Teufel. *Bertrand Russell*

Alles, was den Menschen groß gemacht hat, ist aus dem Versuch entstanden, das Gute zu festigen, und nicht aus dem Kampf, das Schlechte zu verhüten. *Bertrand Russell*

Der Mensch ist also beides zugleich: eine Sackgasse und – ein Ausweg. *Max Scheler*

Mensch sein heißt, das gegenüber seiende Wesen sein.
Martin Buber

In jedermann ist etwas Kostbares, das in keinem anderen ist.
Martin Buber

Am Du werden wir erst zum Ich. *Martin Buber*

Die menschliche Person bedarf der Bestätigung, weil der Mensch als Mensch ihrer bedarf. *Martin Buber*

Mensch: eine Episode, ein Augenblick im Weltschicksal.
Oswald Spengler

Mensch: das Raubtier mit den Händen. *Oswald Spengler*

Mensch: das aus sich selbst heraus gefährdete Wesen.
Nicolai Hartmann

Der Mensch macht sich zum Sklaven der Nützlichkeit, aber er weiß gar nicht mehr, wem zu Nutzen alles geschieht …
Nicolai Hartmann

Der Mensch ist das Wesen, das dazu verurteilt ist, Notwendigkeit in Freiheit umzusetzen. *José Ortega y Gasset*

Der Mensch ist sein eigener Romanschriftsteller.
José Ortega y Gasset

Der Begriff der Aufgabe ist ein Wesensbestandteil des Menschseins: Den Menschen gibt es nicht ohne die Aufgabe.
José Ortega y Gasset

Um Mensch zu werden, dürfen wir uns an kein Bild vom Menschen binden. *Karl Jaspers*

Dass wir miteinander reden können, macht uns zu Menschen.
Karl Jaspers

Ich gehe verloren, wenn der andere verloren geht. *Karl Jaspers*

Ich bin nur mit dem anderen, allein bin ich nichts. *Karl Jaspers*

Das Bild des Menschen, das wir für wahr halten, wird selbst ein Faktor unseres Lebens. *Karl Jaspers*

Der Mensch ist immer mehr, als er von sich weiß. Er ist nicht, was er für allemal ist, sondern er ist ein Weg. *Karl Jaspers*

Der Mensch ist ein zeitliches Wesen, das nur lebt, indem es seine Welt um sich wandelt. *Karl Jaspers*

Ohne das Pathos eines Absoluten kann der Mensch nicht existieren. *Karl Jaspers*

Was den Menschen zum Menschen macht, liegt vor der überlieferten Geschichte. *Karl Jaspers*

Die Natur des Menschen

Keine Zeit hat so viel und so Mannigfaltiges vom Menschen gewusst wie die heutige – und keine Zeit wusste weniger, was der Mensch sei, als die unsrige. *Martin Heidegger*

Dieses Seiende (der Mensch) hat den Ursprung seines Seins in der Sorge. *Martin Heidegger*

Die Antwort auf die Kongressfrage „Ist der Mensch messbar?" lautet: ein bisschen, mit vielen Maßen. *Ludwig Marcuse*

Der Mensch ist im Gegensatz zu allen höheren Säugern hauptsächlich durch Mängel bestimmt. *Arnold Gehlen*

Ob sich der Mensch als Geschöpf Gottes versteht oder als arrivierter Affe, wird einen deutlichen Unterschied in seinem Verhalten zu wirklichen Tatsachen ausmachen. Man wird in beiden Fällen auch in sich sehr verschiedene Befehle hören. *Arnold Gehlen*

Der Mensch ist nichts anderes als wozu er sich macht. *Jean-Paul Sartre*

Der Mensch ist eine nutzlose Leidenschaft. *Jean-Paul Sartre*

Der Mensch ist im Grunde Begierde, Gott zu sein. *Jean-Paul Sartre*

Der Mensch ist zur Freiheit verurteilt. *Jean-Paul Sartre*

Sie lachten, sie pochten an die Mauern des Absurden und des Schicksals, das sie sich gegenseitig zuwarfen; sie lachten, um sich zu züchtigen, um sich zu reinigen, um sich zu rächen, unmenschlich, zu menschlich, diesseits und jenseits der Verzweiflung: Menschen. *Jean-Paul Sartre*

Der Mensch ist das Tier, das Geschichte hat. *Carl Friedrich v. Weizsäcker*

Die Einbildung tröstet die Menschen über das, was sie nicht sein können, und der Humor tröstet sie darüber hinweg, was sie wirklich sind. *Albert Camus*

Wir haben keine Zeit, wir selber zu sein. Wir haben nur Zeit, glücklich zu sein. *Albert Camus*

Um sich selbst zu erkennen, muss man handeln. *Albert Camus*

Edle und gewöhnliche Menschen

Der Edle leidet an seinen Mängeln, nicht an mangelnder Anerkennung. *Konfuzius*

Wer trotz seines möglichen Vorteils an seine Pflicht denkt, wer trotz seines möglichen Todes sein Leben einsetzt, wer trotz lang vergangener Zeiten seine gegebenen Worte nicht vergisst, der kann als vollkommener Mensch gelten. *Konfuzius*

Ein vornehmer Mensch kann, indem er ein Leben der schlichten Einfalt führt, der Welt Frieden bringen. *Konfuzius*

Der sittliche Mensch liebt seine Seele, der gewöhnliche sein Eigentum. *Konfuzius*

Die sittliche Kraft des edlen Menschen ist wie der Wind; die sittlichen Eigenschaften des gewöhnlichen Menschen sind wie das Gras. Weht der Wind über das Gras, so beugt es sich unweigerlich. *Konfuzius*

Der edle Mensch sucht Grund und Anlass in sich selbst, der niedrige sucht sie in anderen. *Konfuzius*

Edle und gewöhnliche Menschen

Ich hasse diejenigen, die List für Weisheit, die Ungehorsam für Kühnheit und Geschwätz für Wahrheit nehmen. *Konfuzius*

Macht ohne Großmut, äußere Trauer ohne Schmerz; das sind Dinge, die ich nicht mit ansehen kann. *Konfuzius*

Der Weise strebt nach der Wahrheit. Wer sich aber schämt armer Kleidung und armer Nahrung, der ist noch nicht weise. *Konfuzius*

Ein vornehmer Mensch tadelt sich selbst, ein gewöhnlicher die andern. *Konfuzius*

Überwiegt die rohe Naturkraft gegenüber der Bildung, so ist das Ergebnis gemeine Rohheit. Hat die Bildung das Übergewicht, so ist das Ergebnis die Pedanterie des Schreibers. Nur die richtige Mischung von Naturkraft und Bildung macht den Edlen.

Konfuzius

Es gibt niemanden, der nicht isst und trinkt, aber nur wenige, die den Geschmack zu schätzen wissen. *Konfuzius*

Alle, die äußerlich eine ernste und strenge Miene zur Schau tragen, während sie innen hohl und beschränkt sind, sind die niedrigsten Menschen. *Konfuzius*

Ein weiser Mann scheut das Bereuen. Er überlegt seine Handlung vorher. *Epicharm*

Nüchtern sein und zweifeln, das ist der Kern der Weisheit.

Epicharm

Es werden mehr Menschen durch Übung tüchtig als durch Naturanlage. *Demokrit*

Ehrenwert ist der Mann, der selbst kein Unrecht tut, und doppelter und dreifacher Ehre wert, wenn er auch nicht geschehen lässt, dass andere Unrecht tun. *Platon*

Ein großer Mensch ist der, der sein Kinderherz nicht verloren hat. *Mengtse*

Der Weise ist wie der Bogenschütze. Dieser nimmt zuerst die richtige Stellung ein und schnellt dann den Pfeil ab. Wenn er trotzdem das Ziel nicht erreicht, so gibt er nicht anderen die Schuld, sondern sucht den Fehler bei sich. *Mengtse*

Sie sind immer eifrig beschäftigt, und sie wissen nicht, was sie tun. Sie pflegen ihre Gewohnheiten, und sie wissen nicht warum. Sie laufen ihr ganzes Leben lang, und sie kennen nicht den Weg. So sind die meisten Menschen. *Mengtse*

Im allgemeinen tun die meisten Menschen Unrecht, sobald sie in der Lage sind, es zu können. *Aristoteles*

Denn dem Durchschnittsmenschen ist mehr um Vorteil als um Ehre zu tun. *Aristoteles*

Nicht dem Vergnügen, sondern der Schmerzlosigkeit geht der Vernünftige nach. *Aristoteles*

Der großgesinnte Mensch wird überhaupt nicht oder ungern einen andern um etwas bitten, dagegen gern selber Hilfe leisten. *Aristoteles*

Der wahre Mensch wählt das Maß und entfernt sich von den Extremen, dem Zuviel und dem Zuwenig. *Aristoteles*

Die Masse strebt bloß nach Gewinn, der Held nach dem, was Ruhm verheißt, der Starke sucht in Taten Sinn, der Weise achtet nur den Geist. *Chuangtse*

Edle und gewöhnliche Menschen

Im Leben ohne Rang, im Tode ohne Titel, nicht sammelnd irdische Güter, nicht sammelnd irdischen Ruhm: So sind die ganz Großen.
Chuangtse

Bei den meisten Menschen ist die Ruhe Lähmung, die Bewegung Tollheit.
Epikur

Kleine Seelen werden durch Erfolge übermütig, durch Misserfolge niedergeschlagen.
Epikur

Wer andre kennt, ist klug. Wer sich selbst kennt, ist weise. Wer andre besiegt, hat Kraft. Wer sich selbst besiegt, ist stark.
Laotse

Also ist der Weise: Er umfasst das Eine und ist Vorbild für die Welt. Er stellt nicht den Schein über das Selbst und wird deshalb erleuchtet. Er will nichts sein und ist deshalb anerkannt. Er prahlt nicht, und ihm wird deshalb vertraut. Er ist nicht stolz auf sich und wird deshalb geschätzt. Er streitet nicht, und deshalb streitet keiner mit ihm.
Laotse

Der Weise hat keine unumstößlichen Grundsätze, er passt sich anderen an.
Laotse

Der Vollendete gleicht dem Wasser: Allen Wesen spendet es willig Erquickung und Segen. Streitlos erfüllt es die Tiefen, die der Mensch flieht ...
Laotse

Des Himmels Sinn ist segnen, ohne zu schaden. Des Berufenen Sinn ist wirken, ohne zu streiten.
Laotse

Wer am meisten liebt, der gibt am meisten weg. Wer am meisten anhäuft, der verliert am meisten. Wer sich beschneidet, der erfährt keine Schande. Wer weiß aufzuhören, der gerät nicht in Gefahr. Der kann ewig dauern.
Laotse

Mensch

… der Weise entbehre nichts, und dennoch habe er viele Dinge nötig: Dagegen hat der Törichte nichts nötig; nichts nämlich weiß er zu gebrauchen, aber alles entbehrt er. *Chrysippos*

Die meisten Menschen werden in ihrem Urteile bestimmt durch Liebe oder Hass, Neigung oder Abneigung, Hoffnung oder Furcht oder eine sonstige Gemütsbewegung: Die wenigsten urteilen nach der Wahrheit und dem Gesetz.

Marcus Tullius Cicero

Die höchste Bewunderung aber trifft den, auf den das Geld keinen Eindruck macht. *Marcus Tullius Cicero*

Der Weise ist sich selbst genug, um glücklich zu leben, nicht, um überhaupt zu leben. *Seneca*

Der Weise tut nichts wider Willen. *Seneca*

Niemand war je durch Zufall weise. *Seneca*

Auf die Absicht aller Dinge, nicht auf den Erfolg blickt der Weise. *Seneca*

Gold wird durch Feuer geprüft, tapfere Menschen durch Not.

Seneca

Anstrengung ist für edle Geister eine Stärkung. *Seneca*

Am stärksten ist, wer sich selbst in der Gewalt hat. *Seneca*

Die Gesinnung adelt den, dem es vergönnt ist, sich aus jedem Stande über das Glück zu erheben. *Seneca*

Welch ärmliches Geschöpf ist der Mensch, wenn er sich nicht über das Menschliche erhebt! *Seneca*

Selten tritt dem Weisen das Schicksal in den Weg. *Seneca*

Edle und gewöhnliche Menschen

Denn der Weg zu einem guten Charakter ist niemals spät.
Seneca

Das schlimmste unter den wilden Tieren ist der Tyrann, unter den zahmen der Schmeichler.
Plutarch

Der Edle sieht bei einer Gabe auf die Gesinnung des Gebers, nicht auf den Wert der Gabe.
Plutarch

Niemand aber ist weise, wenn er nicht glücklich ist.
Aurelius Augustinus

Es gibt nur ein Anzeichen für Weisheit: gute Laune, die anhält.
Michel de Montaigne

Ein kluger Mann wird sich mehr Gelegenheiten verschaffen, als sich ihm darbieten.
Francis Bacon

In einer großen Seele ist alles groß.
Blaise Pascal

Die Menschen aber, die ihren eigenen Weg zu gehen fähig sind, sind selten. Die große Zahl will nur in der Herde gehen, und sie weigert die Anerkennung denen, die ihre eigenen Wege gehen wollen.
Blaise Pascal

Die Größe eines Menschen muss man nicht nach seinen außergewöhnlichen Bemühungen, sondern nach seinem alltäglichen Benehmen bemessen.
Blaise Pascal

Viele Menschen gewinnen nur dadurch den Aspekt einer Persönlichkeit, dass sie immer wieder in dieselben Fehler zurückfallen.
Blaise Pascal

Jene, die glücklich machen, sind die wahren Sieger.
Voltaire

Alle Menschen sind gleich; nicht die Geburt, nur die Tüchtigkeit macht einen Unterschied.
Voltaire

Ein toter Löwe ist nicht so viel wert wie eine lebendige Mücke.
Voltaire

Ich mag keine Helden. Sie machen mir zu viel Lärm in der Welt.
Voltaire

Fast alles Große in der Welt ist durch das Genie und die Festigkeit eines einzelnen Mannes bewirkt worden, der gegen die Vorurteile der Menge ankämpfte oder ihr welche beibrachte.
Voltaire

Es ist das Vorrecht des erfinderischen Genies: es bahnt sich einen Weg dort, wo noch niemand vor ihm gewandelt; es bewegt sich führerlos, kunstlos, regellos; es verirrt sich auf seiner Bahn, aber es lässt alles, was nur der Vernunft und Genauigkeit entstand, weit hinter sich.
Voltaire

Gibt es jemand, der so weise ist, dass er aus den Erfahrungen anderer lernt?
Voltaire

Der Böse hat vor sich selbst Furcht und sucht sich selbst zu entfliehen.
Jean-Jacques Rousseau

Der Geschmack besteht in nichts anderem als der Fähigkeit, sich über das, was der großen Masse gefällt oder missfällt, ein eigenes Urteil zu bilden.
Jean-Jacques Rousseau

Jede Überlegenheit zieht uns Ehrfurcht und Feindschaft zu.
Claude Adrien Helvétius

Der Wunsch des Mittelmäßigen ist es, niemanden über sich zu haben.
Claude Adrien Helvétius

Genie ist ein Schwung der Leidenschaften, welche selten mit der Weisheit vereinbar sind.
Claude Adrien Helvétius

Edle und gewöhnliche Menschen

In der Einheit des Charakters besteht die Vollkommenheit des Menschen.
Immanuel Kant

Kein Mensch ist so wichtig wie er sich nimmt.
Immanuel Kant

Wer sich zum Wurm macht, kann nachher nicht klagen, wenn er mit Füßen getreten wird.
Immanuel Kant

Sparsamkeit in allen Dingen ist die vernünftige Handlung eines rechtdenkenden Menschen.
Immanuel Kant

Genie ist das Talent der Erfindung dessen, was nicht gelehrt oder gelernt werden kann.
Immanuel Kant

Talent ist spezifische, Genie allgemeine Befähigung.
Georg Wilhelm Friedrich Hegel

Der Tor läuft den Genüssen des Lebens nach und sieht sich betrogen; der Weise vermeidet die Übel.
Arthur Schopenhauer

Einsamkeit ist das Los aller hervorragender Geister.
Arthur Schopenhauer

Woran sollte man sich von der endlosen Verstellung, Falschheit und Heimtücke der Menschen erholen, wenn die Hunde nicht wären, in deren ehrliches Gesicht man ohne Misstrauen schauen kann?
Arthur Schopenhauer

Ein Mensch muss auch wissen, was er will, und wissen, was er kann: erst so wird er Charakter zeigen, und erst dann kann er etwas Rechtes vollbringen.
Arthur Schopenhauer

Zwischen dem Genie und dem Wahnsinnigen ist die Ähnlichkeit, dass sie in einer andern Welt leben als der für alle vorhandenen.
Arthur Schopenhauer

Mensch

Das Talent gleicht dem Schützen, der ein Ziel trifft, welches die übrigen nicht erreichen können; das Genie dem, der eins trifft, bis zu welchem sie nicht einmal zu sehen vermögen.
Arthur Schopenhauer

Demgemäß ist Simplizität stets ein Merkmal nicht allein der Wahrheit, sondern auch des Genies gewesen.
Arthur Schopenhauer

Der Held ist einer, der fünf Minuten länger tapfer ist als der gewöhnliche Mann.
Ralph Waldo Emerson

Neue Menschen brauchen wir.
Karl Marx

Das Große ist nicht, dies oder das zu sein, sondern man selbst zu sein.
Sören Kierkegaard

Die höchsten Menschen leiden am meisten am Dasein – aber sie haben auch die größten Gegenkräfte.
Friedrich Nietzsche

Nicht die Stärke, sondern die Dauer der hohen Empfindung macht den hohen Menschen.
Friedrich Nietzsche

Zeichen der Vornehmheit: nie dran denken, unsre Pflicht zu Pflichten für jedermann herabzusetzen.
Friedrich Nietzsche

Liebe und Grausamkeit sind nicht Gegensätze: sie finden sich bei den festesten und besten Naturen immer beieinander.
Friedrich Nietzsche

Bei unseren größten Männern muss man immer noch sagen: möchten sie etwas mehr Genie haben und etwas weniger Schauspieler sein!
Friedrich Nietzsche

Das Gift, an dem die schwächere Natur zugrundegeht, ist für den Starken Stärkung, und er nennt es auch nicht Gift.
Friedrich Nietzsche

Edle und gewöhnliche Menschen

Eine feine Seele bedrückt es, sich jemandem zum Dank verpflichtet zu wissen, eine grobe, jemandem zu Dank verpflichtet zu sein.
Friedrich Nietzsche

Genie ist, ein hohes Ziel und die Mittel dazu wollen.
Friedrich Nietzsche

Ein edler Charakter unterscheidet sich von einem gemeinen dadurch, dass er eine Anzahl Gewohnheiten nicht zur Hand hat.
Friedrich Nietzsche

Die einen werden durch großes Lob schamhaft, die anderen frech.
Friedrich Nietzsche

Der Fanatismus ist die einzige „Willensstärke", zu der auch die Schwachen gebracht werden können.
Friedrich Nietzsche

Es gibt viele Grausame, die nur zu feige zur Grausamkeit sind.
Friedrich Nietzsche

Für den Mittelmäßigen ist mittelmäßig sein ein Glück.
Friedrich Nietzsche

Es ist ein Jammer, dass die Dummköpfe so selbstsicher sind und die Klugen so voller Zweifel.
Bertrand Russell

Jeder Hund bellt lauter und beißt schneller zu, wenn man sich vor ihm fürchtet, als wenn man ihm Verachtung bezeugt, und die große Masse der Menschen benimmt sich nicht viel anders.
Bertrand Russell

Der Mensch, der nicht sich meint, dem gibt man alle Schlüssel.
Martin Buber

Nur wo das Genie dünn ist, kann man das Talent sehen.
Ludwig Wittgenstein

Das Genie hat nicht mehr Licht als ein anderer, rechtschaffener Mensch – aber es sammelt dieses Licht durch eine bestimmte Art von Linse in einem Brennpunkt. *Ludwig Wittgenstein*

Bei vielen Menschen ist es bereits eine Unverschämtheit, wenn sie ich sagen. *Theodor W. Adorno*

Der Weise sagt niemals, was er tut, aber er tut niemals etwas, was er nicht sagen könnte. *Jean-Paul Sartre*

Wer die Dummköpfe gegen sich hat, verdient Vertrauen. *Jean-Paul Sartre*

Das Bedürfnis, recht zu haben, ist das Kennzeichen eines gewöhnlichen Geistes. *Albert Camus*

Praktische Menschenkunde

Den Göttern Weihrauch, den Menschen Lob! *Pythagoras*

Mich kümmert es nicht, dass mich die Menschen nicht kennen. Mich kümmert es, dass ich die Menschen nicht kenne. *Konfuzius*

Ist man in kleinen Dingen nicht geduldig, bringt man die großen Vorhaben zum Scheitern. *Konfuzius*

Alles Ernste findet sich eher bei Nacht. *Epicharm*

(Denn auch) die Hunde bellen die an, die sie nicht kennen. *Heraklit*

Nach der Umgebung, in der man den größten Teil des Tages zubringt, richtet sich notwendig auch die Entwicklung des eigenen Charakters. *Antiphon*

Viele, die die schändlichsten Dinge tun, führen die trefflichsten Reden. *Demokrit*

Es werden mehr Menschen durch Übung tüchtig, als durch Naturanlage. *Demokrit*

Rede, damit ich dich sehe! *Sokrates*

Sei, was Du scheinen willst! *Sokrates*

Beim Spiel kann man einen Menschen in einer Stunde besser kennenlernen als im Gespräch in einem Jahr. *Platon*

… denn um dessentwillen, was ihnen (den Menschen) ein Gut zu sein scheint, tun alle alles … *Aristoteles*

Wer des Guten nicht mehr gedenkt, das ihm geworden, der ist in seinem Herzen ein Greis. *Epikur*

Wer alles leichtnimmt, wird viele Schwierigkeiten haben. *Laotse*

Zu grelles Licht gefährdet das Sehen. Übermäßiger Lärm betäubt das Gehör. Zu starkes Gewürz verdirbt den Geschmack. Übergroße Erregung stumpft das Gefühl. *Laotse*

Die Menschen sind alle so geartet, dass sie lieber eine Lüge als eine Absage hören wollen. *Marcus Tullius Cicero*

Gleich und gleich gesellt sich gern. *Marcus Tullius Cicero*

Es gibt aber nichts, was einen so anständigen Eindruck macht, als die Beharrlichkeit bei der geschäftlichen Verrichtung und bei jedem Entschluss. *Marcus Tullius Cicero*

Mensch

Niemand kann lange eine Maske zur Schau tragen. Das künstlich Angenommene wird leicht von der eigenen Natur durchbrochen.
Seneca

Am besten aber wirst du den Charakter eines Menschen kennenlernen, wenn du beobachtest, wie er jemanden lobt und wie er sich verhält, wenn er selbst gelobt wird.
Seneca

Den Charakter kann man auch aus den kleinsten Handlungen erkennen.
Seneca

Wer an den Spiegel tritt, um sich zu ändern, der hat sich schon geändert.
Seneca

Je mehr einer verachtet ist und jedermanns Narr, desto ungebundener ist seine Zunge.
Seneca

Wie groß die Zahl der Bewunderer. So groß ist die der Neider.
Seneca

Es ist ein wahres Sprichwort, dass, wenn du mit einem Lahmen lebst, du selber hinken wirst.
Plutarch

Wer wenig bedarf, der kommt nicht in die Lage, auf vieles verzichten zu müssen.
Plutarch

Halte recht oft stille Einkehr und erneuere so dich selbst.
Mark Aurel

Nimm den Dünkel hinweg, und die Menschen sind nichts anderes als Menschen.
Aurelius Augustinus

Wer unbetrübt und lauter sein will, der muss eines besitzen: Das ist die innere Einsamkeit.
Meister Eckhard

Der beste Beweis für Weisheit ist beständig gute Laune.
Michel de Montaigne

Uns etwas verbieten heißt, uns danach lüstern machen.
Michel de Montaigne

Ich schlüpfe mir täglich durch die Finger und entwische mir selbst.
Michel de Montaigne

So mancher wurde von der Welt bewundert, an dem seine Frau und sein Diener nichts Bewundernswertes fanden.
Michel de Montaigne

Man kann einen Baum nicht nach der Güte seiner Blätter einschätzen, sondern nur nach der Güte seiner Früchte.
Giordano Bruno

Ein Mensch, der selber keine guten Eigenschaften besitzt, beneidet stets die Tugenden anderer.
Francis Bacon

Gefahr erfindet List.
Francis Bacon

Der Charakter eines Menschen wird am besten erkannt in der Vertrautheit; denn da herrscht kein Zwang. Oder in der Leidenschaft; denn diese überrennt eines Mannes Grundsätze. Oder endlich in einer neuen, unerprobten Lage; denn da lässt ihn die Gewohnheit im Stich.
Francis Bacon

Das Gesicht ist das wichtigste vom ganzen Körper, die Augen sind das Wichtigste im ganzen Gesicht. Wenn man einem Menschen ins Gesicht sieht, sieht man in sein Herz.
LiYü

Niemand redet so, wenn wir zugegen sind, wie er in unserer Abwesenheit redet.
Blaise Pascal

Ununterbrochene Beredsamkeit langweilt.
Blaise Pascal

Die Zeit heilt Schmerzen und Streitigkeiten, weil der Mensch sich ändert. Weder der Beleidiger noch der Beleidigte bleiben, was sie einmal waren.
Blaise Pascal

Ohne Zerstreuung gibt es für den Menschen keine Freude, mit Zerstreuung keine Trauer. *Blaise Pascal*

Die Empfindlichkeit des Menschen für die kleinen Dinge und seine Gleichgültigkeit für die großen zeugen von einer seltsamen Verkehrtheit. *Blaise Pascal*

Ein witziger Mund, ein schlechter Charakter. *Blaise Pascal*

Der Nutzen, das Mark und der Nerv aller menschlichen Handlungen. *Benedictus de Spinoza*

Die Erfahrung lehrt über und über, dass die Menschen nichts weniger in der Gewalt haben als ihre Zunge.

Benedictus de Spinoza

Optimismus: die Torheit zu behaupten, dass alles gut sei, wenn es schlecht ist. *Voltaire*

Die Begeisterung beginnt, die Schurkerei vollendet. *Voltaire*

Je öfter eine Dummheit wiederholt wird, desto mehr bekommt sie den Anschein der Klugheit. *Voltaire*

Das Bessere ist der Feind des Guten. *Voltaire*

Was gehört nun dazu, die Menschen recht zu beobachten? Ein großes Interesse, sie kennenzulernen, eine große Unparteilichkeit in ihrer Beurteilung, ein Herz, so gefühlsempfänglich, dass es alle Leidenschaften der Menschen begreift und doch ruhig genug ist, um nicht in sie verstrickt zu werden.

Jean-Jacques Rousseau

Der Charakter offenbart sich nicht in großen Taten; an Kleinigkeiten zeigt sich die Natur des Menschen.

Jean-Jacques Rousseau

Es gibt keinen Bösewicht, den man nicht zu irgendetwas tauglich machen könnte. *Jean-Jacques Rousseau*

Wer zu einem Versprechen am längsten braucht, hält am sichersten daran fest. *Jean-Jacques Rousseau*

Wer errötet, fühlt sich schon schuldig, die wahre Unschuld schämt sich nicht. *Jean-Jacques Rousseau*

Wenn ich spreche, setze ich eine Maske auf. Wenn ich handele, bin ich gezwungen, sie abzunehmen. *Claude Adrien Helvétius*

Will man die Menschen lieben. So darf man nur wenig von ihnen erwarten. *Claude Adrien Helvétius*

Wer mich lobt, erweckt in mir die Idee von der Macht, mit der immer die Idee vom Glück verbunden ist.

Claude Adrien Helvétius

Man täuscht sich nirgends leichter als in dem, was die gute Meinung von sich selber begünstigt. *Immanuel Kant*

Wir denken selten bei dem Licht an Finsternis, beim Glück ans Elend, bei der Zufriedenheit an Schmerz; aber umgekehrt jederzeit. *Immanuel Kant*

Charakter: ein Fels, an welchem gestrandete Schiffer landen und anstürmende scheitern. *Immanuel Kant*

Die Menschen sind insgesamt, je zivilisierter, desto mehr Schauspieler. *Immanuel Kant*

Sparsamkeit in allen Dingen ist die vernünftige Handlung eines rechtdenkenden Menschen. *Immanuel Kant*

Wenn wir die Ziele wollen, wollen wir auch die Mittel.

Immanuel Kant

Jedes Schreckbild verschwindet, wenn man es fest ins Auge fasst. *Johann Gottlieb Fichte*

Der Mensch kann, was er soll; und wenn er sagt: ich kann nicht, so will er nicht. *Johann Gottlieb Fichte*

Wer etwas Großes will, der muss sich zu beschränken wissen.
Georg Wilhelm Friedrich Hegel

Es kommt nichts ohne Interesse zustande.
Georg Wilhelm Friedrich Hegel

Eigensinn ist die Parodie des Charakters.
Georg Wilhelm Friedrich Hegel

Gewohnheit ist eine subjektive Notwendigkeit.
Georg Wilhelm Friedrich Hegel

Immer gleich zu reagieren ist das Kennzeichen von Schwäche. Jenes innere Crescendo der Empfindungen ist die Eigenheit energischer Naturen. *Friedrich Schlegel*

Was gute Gesellschaft genannt wird, ist meistens nur ein Mosaik geschliffener Karikaturen. *Friedrich Schlegel*

Je mehr ein Mensch des ganzen Ernstes fähig ist, desto herzlicher kann er lachen. *Arthur Schopenhauer*

Das Affektieren irgendeiner Eigenschaft, das Sichbrüsten damit ist ein Selbstgeständnis, dass man sie nicht hat.
Arthur Schopenhauer

In dem Maße, als die Genüsse zunehmen, nimmt die Empfänglichkeit für sie ab: das Gewohnte wird nicht mehr als Genuss empfunden. *Arthur Schopenhauer*

Praktische Menschenkunde

Schönheit ist ein offener Empfehlungsbrief, der die Herzen im voraus für uns gewinnt. *Arthur Schopenhauer*

Die Menschen ändern Gesinnung und Betragen ebenso schnell, wie ihr Interesse sich ändert. *Arthur Schopenhauer*

Für das praktische Leben ist das Genie so brauchbar wie ein Sternteleskop im Theater. *Arthur Schopenhauer*

Die Absicht redet unter der Maske der Einsicht.
Arthur Schopenhauer

Was nun andrerseits die Menschen gesellig macht, ist ihre Unfähigkeit, die Einsamkeit, und in dieser sich selbst, zu ertragen.
Arthur Schopenhauer

Um fremden Wert willig und frei anzuerkennen und gelten zu lassen, muss man einen eigenen haben. *Arthur Schopenhauer*

Jeder sieht am andern nur so viel, als er selbst auch ist.
Arthur Schopenhauer

Also, wer erwartet, dass in der Welt die Teufel mit Hörnern und die Narren mit Schellen einhergehn, wird stets ihre Beute oder ihr Spiel sein. *Arthur Schopenhauer*

Infolge langer Erfahrung hat man aufgehört, viel von den Menschen zu erwarten. *Arthur Schopenhauer*

Wer nicht achtet, wird geachtet. *Arthur Schopenhauer*

Denn bei wichtigeren Dingen nehmen die Leute sich in acht; bei Kleinigkeiten folgen sie ohne vieles Bedenken ihrer Natur.
Arthur Schopenhauer

Jedes überflüssige Wort wirkt seinem Zweck gerade entgegen.
Arthur Schopenhauer

Mensch

Verstanden zu werden ist ein Luxus. *Ralph Waldo Emerson*

Was wir am nötigsten brauchen, ist ein Mensch, der uns zwingt, das zu tun, was wir können. *Ralph Waldo Emerson*

So wie der Gärtner durch strenges Beschneiden den Saft des Baumes in einen oder zwei starke Zweige zwingt, so solltest du deine vielfältigen Aktivitäten einstellen und deine Kraft auf einen oder wenige Punkte konzentrieren.
Ralph Waldo Emerson

Es ist im Ganzen nicht zu glauben, wie schlau und erfinderisch die Menschen sind, um der letzten Entscheidung zu entgehen.
Sören Kierkegaard

Nur von Verwandelten können Wandlungen ausgehen.
Sören Kierkegaard

Wer darauf besteht, alle Faktoren zu überblicken, bevor er sich entscheidet, wird sich nie entscheiden. *Henri Frédéric Amiel*

Was mich nicht umbringt, macht mich stärker.
Friedrich Nietzsche

Ein Nihilist ist ein Mensch, welcher von der Welt, wie sie ist, urteilt, sie sollte nicht sein, und von der Welt, wie sie sein sollte, urteilt, sie existiere nicht. *Friedrich Nietzsche*

Der Idealist: ein Wesen, welches Gründe hat, über sich dunkel zu bleiben. *Friedrich Nietzsche*

Menschen, die nach Größe streben, sind gewöhnlich böse Menschen: es ist ihre einzige Art, sich zu ertragen.
Friedrich Nietzsche

Jedermann hat gerade so viel Eitelkeit, als es ihm an Verstand fehlt. *Friedrich Nietzsche*

Praktische Menschenkunde

Der Mensch ist ein mittelmäßiger Egoist: Auch der Klügste nimmt seine Gewohnheit wichtiger als seinen Vorteil.
Friedrich Nietzsche

Viele Menschen sind Pausen in der Symphonie des Lebens.
Friedrich Nietzsche

Man wird selten irren, wenn man extreme Handlungen auf Eitelkeit, mittelmäßige auf Gewöhnung und kleinliche auf Furcht zurückführt.
Friedrich Nietzsche

Misstraue allen Menschen mit einem starken Trieb zur Bestrafung.
Friedrich Nietzsche

Wer mit sich unzufrieden ist, ist fortwährend bereit, sich dafür zu rächen.
Friedrich Nietzsche

Man lobt und tadelt je nach der Gelegenheit, seine Urteilskraft leuchten zu lassen.
Friedrich Nietzsche

Die Vertraulichkeit des Überlegenen verbittert, weil sie nicht zurückgegeben werden darf.
Friedrich Nietzsche

Hat man Charakter, so hat man auch sein typisches Erlebnis, das immer wiederkommt.
Friedrich Nietzsche

Der Charakter wird mehr durch den Mangel gewisser Erlebnisse als durch das, was man erlebt, bestimmt.
Friedrich Nietzsche

Charakter nennt man die Gebundenheit der Ansichten, durch Gewöhnung zum Instinkt geworden.
Friedrich Nietzsche

Wer sich vollkommen gegen die Langeweile verschanzt, verschanzt sich auch gegen sich selber: Den kräftigsten Labetrunk aus dem eigenen innersten Born wird er nie zu trinken bekommen.
Friedrich Nietzsche

Mensch

Bei allem, was ein Mensch sichtbar werden lässt, kann man fragen: Was soll es verbergen? Wovon soll es den Blick abwenden? Welches Vorurteil soll es erregen? *Friedrich Nietzsche*

Das ist mein Weg, welches ist dein Weg? DEN Weg gibt es nicht. *Friedrich Nietzsche*

Alles Geschehen aus Absichten ist reduzierbar auf die Absicht der Mehrung von Macht. *Friedrich Nietzsche*

Wer davon lebt, einen Feind zu bekämpfen, hat ein Interesse daran, dass er am Leben bleibt. *Friedrich Nietzsche*

Je mehr sich einer gehen lässt, umso weniger lassen ihn die anderen gehen. *Friedrich Nietzsche*

Für den Einsamen ist schon Lärm ein Trost. *Friedrich Nietzsche*

Viel von sich reden, kann auch ein Mittel sein, sich zu verbergen. *Friedrich Nietzsche*

Kein Mensch behandelt sein Auto so dumm wie einen anderen Menschen. *Bertrand Russell*

Ein Mensch, dem nicht jeden Tag wenigstens eine Stunde gehört, ist kein Mensch. *Martin Buber*

Hartnäckige Übellaunigkeit ist ein allzu klares Symptom dafür, dass ein Mensch gegen seine Bestimmung lebt. *José Ortega y Gasset*

Eitelkeit: das letzte Kleid, das der Mensch auszieht. *Ernst Bloch*

Revolutionär wird der sein, der sich selbst revolutionieren kann. *Ludwig Wittgenstein*

Nichts ist so schwer, als sich nicht zu betrügen. *Ludwig Wittgenstein*

Tiere kommen auf den Zuruf ihres Namens. Ganz wie Menschen. *Ludwig Wittgenstein*

Das Gesicht ist die Seele des Körpers. *Ludwig Wittgenstein*

Die Menschen bezahlen die Vermehrung ihrer Macht mit der Entfremdung von dem, worüber sie Macht ausüben.
Max Horkheimer

Die ganze Neurose ist oft ein kunstvolles Arrangement, ein Schauspiel des Menschen vor sich selbst, mit dem Zweck, die Freiheit zu verleugnen. *Jean-Paul Sartre*

Charme: eine Art, wie ein Mensch „ja" sagt, ohne dass ihm eine bestimmte Frage gestellt worden war. *Albert Camus*

Die merkwürdige Eitelkeit des Menschen, die glauben will und glauben lässt, er strebe nach Wahrheit, während er von dieser Welt Liebe verlangt. *Albert Camus*

Die meisten großen Taten, die meisten großen Gedanken haben einen belächelnswerten Anfang. *Albert Camus*

Jeder sucht sich selbst in ein möglichst vorteilhaftes Licht zu setzen, sogar wenn er mit sich allein ist. *Albert Camus*

Lebensaltersfragen

Mit fünfzehn Jahren wollte ich lernen, mit dreißig war ich ein Mann, mit vierzig waren die Zweifel besiegt, mit fünfzig kannte ich das Gesetz des Himmels, mit sechzig öffnete ich mich den anderen, mit siebzig folgte ich meinen Wünschen – ohne maßlos zu sein. *Konfuzius*

Achtet die Jungen! Wie wollt ihr wissen, ob sie nicht eines Tages alles das sein werden, was ihr jetzt seid? *Konfuzius*

Vor drei Dingen soll der edle Mensch sich hüten: Solange er noch jung ist und seine Kräfte noch nicht gefestigt sind, hüte er sich vor der Liebeslust. Wenn er in voller Mannesblüte steht und seine Kräfte ausgereift sind, hüte er sich vor der Streitsucht. Ist er alt geworden und verlassen ihn seine Kräfte, so hüte er sich vor Habsucht. *Konfuzius*

Stärke und Schönheit sind Vorzüge der Jugend, des Alters Blüte aber ist die Besonnenheit. *Demokrit*

Wo das Alter keine sittliche Scheu mehr hat, da muss notwendig die Jugend vollends das sittliche Gefühl verlieren. *Platon*

Ist der Mensch mäßig und genügsam, so ist auch das Alter keine Last, ist er es nicht, so ist auch die Jugend voller Beschwerden.
Platon

Wer sich übt im Staunen-Können, im Sich-freuen-Können, wird im hohen Alter noch frisch sein. *Platon*

Das Leben der Jugend beherrscht alle Leidenschaft, sie geht hauptsächlich auf das Vergnügen aus und genießt den Augenblick. Mit dem Wechsel des Alters wechselt aber auch das, was Vergnügen macht. *Aristoteles*

Nicht der Jüngling ist glücklich zu preisen, sondern der Greis, der gut gelebt hat. *Epikur*

Genau wie ich einen jungen Menschen gutheiße, in dem eine Spur von Alter ist, billige ich einen alten Menschen, der das Aroma der Jugend hat. Wer sich bemüht, Jugend und Alter zu vermischen, wird wohl körperlich altern, aber nie geistig.
Marcus Tullius Cicero

Vor nichts muss sich das Alter mehr hüten, als sich der Lässigkeit und Untätigkeit zu ergeben. *Marcus Tullius Cicero*

Das Greisenalter, das alle zu erreichen wünschen, klagen alle an, wenn sie es erreicht haben. *Marcus Tullius Cicero*

Wenn ich mir die Sache überlege, so finde ich vier Gründe, die das Greisenalter unglücklich erscheinen lassen: erstens, weil es zu Geschäften untauglich macht; zweitens, weil es den Körper schwächt; drittens, weil es fast aller Vergnügen beraubt; viertens, weil es nicht mehr weit vom Tode entfernt ist.
Marcus Tullius Cicero

Das Beklagenswerteste am Alter scheint mir, dass man spürt, wie sehr man in diesem Lebensabschnitt den jungen Leuten verhasst ist. *Marcus Tullius Cicero*

Selbst Menschen mit guten Anlagen haben oft im Alter nicht das gehalten, was man in der Jugend von ihnen erhofft hatte.
Seneca

Es ist ein (typischer) Fehler der Jugend, sein Ungestüm nicht bändigen zu können. *Seneca*

Manch einer meint in seiner Verblendung, es (das Greisenalter) sei eine Klippe; es ist ein Hafenplatz, über den man sich freuen muss. *Seneca*

Das Alter ist nämlich eine unheilbare Krankheit. *Seneca*

Eine gute Leibesbeschaffenheit in der Jugend ist der Grund eines guten Alters. *Plutarch*

So bietet auch ein Greis durch Rede und Tat und durch die Ehrfurcht, die er erweckt, einen erhebenden Anblick, während er sich verächtlich macht, wenn er seine Zeit auf dem Ruhebett verträumt oder, sich schneuzend, zubringt. *Plutarch*

Die Natur sollte sich damit begnügen, das Alter elend zu machen, ohne es auch noch lächerlich zu machen.
Michel de Montaigne

Das Alter zieht noch mehr Runzeln in unseren Verstand als in unser Antlitz. *Michel de Montaigne*

Selbst jene, denen das Alter die körperlichen Kräfte geraubt hat, zittern, wiehern und spreizen sich vor Liebe.
Michel de Montaigne

Wer da nicht den Geist hat seines Alters, hat vom Alter alle Wehen. *Voltaire*

Es ist sehr schade, dass die Kräfte in dem Alter abnehmen, in dem der Geschmack sich vervollkommnet. *Voltaire*

Jugend ist nicht die Zeit für Rache und Hass, sondern für Mitleid, Sanftheit und Hochherzigkeit. *Jean-Jacques Rousseau*

Die Jugend ist die Zeit, Weisheit zu lernen. Das Alter ist die Zeit, sie auszuüben. *Jean-Jacques Rousseau*

Mit dem Alter nimmt die Urteilskraft zu und das Genie ab.
Immanuel Kant

Der bejahrte Murrkopf, welcher fest glaubt, dass in seiner Jugend die Welt viel ordentlicher und die Menschen besser gewesen wären, ist ein Phantast in Ansehung der Erinnerung.
Immanuel Kant

Lebensaltersfragen

Im Alter gibt es keinen schöneren Trost, als dass man die ganze Kraft seiner Jugend Werken einverleibt hat, die nicht mitaltern.
Arthur Schopenhauer

Im Alter versteht man besser, die Unglücksfälle zu verhüten, in der Jugend, sie zu ertragen.
Arthur Schopenhauer

In der Jugend herrscht die Anschauung, im Alter das Denken vor; daher ist jene die Zeit der Poesie, dieses mehr für Philosophie.
Arthur Schopenhauer

Vom Standpunkte der Jugend aus gesehen, ist das Leben eine unendlich lange Zukunft, vom Standpunkte des Alters aus eine sehr kurze Vergangenheit.
Arthur Schopenhauer

Die ersten vierzig Jahre unsers Leben liefern den Text, die folgenden dreißig den Kommentar dazu, der uns den wahren Sinn und Zusammenhang des Textes, nebst der Moral und allen Feinheiten desselben, erst recht verstehen lehrt.
Arthur Schopenhauer

Ist sonach der Charakter der ersten Lebenshälfte unbefriedigte Sehnsucht nach Glück, so ist der der zweiten Besorgnis vor Unglück.
Arthur Schopenhauer

Je jünger wir sind, desto mehr vertritt jedes Einzelne seine Gattung und hierauf beruht der so große Unterschied des Eindrucks, den die Dinge in der Jugend und im Alter auf uns machen.
Arthur Schopenhauer

Man pflegt die Jugend die glückliche Zeit des Lebens zu nennen, und das Alter die traurige. Das wäre wahr, wenn die Leidenschaften glücklich machten.
Arthur Schopenhauer

Nur wer alt wird, erhält eine vollständige und angemessene Vorstellung vom Leben.
Arthur Schopenhauer

Erzählen gehört zum Charakter des Greisen.
Arthur Schopenhauer

Wer immer das Beste hofft, der wird alt, vom Leben betrogen; und wer immer auf das Schlimmste vorbereitet ist, der wird zeitig alt; aber wer glaubt, der bewahrt eine ewige Jugend.
Sören Kierkegaard

Was ist die Jugend? Ein Traum. Was ist Liebe? Der Inhalt des Traumes.
Sören Kierkegaard

Die Jugend hat in der Regel unrecht in dem, was sie behauptet; aber recht darin, dass sie es behauptet.
Georg Simmel

Die Jugend ist in dem Augenblick vorbei, in dem das Geheimnis unseres Lebens definiert wird.
Georg Simmel

Jeden Menschen rührt einmal, noch so kurz, noch so dämmerhaft, das Wirken des Unbedingten an; die Zeit des Lebens, in der dies an allen geschieht, nennen wir die Jugend.
Martin Buber

Alt sein ist eine herrliche Sache, wenn man nicht verlernt hat, was anfangen heißt.
Martin Buber

Das Jünglingsalter ist verbindend. In dieser Zeit vermag noch, versteht es der Mensch, allein zu sein.
José Ortega y Gasset

Altwerden bezeichnet also nicht nur eine wünschenswerte Zeitstrecke, auf der möglichst viel erlebt worden ist, möglichst viel in seinem Ausgang erfahren werden kann. Altwerden kann auch ein Wunschbild dem Zustand nach bezeichnen: das Wunschbild des Überblicks, gegebenenfalls Ernte.
Ernst Bloch

Es wäre nicht so schlimm zu altern, wenn alle ersten Lieben in ewiger Jugend blühten.
Ludwig Marcuse

Alle, die das Glück der Jugend preisen, vergessen immer ihr großes Unglück; noch nicht fertig zu werden mit den Gemeinheiten, alle Feindseligkeiten zum ersten Mal, also mit voller Wucht, erleben zu müssen. *Ludwig Marcuse*

Mensch und Seele

Seele

Der Seele Grenzen kannst du nicht ausfinden, und ob du jeglichen Weg abschreiten würdest: so tiefen Grund hat sie.
Heraklit

Heftiges Streben nach einem Ziel macht die Seele für anderes blind.
Demokrit

Man soll sich mehr um die Seele als um den Körper kümmern; denn Vollkommenheit der Seele richtet die Schwächen des Körpers auf, aber geistlose Kraft des Körpers macht die Seele nicht besser.
Demokrit

Ist deine Seele erstarrt durch unbezwingbares Leid, so suche es zu bannen durch vernünftige Überlegung.
Demokrit

Wie unser Körper durch Nahrung und Übung groß und stark wird, so wird unsere Seele durch Studium und Disziplin reich und gut.
Aristippos

Jede Seele ist unsterblich; denn das Stetsbewegte ist unsterblich.
Platon

Die Glieder abwerfen, die Klugheit abtun, Körperlichkeit und Wissen abstreifen und mit dem großen Allesdurchdringenden eins werden. Das ist es, was ich mit Sich-selbst-Vergessen meine.
Chuangtse

Wer den Frieden der Seele hat, beunruhigt weder sich selbst noch einen anderen.
Epikur

Seele

Die Krone des Seelenfriedens ist unvergleichbar wertvoller als leitende Stellungen im Staate. *Epikur*

Unsere Seelenbewegungen aber sind zweifacher Natur, entweder offenbaren sie sich im Denken oder im Begehren. Das Denken ist vorzüglich auf Erforschen der Wahrheit gerichtet, das Begehren treibt uns zum Handeln an. *Marcus Tullius Cicero*

Hässlichkeit des Leibes schändet nicht die Seele, aber eine schöne Seele adelt den Leib. *Seneca*

Unter allen Krankheiten der Seele ist die Dummheit als die größte und gefährlichste anzusehen, da sie dem Menschen sein ganzes Leben hindurch anhängt. *Plutarch*

Der Charakter ist weiter nichts als eine langwierige Gewohnheit. *Plutarch*

In der Tat ist es für unsere Gemütsruhe außerordentlich wichtig, dass man vor allem auf sich selbst das Auge richtet und auf das uns Angemessene, andernfalls aber mehr auf die blickt, die schlimmer daran sind als wir, und nicht, wie es meistens der Fall ist, auf die über uns Stehenden. *Plutarch*

Schändlich ist es, wenn deine Seele ermüdet, bevor der Leib müde ist. *Mark Aurel*

Die Seele nährt sich von dem, woran sie sich freut. *Aurelius Augustinus*

Unbewusstes: du weißt dies, aber du weißt nicht, dass du es weißt. *Aurelius Augustinus*

Unsere Seele beugt und schmiegt sich gar zu gerne auf guten Glauben, nach dem Willen und den Meinungen anderer … *Michel de Montaigne*

Die Unsterblichkeit der Seele ist von so gewaltiger Bedeutung für uns, berührt uns so tief, dass man jedes Gefühl verloren haben muss, wenn es einem gleichgültig sein kann, zu wissen, was es damit auf sich hat.
Blaise Pascal

Der Geist glaubt von Natur, und der Wille liebt von Natur, und so müssen sie sich an falsche Objekte hängen, wenn wahre fehlen.
Blaise Pascal

Das Ich ist hassenswert.
Blaise Pascal

Die Seele wird nicht mit Waffen, sondern mit Liebe und Großzügigkeit erobert.
Benedictus Spinoza

Einem jeden ist die Sorge für seine Seele selbst überlassen und kommt ihm zu.
John Locke

Ich fürchte, mich zu kennen, und kann mich doch nicht ignorieren.
Voltaire

Schneller als der Blitz erfüllt das Gefühl meine Seele, aber anstatt mir Klarheit zu schaffen, entflammt und blendet es mich. Ich fühle alles und begreife nichts.
Jean-Jacques Rousseau

Gleichmütigkeit ist das Selbstgefühl einer gesunden Seele.
Immanuel Kant

Schön ist dasjenige, was ohne Interesse gefällt.
Immanuel Kant

Von dem Tage an, wo der Mensch anfängt, durch Ich zu sprechen, bringt er sein geliebtes Selbst, wo er nur darf, zum Vorschein, und der Egoismus schreitet unaufhaltsam fort.
Immanuel Kant

Ohne Seelenruhe wird nichts Großes. Wo kleine Leidenschaften an dem Menschen zerren, kann er nur abgebrochene kleine Dinge tun.
Friedrich Heinrich Jacobi

Warum muss mein Herz trauern und zerrissen werden von dem, was meinen Verstand so vollkommen beruhigt?
Johann Gottlieb Fichte

Gemüt ist die eingehüllte, unbestimmte Totalität des Geistes in Beziehung auf den Willen, worin der Mensch auf ebenso allgemeine und unbestimmte Weise die Befriedigung in sich hat.
Georg Wilhelm Friedrich Hegel

Die Motive bestimmen nicht den Charakter des Menschen, sondern nur die Erscheinung dieses Charakters, also die Taten.
Arthur Schopenhauer

Der Charakter ist die sittliche Ordnung, durch das Medium einer individuellen Natur gesehen. *Ralph Waldo Emerson*

Sei stille, meine Seele, damit das Göttliche in dir wirken kann!
Sören Kierkegaard

Man kann das Ich nicht anders gewinnen, als indem man es hergibt. *Sören Kierkegaard*

Wo immer ich gehe, folgt mir ein Hund namens Ego.
Friedrich Nietzsche

Der schönste Leib – ein Schleier nur, in den sich schamhaft Schönres hüllt. *Friedrich Nietzsche*

Eitelkeit ist die Haut der Seele. *Friedrich Nietzsche*

Der höchste Grad von Individualität wird erreicht, wenn jemand in der höchsten Anarchie sein Reich gründet als Einsiedler.
Friedrich Nietzsche

Neid und Eifersucht sind die Schamteile der Seele.
Friedrich Nietzsche

Ich und Mich sind immer zwei verschiedene Personen.
Friedrich Nietzsche

Einstmal war das Ich in der Herde versteckt: und jetzt ist im Ich noch die Herde versteckt. *Friedrich Nietzsche*

Egoismus ist kein Prinzip, sondern die Eine Tatsache.
Friedrich Nietzsche

Der Egoismus ist etwas Spätes und immer noch Seltenes: die Herden-Gefühle sind mächtiger und älter. *Friedrich Nietzsche*

Wirf das Missvergnügen über dein Wesen ab, verzeihe dir dein eigenes Ich. *Friedrich Nietzsche*

Persönlichkeit ist vom Geiste gebundene Seele. *Ludwig Klages*

Bringt auch die Seele keine Eindrücke mit auf die Welt, so doch Anlagen zur Deutung von Eindrücken, und eben diese sind es, die man angeborene Instinkte zu nennen pflegt. *Ludwig Klages*

Instinkt bezeichnet ein zweckgerichtetes Handeln, bei dem wir keine genaue Vorstellung davon haben, was der Zweck ist.
Nicolai Hartmann

Es gibt eine einzige Rettung, eine einzige für eine müde Seele: die Liebe zu einem anderen Menschen. *José Ortega y Gasset*

Der Mensch findet in sich, was er nirgends in der Welt findet, etwas Unerkennbares, niemals Gegenständliches, etwas, das sich aller forschenden Wissenschaft entzieht. *Karl Jaspers*

Ich bin. Aber ich habe mich nicht. Darum werden wir erst.
Ernst Bloch

Gehe in dich, das ist leicht gesagt. Doch es zu tun, ist schon deshalb schwerer, weil da wenig Auslauf ist. *Ernst Bloch*

Der, der ich bin, grüßt dauernd den, der ich sein möchte.
Karl Rahner

Die unbequemste Art der Fortbewegung ist das Insichgehen.
Karl Rahner

Leib und Seele sind nicht zwei Substanzen, sondern eine. Sie sind der Mensch, der sich selbst in verschiedener Weise kennenlernt. *Carl Friedrich v. Weizsäcker*

Wer keinen Charakter hat, muss sich wohl oder übel eine Methode zulegen. *Albert Camus*

Gefühle

Halte dein Herz rein, dann wird auch dein Körper rein sein.
Epicharm

Gegen das Herz anzukämpfen ist schwer. Denn was es auch will, erkauft es um die Seele. *Heraklit*

Kein Mensch ist im Herzen ohne Mitleid, kein Mensch ist im Herzen ohne Scham, kein Mensch ist im Herzen ohne Bescheidenheit, kein Mensch ist im Herzen ohne Rechtsgefühl, das Mitleid ist der Anfang der Liebe, die Scham ist der Anfang der Pflicht, die Bescheidenheit ist der Anfang der Sittlichkeit, das Recht ist der Anfang der Weisheit. *Mengtse*

Wer sich an seine Gefühle hält, gewonnen und eingeprägt, und sich danach richtet, der ist mit sich ständig im Einklang. Was braucht er noch Weisung von anderer Seite? *Chuangtse*

Ich spucke auf die Vollkommenheit und jene, die sie sinnlos anstaunen, wenn sie keine Lust erzeugt. *Epikur*

Wenn ich allein bin, bin ich am wenigsten allein.
Marcus Tullius Cicero

Je größer die Schwierigkeit, die man überwand, desto größer der Sieg. *Marcus Tullius Cicero*

Mehr als nötig leidet, wer leidet, bevor es nötig ist. *Seneca*

Gleich wichtig ist es, sich bei der Freude wie beim Schmerz zu mäßigen. *Seneca*

Wenn einer einmal dem Sinnengenuss unterworfen ist, dann ist er auch dem Schmerze unterworfen. *Seneca*

Die Menschen bestimmen die Größe der Lust durch den Bauch, der gleichsam Zirkel und Maßstab dafür ist. *Plutarch*

Alle Vergnügungen auf alle Weise genießen wollen, ist unvernünftig; alle ganz vermeiden, gefühllos. *Plutarch*

Das Leid ist das schnellste Tier, das euch trägt zur Vollkommenheit. *Meister Eckhart*

Das menschliche Herz weidet sich gern an den eigenen Vorzügen oder an den Schlechtigkeiten der anderen. *Francis Bacon*

Zorn macht langweilige Menschen geistreich. *Francis Bacon*

Beständige Verzweiflung ist Misstrauen gegen sich selbst.
Thomas Hobbes

Die Leidenschaft des Lachens ist nichts anderes als ein plötzliches Hochgefühl, das entsteht, wenn wir unverhofft in uns selbst eine Überlegenheit gegenüber der Schwäche eines anderen oder einer eigenen früheren Schwäche entdecken.
Thomas Hobbes

Das Herz hat seine Gründe, die die Vernunft nicht kennt.
Blaise Pascal

Ohne Zerstreuung gibt's für den Menschen keine Freude, mit Zerstreuung keine Trauer.
Blaise Pascal

Das Wetter und meine Laune haben wenig miteinander zu tun. Ich trage meinen Nebel und Sonnenschein in meinem Inneren.
Blaise Pascal

Eifer ist Begeisterung, gemildert durch Vernunft.
Blaise Pascal

Der von seinen Affekten abhängige Mensch ist nicht Herr über sich selbst, sondern ein Sklave des Schicksals.
Benedictus Spinoza

Der größte Hochmut und der größte Kleinmut kommen gleich der größten Selbst-Unkenntnis.
Benedictus Spinoza

Das Schmerzgefühl ist notwendig, damit wir auf unsere Selbsterhaltung bedachtbleiben und so viel Lust genießen können, wie es mit den alles beherrschenden Naturgesetzen vereinbar ist.
Voltaire

Der Schmerz ist also die erste Triebfeder für alle Betätigung der Lebewesen.
Voltaire

Wie oft hat der unerbittlichste Hass die geringfügigsten Ursachen!
Voltaire

Auch im Genuss soll stets die Weisheit führen. *Voltaire*

Die Vernunft formt den Menschen, das Gefühl leitet ihn.
Jean-Jacques Rousseau

Wer nicht ein kleines Leid zu ertragen versteht, muss sich darauf gefasst machen, viele Leiden über sich ergehen zu lassen.
Jean-Jacques Rousseau

Die Scham erwächst mit der Kenntnis des Bösen.
Jean-Jacques Rousseau

Man schätzt alles gering, was man nicht selbst ist.
Claude Adrien Helvétius

Der Affekt gehört immer zur Sinnlichkeit, durch was für einen Gegenstand er auch erregt werden möge. *Immanuel Kant*

Die Eigenliebe und jeder Affekt betrügen uns innerlich.
Immanuel Kant

Lachen: ein Affekt aus der plötzlichen Verwandlung einer gespannten Erwartung in nichts. *Immanuel Kant*

Nur das fröhliche Herz allein ist fähig, Wohlgefallen an dem Guten zu finden. *Immanuel Kant*

Der Charakter sitzt nicht im Verstande, sondern im Herzen.
Friedrich Heinrich Jacobi

Es siegt immer und notwendig die Begeisterung über den, der nicht begeistert ist. *Johann Gottlieb Fichte*

Die Scham ist das Zürnen der Liebe darüber, dass man noch Individualität ist. *Georg Wilhelm Friedrich Hegel*

Was dem Herzen widerstrebt, lässt der Kopf nicht ein.
Arthur Schopenhauer

Gefühle

Bei der Sprache der Empfindungen mag die Vernunft nicht ganz müßig sitzen. *Arthur Schopenhauer*

Hass ist Sache des Herzens; Verachtung des Kopfes. *Arthur Schopenhauer*

Die Güte des Herzens ist eine transzendente Eigenschaft, gehört einer über dieses Leben hinausreichenden Ordnung der Dinge an und ist mit jeder anderen Vollkommenheit unvergleichbar. *Arthur Schopenhauer*

Bewunderung ist glückliche Selbstverlorenheit, Neid unglückliche Selbstbehauptung. *Sören Kierkegaard*

Reinheit des Herzens ist, in Wahrheit eines zu wollen, und zwar das Gute, das seinen Lohn in sich selber trägt. *Sören Kierkegaard*

Das Leiden gehört zum Selbstgenuss des Menschen. *Karl Marx*

Damit der Mensch vor sich Achtung haben kann, muss er fähig sein, auch böse zu sein. *Friedrich Nietzsche*

Auch im Hasse gibt es Eifersucht: wir wollen unseren Feind für uns allein haben. *Friedrich Nietzsche*

Die Instinkte sind bereits das Erzeugnis endlos lang fortgesetzter Prozesse. *Friedrich Nietzsche*

Wenn der Mensch im Gefühl der Macht ist, so fühlt und nennt er sich gut: und gerade dann fühlen und nennen ihn die anderen, an denen er seine Macht auslassen muss, böse. *Friedrich Nietzsche*

In dem großen Strudel von Kräften steht der Mensch und bildet sich ein, jener Strudel sei vernünftig und habe einen vernünftigen Zweck: Irrtum! *Friedrich Nietzsche*

Mancher findet sein Herz nicht eher, als bis er seinen Kopf verliert. *Friedrich Nietzsche*

Der Witz ist das Epigramm auf den Tod eines Gefühls.
Friedrich Nietzsche

Lachen heißt: schadenfroh sein mit gutem Gewissen.
Friedrich Nietzsche

Der Mensch leidet so tief, dass er das Lachen erfinden musste.
Friedrich Nietzsche

Die Sinnlichkeit übereilt oft das Wachstum der Liebe, so dass die Wurzel schwach bleibt und leicht auszureißen ist.
Friedrich Nietzsche

Der Schmerz ist etwas anderes als die Lust – ich will sagen, er ist nicht deren Gegenteil. *Friedrich Nietzsche*

Gefühle sind der Reichtum der Menschen und die Armut der Götter. *Ludwig Klages*

Hassen heißt unablässig morden. *José Ortega y Gasset*

Nur der Mensch, der sich innerlich dem Unheil aussetzt, kann erfahren, was ist, und den Antrieb gewinnen, es zu ändern.
Karl Jaspers

Die Hoffnungslosigkeit ist schon die vorweggenommene Niederlage. *Karl Jaspers*

Wer nicht leidet, ist auch nicht zugänglich für Freuden.
Ludwig Marcuse

Liebe

Denn sie (Liebe und Hass) waren vorher dabei und werden es auch künftig sein – nie, so bin ich überzeugt, wird die unermessliche Ewigkeit dieser beiden leer sein. *Empedokles*

Liebe: eine schwere Geisteskrankheit. *Platon*

Die Liebe ist ein Zeugen im Schönen, sei es im Leibe oder in der Seele. *Platon*

Für einen Liebenden ist nichts schwierig.

Marcus Tullius Cicero

Die Liebe allein versteht das Geheimnis, andere zu beschenken und dabei selbst reich zu werden. *Aurelius Augustinus*

Liebe ist die Fähigkeit, Ähnliches an Unähnlichem wahrzunehmen. *Thomas v. Aquin*

Das, was wir aus Liebe tun, tun wir im höchsten Grade freiwillig. *Thomas v. Aquin*

Lieben heißt jemand Gutes tun wollen. *Thomas v. Aquin*

Venus und Bacchus sind gerne beisammen …

Michel de Montaigne

Der Mensch, welcher nur sich selbst liebt, fürchtet nichts so sehr, als mit sich allein zu sein. *Blaise Pascal*

Ein Tropfen Liebe ist mehr als ein Ozean an Wille und Verstand. *Blaise Pascal*

Die erste Wirkung der Liebe besteht darin, uns eine große Ehrfurcht einzuflößen. *Blaise Pascal*

Mensch und Seele

Wenn wir lieben, erscheinen wir uns selbst ganz anders, als wir früher gewesen. *Blaise Pascal*

Darum sind Liebe und Ehrgeiz, wenn sie zusammentreffen, auch nur halb so groß, als sie es wären, wenn nur eine der beiden Leidenschaften vorhanden wäre. *Blaise Pascal*

Liebe hat kein Alter. *Blaise Pascal*

In der Liebe gilt Schweigen oft mehr als Sprechen.
Blaise Pascal

Die Liebe ist ein Stoff, den die Natur gewebt und die Phantasie bestickt hat. *Voltaire*

Eigenliebe dient unserer Selbsterhaltung. Insofern gleicht sie dem Fortpflanzungsorgan. Auch dieses ist unentbehrlich, ist uns lieb und wert, bereitet uns Freude – und wir müssen es verstecken. *Voltaire*

Die Eigenliebe ist ein windgeblähter Ballon, daraus Stürme hervorbrechen, wenn er geritzt wird. *Voltaire*

Die Selbstliebe ist die Quelle, der Ursprung und das Prinzip aller unserer Leidenschaften. *Jean-Jacques Rousseau*

Die Liebe ist ein physisches Bedürfnis, eine notwendige Sekretion. *Claude Adrien Helvétius*

Die Selbstliebe macht uns gar und gar zu dem, was wir sind.
Claude Adrien Helvétius

Nicht einmal sich selbst vermag der Mensch zu lieben, es sei denn, dass er sich als Ewiges erfasse. *Johann Gottlieb Fichte*

Liebe ist die Synthesis zwischen Phantasie und Vernunft.
Friedrich Ernst Schleiermacher

Lieben – das heißt Seele werden wollen in einem anderen.
Friedrich Ernst Schleiermacher

Die Liebe geht darauf aus, aus zweien eins zu machen, die Freundschaft darauf, aus jedem zwei zu machen.
Friedrich Ernst Schleiermacher

Liebe heißt das Bewusstsein meiner Einheit mit einem anderen.
Georg Wilhelm Friedrich Hegel

Liebe ist Freundschaft vom Kopf bis zu den Füßen.
Friedrich Schlegel

Dies ist das Geheimnis der Liebe, dass sie solche verbinde, deren jedes für sich sein könnte und doch nichts ist und sein kann ohne das andere. *Friedrich Wilhelm Joseph Schelling*

Die Liebe ist Leidenschaft, und nur die Leidenschaft ist das Wahrzeichen der Existenz.
Ludwig Feuerbach

Nichts sein und nichts lieben ist identisch. *Ludwig Feuerbach*

Je mehr du von deinem Selbst aufgibst, desto größer und wahrer ist deine Liebe.
Ludwig Feuerbach

Hass: Liebe, die gescheitert ist. *Sören Kierkegaard*

Das Verlangen nach Gegenliebe ist nicht das Verlangen der Liebe, sondern der Eitelkeit. *Friedrich Nietzsche*

Liebe und Hass sind nicht blind, aber geblendet vom Feuer, das sie selber mit sich tragen. *Friedrich Nietzsche*

Liebe zu fürchten bedeutet, das Leben zu fürchten, und wer das Leben fürchtet, ist bereits drei Viertel tot. *Bertrand Russell*

Die Liebe ist vielleicht der höchste Versuch, den die Natur macht, um das Individuum aus sich heraus zu dem anderen hinzuführen. *José Ortega y Gasset*

Die Liebe ist eine ewige Unbefriedigtheit. *José Ortega y Gasset*

Liebe ist Selbstwerden in Selbsthingabe. *Karl Jaspers*

Liebe: die Fähigkeit, Ähnliches an Unähnlichem wahrzunehmen. *Theodor W. Adorno*

Nur der liebt, der die Kraft hat, an der Liebe festzuhalten. *Theodor W. Adorno*

Der Mensch kann nicht lieben, ohne sich selbst zu lieben. *Albert Camus*

Es gibt keine Liebe, außer in Gott. *Albert Camus*

Angst

Das Mittel gegen die Furcht: das gute Gewissen. *Bias*

Wer Furcht verbreitet, ist selbst nicht ohne Furcht. *Epikur*

Je mehr man ein Ding gefürchtet hat, desto lieber tritt man es mit Füßen. *Lukrez*

Ein wirksames Heilmittel gegen Angst ist Milde. *Seneca*

Die Furcht ist eine Folge der Hoffnung. *Seneca*

Hat nicht manchmal umgekehrt sogar auch die Furcht kühn gemacht, und die Angst vor dem Tode auch die Untüchtigsten ins Treffen gejagt? *Seneca*

Abneigung, verbunden mit der Erwartung eines durch den Gegenstand bewirkten Schadens, ist Furcht. *Thomas Hobbes*

Furcht ist eine unbeständige Traurigkeit, entsprungen aus der Idee eines zukünftigen oder vergangenen Dinges, über dessen Ausgang wir in gewisser Hinsicht zweifelhaft sind.

Benedictus Spinoza

Furcht ist ein Unbehagen des Gemütes bei dem Gedanken an ein künftiges Übel, das uns wahrscheinlich treffen wird.

John Locke

Furcht besiegt mehr Menschen als irgendetwas anderes auf der Welt. *Ralph Waldo Emerson*

Je ursprünglicher ein Mensch, umso tiefer die Angst.
Sören Kierkegaard

Je weniger Angst, desto weniger Geist. *Sören Kierkegaard*

Angst ist die Wirklichkeit der Freiheit vor der Möglichkeit.
Sören Kierkegaard

Angst ist der Schwindel der Freiheit. *Sören Kierkegaard*

Wer gelernt hat, sich recht zu ängstigen, der hat das Höchste gelernt. *Sören Kierkegaard*

Die Phantasie der Angst ist jener böse äffische Kobold, der dem Menschen gerade dann noch auf den Rücken springt, wenn er schon am schwersten zu tragen hat.

Friedrich Nietzsche

Würde ist die Verstellungsform derer, welche im Grunde furchtsam sind. *Friedrich Nietzsche*

Furcht und Intelligenz: der Grad der Furchtsamkeit ist ein Gradmesser der Intelligenz. *Friedrich Nietzsche*

Die Furcht ist die Mutter der Moral. *Friedrich Nietzsche*

Angst ist die Hauptquelle des Aberglaubens und eine der Hauptquellen der Grausamkeit. *Bertrand Russell*

Keine durch Furcht veranlasste Einrichtung kann auf die Dauer leben. Hoffnung, nicht Furcht, ist das schöpferische Prinzip in menschlichen Dingen. *Bertrand Russell*

Noch niemals hatte die Menschheit so viel Angst wie heutzutage – und noch niemals hatte sie so viel Grund dazu.
Bertrand Russell

Eine vielleicht so noch nie dagewesene Lebensangst ist der unheimliche Begleiter der modernen Menschen. *Karl Jaspers*

Furcht ist Besorgnis vor etwas Bestimmten; Angst ist Besorgnis vor etwas Unbestimmtem. *Ernst Bloch*

Die Furcht ist ein Zustand, der den Menschen aufhebt.
Jean-Paul Sartre

Ein großer Teil der Sorgen besteht aus unbegründeter Furcht.
Jean-Paul Sartre

Die Welt nötigt uns zur Angst. Angst ist nicht eine Schwäche des Urteils, sondern sie ist eine zutreffende Erkenntnis.
Carl Friedrich v. Weizsäcker

Begierden

Wie kann der Sklave seiner Begierden einen starken Charakter haben?
Konfuzius

Vergeblich habe ich nach einem Ausschau gehalten, dessen Bestreben, seinen Charakter zu bilden, so stark gewesen wäre wie die Befriedigung seiner sexuellen Bedürfnisse. *Konfuzius*

Überlasse die Entscheidung nicht der Leidenschaft, sondern dem Verstande. *Epicharm*

Unbegrenzte Wünsche sind Kindes, nicht Mannes Sache.
Demokrit

An alle Begierden soll man die Frage stellen: Was wird mir geschehen, wenn erfüllt wird, was die Begierde sucht, und was, wenn es nicht erfüllt wird? *Epikur*

Keine Lust ist an sich ein Übel, aber die Wirkungen mancher Lüste bringen vielfache Störungen der Lust. *Epikur*

Lust: das unvernünftige Frohgefühl über eine scheinbar begehrenswerte Sache. *Zenon*

Wer stets begierdelos, der schaut die Geistigkeit des Alls; Wer in Begierden lebt, schaut nur die Außenheit des Alls. *Laotse*

Es ist kein Übel ärger als begehren, kein Unheil böser als sich nicht begnügen, kein Fehler größer als erwerben wollen.
Laotse

Nie kann das Übermaß der Freuden so angenehm sein wie ihre Abnahme schmerzlich. *Marcus Tullius Cicero*

Die Begehrlichkeit kennt keine Schranke, nur Steigerung.
Seneca

Züchtige deine Leidenschaften, damit du nicht von ihnen gezüchtigt wirst. *Epiktet*

Niemand kann seinen Leidenschaften und seinem Nutzen zur gleichen Zeit dienen. *Mark Aurel*

Der Wille ist es, der alle Seelenvermögen zum Handeln antreibt: er kann auch den Verstand bewegen. *Thomas v. Aquin*

Leiden wollen kommt von Liebe, nicht leiden wollen kommt von mangelnder Liebe. *Meister Eckhard*

Begehren, verbunden mit der Erwartung, das Gewünschte zu erlangen, nennt man Hoffnung. *Thomas Hobbes*

Begehrlichkeit und Macht sind die Quellen unserer Handlungen: die Begehrlichkeit verursacht die freiwilligen, die Macht die unfreiwilligen. *Blaise Pascal*

Es ist für den Menschen keine Schande, dem Schmerz zu unterliegen, aber es ist eine Schande für ihn, der Lust zu unterliegen. *Blaise Pascal*

Wir sind uns aller unserer Wünsche bewusst, wir sind uns aber nicht der Motive unserer Wünsche bewusst.
Benedictus de Spinoza

Endlich aber ist die Ehrsucht hauptsächlich darum ein großes Hindernis, weil wir, um sie zu befriedigen, genötigt sind, unser Leben den Begriffen der anderen Menschen gemäß zu regeln … *Benedictus de Spinoza*

Dieser mit Neid verbundene Hass gegen das geliebte Ding wird Eifersucht genannt, die somit nichts anderes ist als ein Schwanken des Gemüts, entsprungen aus Liebe und Hass zugleich, begleitet von der Idee eines anderen, den man beneidet.

Benedictus de Spinoza

… jede Begierde ist ein Bedürfnis, das sich als Schmerz bemerkbar macht. *Voltaire*

Die Ehrgeizigen und die Wollüstigen haben nur selten Zeit zu denken. *Voltaire*

Wer wenig begehrt, hängt von wenigem ab.

Jean-Jacques Rousseau

Die Schuld, dass wir gegen die Leidenschaften anderer aufgebracht sind, liegt in unseren eigenen. *Jean-Jacques Rousseau*

Das Elend besteht nicht im Mangel der Dinge, sondern im Verlangen danach. *Jean-Jacques Rousseau*

Niemals kennt man die Sprache der Leidenschaften, die man nicht selbst empfindet. *Claude Adrien Helvétius*

Unsere Leidenschaften sind unsere Triebkräfte, und die Kraft unserer Begierden bestimmt unsere Fehler und unsere Tugenden. *Claude Adrien Helvétius*

Man wird stumpf, sobald man aufhört, leidenschaftlich zu sein. *Claude Adrien Helvétius*

Das Verlangen nach Macht hat seine Quelle im Verlangen nach Vergnügen. *Claude Adrien Helvétius*

Ein Mensch ohne Verlangen und ohne Bedürfnis ist ohne Geist und ohne Vernunft. *Claude Adrien Helvétius*

Der leere Wunsch, die Zeit zwischen dem Begehren und dem Erwerben des Begehrten vernichten zu können, ist Sehnsucht.
Immanuel Kant

Es gibt eigentlich gar keinen Genuss anders als im Gebrauch und Gefühl der eigenen Kräfte, und der größte Schmerz ist wahrgenommener Mangel an Kräften, wo man ihrer bedarf.
Arthur Schopenhauer

In dem Maße, als die Genüsse zunehmen, nimmt die Empfänglichkeit für sie ab: das Gewohnte wird nicht mehr als Genuss empfunden. *Arthur Schopenhauer*

Den Anfechtungen deiner Sinnlichkeit siehe lachend so zu wie der Ausführung eines gegen dich verabredeten, dir aber gesteckten Schelmenstreichs. *Arthur Schopenhauer*

O Wollust, o Hölle, o Sinne, o Liebe, nicht zu befried'gen, und nicht zu besiegen! *Arthur Schopenhauer*

Es gibt keine Leidenschaft mehr. *Sören Kierkegaard*

Die meisten (Menschen) jagen so sehr dem Genusse nach, dass sie an ihm vorbeilaufen. *Sören Kierkegaard*

Es ist immer etwas Wahnsinn in der Liebe. Es ist aber immer auch etwas Vernunft im Wahnsinn. *Friedrich Nietzsche*

Alles Geschehen aus Absichten ist reduzierbar auf die Absicht der Mehrung von Macht. *Friedrich Nietzsche*

Das Böse ist des Menschen beste Kraft. *Friedrich Nietzsche*

Eigennutz und Leidenschaft sind miteinander verheiratet: diese Ehe nennt man Selbstsucht: diese unglückliche Ehe!
Friedrich Nietzsche

Es ist leichter, einer Begierde ganz zu entsagen, als in ihr Maß zu halten.
Friedrich Nietzsche

Auch noch in der Befriedigung ihrer Begierde (nach Nahrung, Weib, Besitz, Ehre, Macht) handeln die meisten Menschen als Herdenvieh und nicht als Personen – selbst wenn sie Personen sind.
Friedrich Nietzsche

In Wahrheit heißt etwas wollen, ein Experiment machen, um zu erfahren, was wir können.
Friedrich Nietzsche

Das Bedürfnis gilt als die Ursache der Entstehung; in Wahrheit ist es oft nur die Wirkung des Entstandenen.
Friedrich Nietzsche

Der Mensch muss das Chaos in sich organisieren, dadurch dass er sich auf seine echten Bedürfnisse zurückbesinnt.
Friedrich Nietzsche

Das Bedürfnis vergrößert das, was man haben will.
Friedrich Nietzsche

Die Lust hat ihren Höhepunkt schon überschritten, wenn man sie weiß – das Leid aber kommt damit erst gerade auf seinen Höhepunkt.
Georg Simmel

Selbstsucht ist ein Labyrinth.
José Ortega y Gasset

Der Wille zum Überleben ist der Tyrann aller Tyrannen.
Ludwig Marcuse

Mensch und Geist

Geist

Wer Geist hat, hat sicher auch das rechte Wort, aber wer Worte hat, hat darum noch nicht notwendig Geist. *Konfuzius*

Heraklit der Physiker sagt, dass der Mensch gegen die Natur unlogisch sei. *Heraklit*

Durch geistige Kraft können wir den beherrschen, der uns an körperlicher überragt. *Antiphon*

Der Geist soll sich gewöhnen, seine Freuden aus sich selbst zu schöpfen. *Demokrit*

Ich verstehe aber unter Geist die Kraft der Seele, welche denkt und Vorstellungen bildet. *Aristoteles*

Denn von allem, was wir haben, scheint dies (Denkkraft und Vernunft) allein unvergänglich und allein göttlich zu sein. *Aristoteles*

Das Auge nimmt das Licht aus der Luft, der Geist nimmt es aus dem Wissen. *Zenon*

Vieles kommt vom Körper, was den Geist schärft, vieles auch, was abstumpft. *Marcus Tullius Cicero*

Der Geist aber kann auf vielen und mannigfachen Wegen zum Genuss gelangen, auch ohne die Vermittlung des Blicks; natürlich spreche ich nur vom gebildeten und kenntnisreichen Menschen, für den das Leben so viel ist wie Denken.

Marcus Tullius Cicero

So wie der fruchtbare Acker ohne Pflege keine Früchte bringen kann, so auch nicht der Geist ohne Bildung.

Marcus Tullius Cicero

Es hat noch keinen großen Geist ohne eine Beimischung von Wahnsinn gegeben.

Seneca

Es gibt keinen zuverlässigeren Beweis von Geistesgröße, als wenn man sich durch nichts, was begegnen kann, in Aufruhr bringen lässt.

Seneca

Alle Dummheit leidet am Überdruss ihrer selbst. *Seneca*

Die Frucht des Geistes ist Frieden, Freude und Liebe.

Meister Eckhard

Klugheit kann kein Glück ersetzen. *Michel de Montaigne*

Schwachköpfe kehren auch aus Niederlagen ruhmvoll heim.

Michel de Montaigne

Es ist unbedingt nötig, dass eine bessere und vollkommenere Weise, den Geist und Verstand zu gebrauchen und anzuwenden, eingeführt werde.

Francis Bacon

Denn außer Empfindung, Gedanken und Gedankenfolgen kennt der menschliche Geist keine Bewegung.

Thomas Hobbes

Es genügt nicht, gute geistige Anlagen zu besitzen. Die Hauptsache ist, sie gut anzuwenden.

René Descartes

Die größten Geister sind der größten Fehler ebenso wie der größten Tugenden fähig.

René Descartes

Je mehr Geist man hat, desto mehr originelle Menschen entdeckt man.

Blaise Pascal

Der Mensch vermag nicht zu begreifen, was der Körper und noch weniger, was der Geist ist, und am allerwenigsten, wie ein Geist mit einem Körper verbunden sein kann.
Blaise Pascal

Die ausschließliche Beschäftigung mit ein und demselben Gedanken ermüdet und zerrüttet den Geist. *Blaise Pascal*

Nichts macht auf den Geist des Menschen einen sanfteren und tieferen Eindruck als das Beispiel. *John Locke*

Der Geist hat seine Bedürfnisse ebenso wie der Körper.
Jean-Jacques Rousseau

Lieber will er (der menschliche Geist) sich täuschen, als nichts glauben. *Jean-Jacques Rousseau*

Nur wer Geist hat, erkennt den Geist; die Dutzendköpfe aber haben einen guten Instinkt, Geist zu merken und alsgleich davonzulaufen. *Claude Adrien Helvétius*

Der Grad von Geist, der nötig ist, um uns zu gefallen, ist ein ganz genaues Maß des Grades von Geist, den wir haben.
Claude Adrien Helvétius

Einbildungskraft bedeutet also Erfindung von Bildern, wie Geist Erfindung von Ideen bedeutet. *Claude Adrien Helvétius*

Ein größerer Umfang des Gedächtnisses verleiht keineswegs seinem Geist einen größeren Umfang. *Claude Adrien Helvétius*

Der leidenschaftslose Mensch ist zu jenem Grad der Aufmerksamkeit unfähig, an den die Überlegenheit des Geistes geknüpft ist. *Claude Adrien Helvétius*

Phantasie ist unser guter Genius oder unser Dämon.
Immanuel Kant

In der Dummheit ist eine Zuversicht, worüber man rasend werden möchte. *Friedrich Heinrich Jacobi*

Die Fähigkeiten des menschlichen Geistes sind so begrenzt, dass er viel Zeit benötigt, einen immerhin wichtigen Denkvorgang zum Abschluss zu bringen. *Claude Henri de Saint-Simon*

Es ist gleich tödlich für den Geist, ein System zu haben, und keins zu haben. Er wird sich also wohl entschließen müssen, beides zu verbinden. *Friedrich Schlegel*

Das Leben des universellen Geistes ist eine ununterbrochene Kette innerer Revolutionen. *Friedrich Schlegel*

Es hat noch nie einen großen Geist ohne eine Beimischung von Wahnsinn gegeben. *Friedrich Schlegel*

Verstand ist mechanischer, Witz ist chemischer, Genie ist organischer Geist. *Friedrich Schlegel*

Kunst, Religion und Philosophie, dies sind die drei Sphären menschlicher Tätigkeit, in denen allein der höchste Geist als solcher sich manifestiert. *Friedrich Wilhelm Joseph Schelling*

Es gibt etwas Weiseres in uns, als der Kopf ist: Instinkt, der aus dem tiefsten Grunde unsers Wesen kommt.
Arthur Schopenhauer

Die Intelligenz ist die Magd des Willens. *Arthur Schopenhauer*

Der Stil ist die Physiognomie des Geistes … Fremden Stil nachahmen heißt eine Maske tragen. *Arthur Schopenhauer*

Die Schlechtigkeit wird, sagt man, in jener Welt gebüßt; aber die Dummheit in dieser. *Arthur Schopenhauer*

Mensch und Geist

Jedes Tier hat seinen Intellekt offenbar nur zu dem Zweck, dass es sein Futter auffinden und erlangen könne … Nicht anders verhält es sich mit dem Menschen; nur dass die größere Schwierigkeit seiner Erhaltung und die unendliche Vermehrbarkeit seiner Bedürfnisse hier ein viel größeres Maß von Intellekt nötig gemacht hat. *Arthur Schopenhauer*

Geist ist: welche Macht die Erkenntnis eines Menschen über sein Leben hat. *Sören Kierkegaard*

Die geistigsten Menschen, vorausgesetzt, dass sie auch die mutigsten sind, erleben auch bei weitem die schmerzhaftesten Tragödien: aber eben deshalb ehren sie das Leben, weil es ihnen seine größte Gegnerschaft entgegenstellt.

Friedrich Nietzsche

Wenn man sein Herz hart bindet und gefangen legt, kann man seinem Geist viele Freiheiten geben. *Friedrich Nietzsche*

Aus den Leidenschaften werden Meinungen, die Trägheit des Geistes lässt diese zu Überzeugungen erstarren.

Friedrich Nietzsche

Geist ist das Leben, das selber ins Leben schneidet.

Friedrich Nietzsche

Kein Strom ist durch sich selber groß und reich: Sondern dass er so viele Nebenflüsse aufnimmt und fortführt, das macht ihn dazu. So steht es auch mit allen Größen des Geistes.

Friedrich Nietzsche

Ach, des Geistes wurde ich oft müde, als ich auch das Gesindel geistreich fand! *Friedrich Nietzsche*

Unser Intellekt ist nicht zum Begreifen des Werdens eingerichtet, er strebt die allgemeine Starrheit zu beweisen, dank seiner Abkunft aus Bildern.
Friedrich Nietzsche

Ein Werkzeug kann nicht seine eigene Tauglichkeit kritisieren: der Intellekt kann nicht selber seine Grenze, auch nicht sein Wohlgeratensein oder sein Missratensein bestimmen.
Friedrich Nietzsche

Die „Intelligenz" erscheint als eine besondere Form der Unvernunft.
Friedrich Nietzsche

Logik ist der Versuch, nach einem von uns gesetzten Seins-Schema die wirkliche Welt berechenbar zu machen.
Friedrich Nietzsche

Die geistige Aufklärung ist ein unfehlbares Mittel, um die Menschen unsicher, willensschwächer, anschluss- und stützenbedürftiger zu machen, kurz, das Herdentier im Menschen zu entwickeln.
Friedrich Nietzsche

Die Intelligenz ist charakterisiert durch eine natürliche Unfähigkeit, das Leben zu begreifen.
Henri Bergson

Geist in seiner menschlichen Kundgebung ist eine Antwort des Menschen an sein Du.
Martin Buber

Geist ist nicht eine spätere Blüte am Baume Mensch, sondern er ist das, was den Menschen als solchen konstituiert.
Martin Buber

„Geist" ist die spezifisch städtische Form des verstehenden Wachseins.
Oswald Spengler

Die Phantasie ist das Vermögen der Freiheit im Menschen.
José Ortega y Gasset

Gehirn: das Instrument, mit dem unser Geist Musik macht.
Karl Raimund Popper

Der erste Schritt des Geistes besteht darin, zwischen Wahrem und Falschem zu unterscheiden.
Albert Camus

Für einen Menschen ohne Scheuklappen gibt es kein schöneres Schauspiel als die Intelligenz im Kampf mit einer ihr überlegenen Wirklichkeit. Das Schauspiel des menschlichen Stolzes ist unvergleichlich.
Albert Camus

Die allen intelligenten Menschen gemeinsame Versuchung: der Zynismus.
Albert Camus

Intellektueller: ein Mensch, dessen Geist sich selbst beobachtet.
Albert Camus

Vernunft, Verstand

Nur der Verstand ist es, der sieht und hört. Alles andere ist taub und blind.
Epicharm

Der Blick des Verstandes fängt an scharf zu werden, wenn der Blick der Augen an Schärfe verliert.
Platon

Der Vernünftige geht auf Schmerzlosigkeit, nicht auf Genuss aus.
Aristoteles

Wie das Zünglein der Waage folgt, worauf das Gewicht liegt, so folgt der Verstand dem Gewicht überzeugender Gründe.
Marcus Tullius Cicero

Nichts ist im Verstand, was nicht zuvor in der Wahrnehmung wäre.
Thomas v. Aquin

Vernunft, Verstand | 91

Die Erfahrung lehrt vielmehr, dass die Leute von gutem Gedächtnis gerne ein wenig schwach von Verstande sind.
Michel de Montaigne

Die Welt darf nicht auf den menschlichen Verstand reduziert werden, unser Verstand muss sich erweitern, bis er die Welt begreift.
Francis Bacon

Es gibt zwei gleich gefährliche Abwege: die Vernunft schlechthin zu leugnen und außer der Vernunft nichts anzuerkennen.
Blaise Pascal

Der letzte Schritt der Vernunft ist die Erkenntnis, dass es eine Unendlichkeit von Dingen gibt, die sie übersteigen. Sie ist schwach, wenn sie nicht bis zu dieser Erkenntnis vordringt.
Blaise Pascal

Der Glaube ist ein besserer Ratgeber als die Vernunft. Die Vernunft hat Grenzen, der Glaube keine.
Blaise Pascal

Die Vernunft beherrscht uns viel gebieterischer als ein Herr. Wenn wir diesem gehorchen, sind wir unglücklich; wenn wir ihr nicht gehorchen, sind wir Dummköpfe.
Blaise Pascal

Nichts bringt dem Menschen mehr Gewinn, als nach den Grundsätzen der Vernunft zu leben.
Benedictus Spinoza

Was den Menschen hindert, die Vernunft zu vervollkommnen und ein vernünftiges Leben zu führen, dies allein ist ein Übel.
Benedictus Spinoza

Der Glaube ist eine kräftige Bezeugung durch Gründe, aus welchen ich in meinem Verstande überzeugt bin, dass sich ein Ding wirklich und dergestalt außerhalb meines Verstandes findet, wie ich in meinem Verstande davon überzeugt bin.
Benedictus Spinoza

Es ist nichts im Verstand, was nicht vorher in den Sinnen gewesen wäre.
John Locke

Das Vermögen, welches die Verbindung der Wahrheiten untereinander einsieht, heißt im eigentlichen Sinne Vernunft.
Gottfried Wilhelm Leibniz

Die Menschen gebrauchen ihren Verstand nur, um ihr Unrecht zu rechtfertigen, und ihre Sprache allein, um ihre Gedanken zu verbergen.
Voltaire

Vorurteile sind die Vernunft der Narren.
Voltaire

Es ist ein Triumph der Vernunft, gut mit jenen zusammenzuleben, die keine haben.
Voltaire

Der Glaube an Vorurteile gilt in der Welt als gesunder Menschenverstand.
Claude Adrien Helvétius

Vorurteil: ein Grundsatz aus subjektiven Ursachen der Sinnlichkeit, welche fälschlicherweise für objektive Gründe des Verstandes gehalten werden.
Immanuel Kant

Habe Mut, dich deines eigenen Verstandes zu bedienen, ist der Wahlspruch der Aufklärung.
Immanuel Kant

Vernunft: das Vermögen, von dem Allgemeinen das Besondere abzuleiten und dieses letztere also nach Prinzipien und als notwendig vorzustellen.
Immanuel Kant

Reine Vernunft ist für sich allein praktisch und gibt dem Menschen ein allgemeines Gesetz, welches wir das Sittengesetz nennen.
Immanuel Kant

Es ist ein gewöhnliches Schicksal der menschlichen Vernunft in der Spekulation, ihr Gebäude so früh wie möglich fertig zu machen, und hintennach allererst zu untersuchen, ob auch der Grund dazu gelegt sei. *Immanuel Kant*

„Was will ich?" fragt der Verstand. „Worauf kommt es an?" fragt die Urteilskraft. „Was kommt heraus?" fragt die Vernunft.
Immanuel Kant

Der Friede ist das Meisterstück der Vernunft. *Immanuel Kant*

Das Denken, nur endliche Bestimmungen hervorbringend und in solchen sich bewegend, heißt Verstand.

Georg Wilhelm Friedrich Hegel

Gesunder Menschenverstand: die Denkweise einer Zeit, in der alle Vorurteile dieser Zeit enthalten sind: die Denkbestimmungen regieren ihn, ohne dass er ein Bewusstsein darüber hat.

Georg Wilhelm Friedrich Hegel

Der Widerspruch ist das Erheben der Vernunft über die Beschränkungen des Verstandes.

Georg Wilhelm Friedrich Hegel

Die Vernunft ist die höchste Vereinigung des Bewusstseins und des Selbstbewusstseins oder des Wissens von einem Gegenstande und des Wissens von sich.

Georg Wilhelm Friedrich Hegel

Das Nichtverstehen kommt meistens gar nicht vom Mangel an Verstand, sondern vom Mangel an Sinn. *Friedrich Schlegel*

Wo das Geschöpf sich selbst verschwindet und durchsichtig wird dem Schöpfer, da ist Vernunft.

Friedrich Wilhelm Joseph Schelling

Die Vernunft ist das Prinzip der allgemeinen Gleichheit, der Verstand ist das Prinzip der Ungleichheit unter den Menschen.
Friedrich Wilhelm Joseph Schelling

Natürlicher Verstand kann fast jeden Grad von Bildung ersetzen, aber keine Bildung den natürlichen Verstand.
Arthur Schopenhauer

Überhaupt ist es geratener, seinen Verstand durch das, was man verschweigt, an den Tag zu legen, als durch das, was man sagt.
Arthur Schopenhauer

Viele verlieren den Verstand nicht, weil sie keinen haben.
Arthur Schopenhauer

Gesunder Menschenverstand ist der Maßstab des Möglichen.
Henri Frédéric Amiel

Verstand: ein Hemmungsapparat gegen das Sofortreagieren auf das Instinkturteil.
Friedrich Nietzsche

„Verstehen", das heißt: etwas Neues ausdrücken können in der Sprache von etwas Altem.
Friedrich Nietzsche

Es ist mehr Vernunft in deinem Leibe, als in deiner besten Weisheit.
Friedrich Nietzsche

Vernunft ist ein Verhältniszustand verschiedener Leidenschaften und Begehrungen.
Friedrich Nietzsche

Da die Vernunft in der richtigen Anpassung der Mittel an die Zwecke besteht, kann sie nur von denen bekämpft werden, die es für gut befinden, dass die Menschen Mittel wählen, mit denen sich ihre Zwecke nicht verwirklichen lassen.
Bertrand Russell

Vernunft, Verstand

Der Verstand ist das nächstliegende Werkzeug, mit dem der Mensch rechnen kann. *José Ortega y Gasset*

Die Vernunft ist gleichsam der Ort, an dem und von dem her wir leben, wenn wir zu uns selbst kommen. *Karl Jaspers*

Vernunft ist die sanfte Gewalt, die allem, und selbst der Gewalt, Grenze und Maß setzt. *Karl Jaspers*

Der menschliche Verstand ist in der Praxis nicht verlässlich, am wenigsten in großer Not. *Karl Jaspers*

Der Verstand, der sich genügen wollte, bliebe leer an Gehalt. *Karl Jaspers*

Der Aberglaube an die automatische Wirkung der Einsicht kommt außerhalb der schematischen Propaganda nur noch bei alten Mathematiklehrern vor. *Ernst Bloch*

Wenn wir im Leben vom Tod umgeben sind, so auch in der Gesundheit des Verstands vom Wahnsinn. *Ludwig Wittgenstein*

Aufklärung: die Vernunft macht immer heller, in welchem Dunkel wir leben. *Ludwig Marcuse*

Der gesunde Menschenverstand ist oft eine der ungesundesten Verständnislosigkeiten. *Ludwig Marcuse*

Verstand dient der Wahrnehmung der eigenen Interessen. Vernunft ist Wahrnehmung des Gesamtinteresses. *Carl Friedrich v. Weizsäcker*

Denken, Idee

Lernen, ohne zu denken, ist verlorene Mühe. Denken, ohne etwas gelernt zu haben, ist gefährlich. *Konfuzius*

Ein Heer kann seines Führers, aber niemand seiner Gedanken beraubt werden. *Konfuzius*

Nicht nachbedenken, sondern vorbedenken soll der weise Mann. *Epicharm*

Nüchtern sein und kritisch. Das sind die Gelenke des Denkens. *Epicharm*

Der Menschen Gedanken sind Kinderspiele. *Heraklit*

Viel Denken, nicht viel Wissen ist zu pflegen. *Demokrit*

Denken: das Selbstgespräch der Seele. *Platon*

Denken und Sein werden vom Widerspruch bestimmt. *Aristoteles*

Auch das Denken schadet bisweilen der Gesundheit. *Aristoteles*

Ohne ein Phantasiebild ist Denken unmöglich. *Aristoteles*

Worte sind da um der Gedanken willen; hat man den Gedanken, so vergisst man die Worte. *Chuangtse*

Wer das Ende bedenkt, wie er den Anfang bedachte, der wird nichts verderben. *Laotse*

Die Denkfertigkeit bleibt nicht gleich rege, wenn man sich gehen lässt. *Plutarch*

Die Menschen sollten nicht so viel nachdenken, was sie tun sollen; sie sollen vielmehr bedenken, was sie sind.

Meister Eckhard

Meine Gedanken schlafen, wenn ich sitze; mein Geist geht nicht, wenn ihn nicht die Beine bewegen. Diejenigen, welche ohne Bücher studieren, werden mit mir übereinstimmen.

Michel de Montaigne

Dumme verstehen auch ihre gescheitesten Gedanken nicht.

Michel de Montaigne

Wer einen wirklich klaren Gedanken hat, kann ihn auch darstellen. Ist der Geist einmal der Dinge Herr, folgen die Worte von selbst. *Michel de Montaigne*

Ein Verstandesfehler bedeutet Unkenntnis, ein Denkfehler irrtümliche Annahme. *Thomas Hobbes*

Ich denke, also bin ich. *René Descartes*

Das Denken macht die Größe des Menschen aus. *Blaise Pascal*

Nicht im Raume darf ich meine Würde suchen, sondern in der Ordnung seiner Gedanken. *Blaise Pascal*

Man muss einen Gedanken haben, der hinter dem ausgesprochenen Gedanken liegt, und alles von da aus beurteilen, während man (scheinbar) so spricht wie das Volk. *Blaise Pascal*

Was unser Denken begreifen kann, ist kaum ein Punkt, fast gar nichts im Verhältnis zu dem, was es nicht begreifen kann.

John Locke

Logik ist die Anatomie des Denkens. *John Locke*

Es ist unbestreitbar, dass wir in uns etwas tragen, was denkt;
John Locke

Das Vermögen des vernünftigen Denkens täuscht die, welche sich darauf verlassen, selten oder niemals; *John Locke*

Es ist richtig, dass wir im Leben vieles auf Grund bloßer Vermutungen tun, aber es ist falsch, dass unsere Ideen bloß auf Vermutungen beruhen. *Benedictus Spinoza*

Das Denken hängt völlig vom Magen ab, aber trotzdem sind die Besitzer der besten Mägen nicht die besten Denker. *Voltaire*

Worte sind für Gedanken, was Gold für Diamanten, nötig zur Einfassung, aber es gehört davon nur wenig dazu. *Voltaire*

Von Natur aus ist der Mensch nicht zum Denken geneigt, Denken ist eine Kunst, die er, wie alle übrigen Künste, ja sogar noch schwieriger als diese, erlernt. *Jean-Jacques Rousseau*

Der Mensch bequemt sich ungern zum Denken. Wenn er aber damit beginnt, hört er nicht wieder auf. *Jean-Jacques Rousseau*

Auch ein Dummkopf pflegt manchmal nachzudenken; aber immer erst nach der Dummheit. *Jean-Jacques Rousseau*

Nichts erhält die Gewohnheit nachzudenken besser, als wenn man mit sich selbst zufriedener als mit seinem Schicksale ist.
Jean-Jacques Rousseau

Es ist schwierig, edel zu denken, wenn man nur daran denkt, seinen Lebensunterhalt zu bestreiten. *Jean-Jacques Rousseau*

Meine Gedanken sind meine Dirnen. *Denis Diderot*

Nur wenige Menschen erheben sich in ihrem Denken über das alltägliche Denken; noch weniger Menschen wagen, das auszuführen und zu sagen, was sie denken. *Claude Adrien Helvétius*

Das außergewöhnliche Gedächtnis bringt die Gelehrten, das tiefe Nachdenken die Genies hervor. *Claude Adrien Helvétius*

Jede neue Idee ist ein Geschenk des Zufalls.
Claude Adrien Helvétius

Denken ist die Erkenntnis durch Begriffe. *Immanuel Kant*

Denken ist reden mit sich selbst. *Immanuel Kant*

Alle Sprache ist äußeres Denken, das Denken ist innere Sprache.
Immanuel Kant

Die Maxime, jederzeit selbst zu denken, ist die Aufklärung.
Immanuel Kant

Der Mangel an Urteilskraft ist eigentlich das, was man Dummheit nennt, und einem solchen Gebrechen ist gar nicht abzuhelfen. *Immanuel Kant*

Eine Idee ist nichts anderes als der Begriff einer Vollkommenheit, die sich in der Erfahrung noch nicht vorfindet.
Immanuel Kant

Ich verstehe unter einer Idee einen notwendigen Vernunftbegriff, dem kein kongruierender Gegenstand in den Sinnen gegeben werden kann. *Immanuel Kant*

Talent zu Einfällen ist nicht Genie zu Ideen. *Immanuel Kant*

Alle Denkvorgänge unseres Geistes sind Vergleiche.
Claude Henri de Saint-Simon

Inspirationen gehen klaren Gedanken voraus.
Claude Henri de Saint-Simon

Das Denken ist überhaupt das Auffassen und Zusammenfassen des Mannigfaltigen in der Einheit.
Georg Wilhelm Friedrich Hegel

Sprache ist gleichsam der Leib des Denkens.
Georg Wilhelm Friedrich Hegel

Die Idee ist das Absolute und alles Wirkliche ist nur Realisierung der Idee.
Georg Wilhelm Friedrich Hegel

Die Idee ist die Einheit des Begriffs und der Realität.
Georg Wilhelm Friedrich Hegel

Beweisen heißt überhaupt nichts, als des Zusammenhangs und damit der Notwendigkeit bewusst werden.
Georg Wilhelm Friedrich Hegel

Ideen sind unendliche, selbständige, immer in sich bewegliche, göttliche Gedanken.
Friedrich Schlegel

Eine Idee ist ein bis zur Ironie vollendeter Begriff, eine absolute Synthesis absoluter Antithesen, der stets sich selbst erregende Wechsel zweier streitender Gedanken. Ein Ideal ist zugleich Idee und Faktum.
Friedrich Schlegel

So werden die Gedanken wohl von der Seele erzeugt; aber der erzeugte Gedanke ist eine unabhängige Macht, für sich fortwirkend; ja, in der menschlichen Seele so anwachsend, dass er seine eigene Mutter bezwingt und sich unterwirft.
Friedrich Wilhelm Joseph Schelling

Das Kartenspiel ist der Bankrott des denkenden Menschen.
Arthur Schopenhauer

Zum eigenen, in uns aufsteigenden Gedanken verhält der fremde, gelesene sich wie der Abdruck einer Pflanze der Vorwelt im Stein zur blühenden Pflanze des Frühlings.
Arthur Schopenhauer

Nichts ist schwerer, als bedeutende Gedanken so auszudrücken, dass jeder sie verstehen muss. *Arthur Schopenhauer*

Meditieren: Nachdenken ohne methodisches Denken.
Arthur Schopenhauer

Wir denken selten an das, was wir haben, aber immer an das, was uns fehlt. *Arthur Schopenhauer*

Dem schwachen Kopf ist das Denken so unerträglich wie dem schwachen Arm das Heben einer Last: daher beide eilen niederzusetzen. *Arthur Schopenhauer*

Es ist nämlich mit Gedanken wie mit Menschen: man kann nicht immer nach Belieben sie rufen lassen, sondern muss abwarten, dass sie kommen. *Arthur Schopenhauer*

Schwierige und pomphafte Phrasen verhüllen winzige, nüchterne oder alltägliche Gedanken. *Arthur Schopenhauer*

Nur wer denkt, ist frei und selbständig. *Ludwig Feuerbach*

Das reine Denken ist ein Phantom. *Sören Kierkegaard*

Die Menschen scheinen die Sprache nicht empfangen zu haben, um die Gedanken zu verbergen, sondern um zu verbergen, dass sie keine Gedanken haben. *Sören Kierkegaard*

Nur der Gedanke springt. Er springt in unendlicher Reflexion. Er springt ins grenzenlose Leere. *Sören Kierkegaard*

Die unmittelbare Wirklichkeit des Gedankens ist die Sprache.
Karl Marx

Die herrschenden Ideen einer Zeit waren stets nur die Ideen der herrschenden Klasse. *Marx*

Tief denkende Menschen kommen sich im Verkehr mit andern als Komödianten vor, weil sie sich da, um verstanden zu werden, immer erst eine Oberfläche anheucheln müssen.
Friedrich Nietzsche

Warten, geduldig sein, das heißt denken. *Friedrich Nietzsche*

Einem, der viel gedacht hat, erscheint jeder neue Gedanke, den er hört oder liest, sofort in Gestalt einer Kette.
Friedrich Nietzsche

Das logische Denken ist das Muster einer vollständigen Fiktion.
Friedrich Nietzsche

Denker: wer sich darauf versteht, die Dinge einfacher zu nehmen, als sie sind. *Friedrich Nietzsche*

Die meisten Denker schreiben schlecht, weil sie uns nicht nur ihre Gedanken, sondern auch das Denken der Gedanken mitteilen. *Friedrich Nietzsche*

Dieser Denker braucht niemanden, der ihn widerlegt: er genügt sich dazu selber. *Friedrich Nietzsche*

Es ist nicht leicht, Gegensätze zu denken als Gerade.
Friedrich Nietzsche

Wer viel denkt, und zwar sachlich denkt, vergisst leicht seine eigenen Erlebnisse, aber nicht so die Gedanken, welche durch jene hervorgerufen wurden. *Friedrich Nietzsche*

Denken, Idee

Mit einer sehr lauten Stimme im Halse ist man fast außerstande, feine Sachen zu denken.
Friedrich Nietzsche

Durch Worte und Begriffe werden wir immer wieder verführt, die Dinge uns einfacher zu denken als sie sind.
Friedrich Nietzsche

Sowenig als möglich sitzen, keinem Gedanken Glauben schenken, der nicht im Freien geboren ist und bei freier Bewegung … Alle Vorurteile kommen aus den Eingeweiden.
Friedrich Nietzsche

Wenn Denken dein Schicksal ist, so verehre dieses Schicksal mit göttlichen Ehren und opfere ihm das Beste, das Liebste.
Friedrich Nietzsche

Kurzgesagtes kann die Frucht von vielem Langgedachten sein.
Friedrich Nietzsche

Begriffe sind Bildzeichen für oft wiederkehrende Empfindungen.
Friedrich Nietzsche

Gedanken sind die Schatten unsrer Empfindungen – immer dunkler, leerer, einfacher als diese.
Friedrich Nietzsche

Gedanken sind Zeichen von einem Spiel und Kampf der Affekte.
Friedrich Nietzsche

Man kann auch seine Gedanken nicht ganz in Worten wiedergeben.
Friedrich Nietzsche

Wer seine Gedanken nicht auf Eis zu legen versteht, der soll sich nicht in die Hitze des Streites begeben.
Friedrich Nietzsche

Nicht wir geben den Gedanken Audienz, sondern die Gedanken geben uns Audienz.
Friedrich Nietzsche

Die großen Ideen kommen auf Taubenfüßen daher.
Friedrich Nietzsche

Das Idealisieren ist ein ungeheures Heraustreiben der Hauptzüge. *Friedrich Nietzsche*

Die Idee ist ein stehengebliebener Gedanke. *Henri Bergson*

Wer scharf denkt, wird Pessimist. Wer tief denkt, wird Optimist. *Henri Bergson*

Es ist nicht schwer, Ideen zu haben, schwer ist nur, sie auszudrücken. *Henri Bergson*

Manche Menschen würden eher sterben als nachdenken. Und sie tun es auch. *Bertrand Russell*

Wir können das Denken frei nennen, wenn es dem freien Wettbewerb der verschiedenen Überzeugungen ausgesetzt ist, das heißt, wenn jede Überzeugung ihren Standpunkt vertreten kann und keine rechtlichen oder finanziellen Vor- oder Nachteile mit einer Überzeugung verbunden sind. *Bertrand Russell*

Die Menschen fürchten das Denken wie nichts anderes in der Welt. Denken ist umstürzlerisch und revolutionär, zerstörend und erschreckend, erbarmungslos gegen Privilegien, festgesetzte Institutionen und bequeme Gebräuche.
Bertrand Russell

Aber selbst ein guter Gedanke hat wenig Wert, wenn er von einem Flachkopf ausgesprochen wird. *Oswald Spengler*

Das Denken ist eine Lebensfunktion wie die Verdauung und der Blutkreislauf. *José Ortega y Gasset*

Jede (Denk-)Methode ist die Reaktion auf einen Zweifel.
José Ortega y Gasset

Der Gedanke ist das Wandelbarste, was es im Menschen gibt.
José Ortega y Gasset

Die Idee braucht die Kritik wie die Lunge den Sauerstoff.
José Ortega y Gasset

Die Idee ist ein Schach, das man der Wahrheit bietet.
José Ortega y Gasset

Ideale erziehen und regen unser Leben an. Ideale sind biologische Sprungfedern. Ohne Ideale kein Leben.
José Ortega y Gasset

Die Ideen hat man – in den Glaubensgewissheiten lebt man.
José Ortega y Gasset

Die Ideale sind das, was unsere vitalen Geisteskräfte anregt, biologische Sprungfedern, Zündstoff für explosive Energieentladungen.
José Ortega y Gasset

Von dem, was man heute denkt, hängt das ab, was morgen auf den Straßen und Plätzen gelebt wird.
José Ortega y Gasset

Alt geworden, fühlt der Denkende sich weniger als je vollendet.
Karl Jaspers

Denken heißt Überschreiten.
Ernst Bloch

Überlegende Arbeit trieb erst den Menschenstamm geschichtlich hoch, ließ ihn das Nötige sich probend zurechtlegen; Not lehrte zuerst das Denken.
Ernst Bloch

Auch im Denken gibt es eine Zeit des Pflügens und eine Zeit der Ernte.
Ludwig Wittgenstein

Auch Gedanken fallen manchmal unreif vom Baum.
Ludwig Wittgenstein

Das logische Bild der Tatsachen ist der Gedanke.
Ludwig Wittgenstein

Wer groß denkt, muss groß irren. *Martin Heidegger*

Im Denken wird jeder Mensch einsam und langsam.
Martin Heidegger

Das Bleibende im Denken ist der Weg. Und Denkwege bergen in sich das Geheimnisvolle, dass wir sie vorwärts und rückwärts gehen können, dass sogar der Weg zurück uns erst vorwärts führt. *Martin Heidegger*

Wir kommen nie zu Gedanken. Sie kommen zu uns.
Martin Heidegger

Denken ist eine Anstrengung, Glauben ein Komfort.
Ludwig Marcuse

„Idealisten" nennt man die, welche erst der Macht weichen – aber noch nicht der Logik. *Ludwig Marcuse*

Es gibt keinen Boden, auf dem Theorie und Praxis, Denken und Handeln zusammenkommen. *Ludwig Marcuse*

Alles Denken ist Nachdenken, der Sache nachdenken.
Hannah Arendt

Ein Denker macht dadurch Fortschritte, dass er seine Schlussfolgerungen hinauszögert, sogar wenn sie ihm auf der Hand zu liegen scheinen. *Albert Camus*

Die größte Ersparnis, die sich im Bereich des Denkens erzielen lässt, besteht darin, die Nicht-Verstehbarkeit der Welt hinzunehmen und sich um die Menschen zu kümmern.

Albert Camus

Falsch verstandene Ideen enden immer in Blutvergießen, aber in jedem Fall ist es jemandes anderen Blut. Das ist der Grund, warum unsere Denker so frei sind, über alles zu reden.
Albert Camus

Erkennen, Erkunden

Schenke nicht Glauben den Worten, ohne sie geprüft zu haben, und nimm erst Partei, nachdem du wohl überlegt hast.
Konfuzius

Viele (Menschen) staunen, wenige erkennen. *Heraklit*

Augen sind schärfere Zeugen als die Ohren. *Heraklit*

Von jeder Sache gibt es zwei einander widersprechende Auffassungen.
Protagoras

Die Selbsterkenntnis ist die Bedingung praktischer Tüchtigkeit.
Sokrates

In Wirklichkeit erkennen wir nichts; denn die Wahrheit liegt in der Tiefe. *Demokrit*

Wir nehmen nichts Sicheres wahr, sondern unsere Wahrnehmungen sind abhängig von der Verfassung unseres Körpers.
Demokrit

Lieber eine einzige Ursache verstehen als König von Persien sein. *Demokrit*

Die Erkenntnis ist das Auge der Begierde und kann zum Steuermann der Seele werden. *Platon*

Wer recht erkennen will, muss zuvor in richtiger Weise gezweifelt haben. *Aristoteles*

Freilich muss, wer auf Erkenntnis ausgeht, dies um ihrer selbst willen tun. Denn hier winkt seitens der Menschen kein Lohn für die darauf verwandte angespannte Mühe. *Aristoteles*

Klar sieht, wer von Ferne sieht, und nebelhaft, wer Anteil nimmt. *Laotse*

Wer stets begierdelos, der schaut die Geistigkeit des Alls; wer in Begierden lebt, schaut nur die Außenheit des Alls. *Laotse*

Die Menschen glauben eher ihren Augen als ihren Ohren.
Seneca

Die Eigenliebe trübt unser Urteil. *Seneca*

Einsicht verschafft das Gute, erhält es, mehrt es und macht rechten Gebrauch davon. *Plutarch*

Die Sache haben sie (die Menschen) gesehen, aber nicht die Ursache. *Aurelius Augustinus*

Alles Denken geschieht unter der Kategorie der Zeit, das wahre Erkennen dagegen schaut in einem ewigen Nu.
Meister Eckhard

Es gibt nur wenige Dinge, die wir ganz richtig zu beurteilen vermögen, weil wir an den meisten auf die eine oder andere Art allzu persönlichen Anteil nehmen. *Michel de Montaigne*

Wer urteilt, ohne sich auf jede ihm mögliche Weise unterrichtet zu haben, kann nicht anders als falsch urteilen.
John Locke

Erkennen, Erkunden

Es ist Gott vorbehalten, die Dinge positiv und unmittelbar zu erkennen. Doch dies ist sicherlich mehr, als der Mensch zu leisten vermag: er kann nur schrittweise durch Negation die Welt begreifen und sie erst dann voll bejahen, wenn er alle anderen Möglichkeien ausgeschlossen hat.
Francis Bacon

Der einzige Grund, warum viele meinen, die Existenz Gottes und das Wesen der Seele seien schwer zu erkennen, liegt darin, dass sie ihren Geist niemals von den Sinnen ablenken und über die Körperwelt erheben.
René Descartes

Die Sinne betrügen die Vernunft, und die Leidenschaften der Seele verwirren die Sinne: Sie lügen und betrügen sich um die Wette.
Blaise Pascal

Wir suchen niemals die Dinge, sondern das Suchen nach ihnen.
Blaise Pascal

Was unbegreiflich ist, ist darum nicht weniger wirklich.
Blaise Pascal

Die gewohnt sind, mit dem Gefühl zu urteilen, begreifen nichts von dem, was nur der Verstand erkennt ... Die anderen dagegen, die daran gewöhnt sind, nach Prinzipien zu denken, begreifen nichts von dem, was nur das Gefühl erfasst ...
Blaise Pascal

Je mehr Einsicht man hat, desto mehr Größe und Niedrigkeit entdeckt man im Menschen.
Blaise Pascal

Geschmack ist sozusagen das Mikroskop der Urteilskraft.
Jean-Jacques Rousseau

Nichts ist so selten wie ein eigenes Urteil.
Claude Adrien Helvétius

Ein Urteil ist die Vorstellung der Einheit des Bewusstseins verschiedener Vorstellungen, oder die Vorstellungen des Verhältnisses derselben, sofern sie einen Begriff ausmachen.
Immanuel Kant

Etwas als ein Merkmal mit einem Dinge vergleichen heißt urteilen. *Immanuel Kant*

Witz hascht nach Einfällen; Urteilskraft strebt nach Einsichten. Witz geht mehr nach der Brühe, Urteilskraft nach der Nahrung.
Immanuel Kant

Dass alle unsere Erkenntnis mit der Erfahrung anfange, daran ist gar kein Zweifel. *Immanuel Kant*

Überhaupt bleibt wohl freilich zwischen der ästhetischen und der logischen Vollkommenheit unseres Erkenntnisses immer eine Art von Widerstreit, der nicht völlig gehoben werden kann. *Immanuel Kant*

Der Mensch erkennt nur das, was er zu erkennen Trieb hat.
Friedrich Wilhelm Joseph Schelling

Der eigene Vorteil verfälscht das Urteil vollständig.
Arthur Schopenhauer

Was der Mensch nicht aus sich selbst erkennt, das erkennt er gar nicht. *Ludwig Feuerbach*

Wir alle verachten Vorurteile, aber wir sind alle voreingenommen. *Herbert Spencer*

Jede Erkenntnis ist ein Identifizieren des Nichtgleichen.
Friedrich Nietzsche

„Erkennen" ist die Bekämpfung eines Gefühls von etwas Neuem. *Friedrich Nietzsche*

Erkennen, Erkunden

Erkennen, das heißt: alle Dinge zu unserem Besten verstehen.
Friedrich Nietzsche

Die Erkenntnis hat den Wert: erstens die „absolute Erkenntnis" zu widerlegen, zweitens die objektive zählbare Welt der notwendigen Aufeinanderfolge zu entdecken. *Friedrich Nietzsche*

Die Erkenntnis arbeitet als Werkzeug der Macht. So liegt es auf der Hand, dass sie wächst mit jedem Mehr von Macht.
Friedrich Nietzsche

Man liebt seine Erkenntnis nicht genug mehr, sobald man sie mitteilt. *Friedrich Nietzsche*

Um das Geheimnis der Tiefen zu ergründen muss man manchmal nach den Gipfeln schauen. *Henri Bergson*

Erkennen heißt nicht, sich mit den Dingen zufriedengeben, so wie sie uns entgegentreten, sondern heißt, hinter ihnen nach ihrem Sein suchen. *José Ortega y Gasset*

Erkennen ist wie ein Nachdenken der Gedanken Gottes.
Karl Jaspers

Nur der Mensch, der sich innerlich dem Unheil aussetzt, kann erfahren, was ist, und den Antrieb gewinnen, es zu ändern.
Karl Jaspers

Weltanschauung ist nicht selten Mangel an Anschauung.
Ludwig Marcuse

Ganz neue Zusammenhänge entdeckt nicht das Auge, das über ein Werkstück gebeugt ist, sondern das Auge, das in Muße den Horizont absucht. *Carl Friedrich v. Weizsäcker*

Die Summe der Erkenntnis: nach der Erfahrung ist man kein Weiser, sondern ein Sachverständiger. Aber worin?
Albert Camus

Wahrheit, Irrtum

Niemand ist weiter von der Wahrheit entfernt als der, der alle Antworten weiß. *Chuangtse*

Nur der Weise kann eine unwiderlegbare Überzeugung haben.
Epikur

Die Wahrheit kommt mit wenigen Worten aus. *Laotse*

Wahrhaftige Worte sind nicht angenehm. Angenehme Worte sind nicht wahrhaftig. *Laotse*

Jeder Mensch kann irren. Im Irrtum verharren jedoch wird nur der Tor. *Marcus Tullius Cicero*

Man sagt, dass Kinder und Narren die Wahrheit sprechen.
Marcus Tullius Cicero

Irren ist menschlich. *Seneca*

Die Wahrheit steht allen offen; sie ist noch nicht (von jemandem für sich) eingenommen worden. *Seneca*

Die Wahrheit geht niemals unter. *Seneca*

Wahrheit will keinen Aufschub. *Seneca*

Das (Mehrheitsprinzip) ist kein Beweis für die Wahrheit.
Seneca

Gut ist es, von der Wahrheit besiegt zu werden. Wer sich von der Wahrheit nicht besiegen lassen will, der wird vom Irrtum besiegt. *Aurelius Augustinus*

Lieber mit der Wahrheit fallen als mit der Lüge siegen.
Aurelius Augustinus

Keiner von uns sage, er habe die Wahrheit schon gefunden. Lasst sie uns vielmehr so suchen, als ob sie uns beiden unbekannt sei. Wenn keiner sich anmaßt, sie schon gefunden und erkannt zu haben, dann werden wir sie gewissenhaft und einträchtig gemeinsam suchen können. *Aurelius Augustinus*

Das Wahre ist das Seiende selber. *Thomas v. Aquin*

Du musst aus dir selber in dich selber gehen: da liegt und wohnt die Wahrheit, die niemand findet, der sie in äußeren Dingen sucht. *Meister Eckhard*

Wir sind dazu geschaffen, die Wahrheit zu suchen; sie zu besitzen ist das Vorrecht einer höheren Macht. *Michel de Montaigne*

Der allgemeine Irrtum zeigt den Irrtum des Einzelnen, und, seinerseits, schafft den allgemeinen Irrtum.
Michel de Montaigne

Ein kleiner Irrtum am Anfange wird am Ende ein großer.
Giordano Bruno

Die Wahrheit ist eine Braut ohne Aussteuer. *Francis Bacon*

Die Einbildungskraft ist jenes Trügerische im Menschen, jene Herrin des Irrtums und der Fälschung, die uns umso mehr trügt, als sie nicht immer trügt; denn sie wäre eine unfehlbare Wahrheitsregel, wenn sie eine unfehlbare Regel der Falschheit wäre. *Blaise Pascal*

Wir erkennen die Wahrheit nicht nur mit dem Verstand, sondern auch mit dem Herzen. *Blaise Pascal*

Nichts gibt Sicherheit außer der Wahrheit. Nichts gibt Ruhe als das ehrliche Suchen nach der Wahrheit. *Blaise Pascal*

Was nennt ihr Wahrheit? Die Täuschung, die Jahrhunderte alt geworden. Was Täuschung? Die Wahrheit, die nur eine Minute gelebt. *Benedictus de Spinoza*

Alle Menschen neigen zum Irrtum; und die meisten von ihnen sind in vielerlei Hinsicht der Versuchung des Irrtums durch Leidenschaft oder Interesse ausgesetzt. *John Locke*

Wer Wahrheit sucht, der darf die Stimmen nicht zählen.
Gottfried Wilhelm Leibniz

Der Fortschritt von Fluss zu Ozean ist weniger schnell als der von Mensch zu Irrtum. *Voltaire*

Wahrheit ist eine Frucht, die nur reif gepflückt werden darf.
Voltaire

Es gibt Wahrheiten, die nicht für alle Menschen und nicht für alle Zeiten gelten. *Voltaire*

Es ist immer gefährlich, in Dingen recht zu behalten, bei denen große Leute unrecht haben. *Voltaire*

Liebe die Wahrheit, doch verzeihe den Irrtum. *Voltaire*

Hüten wir uns, denen die Wahrheit mitzuteilen, die nicht imstande sind, sie zu fassen, denn das hieße den Irrtum an die Stelle setzen. *Jean-Jacques Rousseau*

Tausend Wege führen zum Irrtum, ein einziger zur Wahrheit.
Jean-Jacques Rousseau

Durch Vernunft, nicht durch Gewalt soll man die Menschen zur Wahrheit führen. *Denis Diderot*

In vollen Zügen trinken wir die schmeichelnde Lüge, aber nur tropfenweise schlucken wir die bittere Wahrheit hinunter.
Denis Diderot

Nur im Widerstreit gegensätzlicher Meinungen wird die Wahrheit entdeckt und an den Tag gebracht. *Claude Adrien Helvétius*

Der Irrtum widerspricht sich immer, die Wahrheit niemals.
Claude Adrien Helvétius

Die Wahrheit ist für die Dummen wie eine Fackel, die den Nebel erleuchtet, ohne ihn zu vertreiben.
Claude Adrien Helvétius

Die Sinne betrügen nicht. Nicht, weil sie immer richtig urteilen, sondern weil sie gar nicht urteilen; weshalb der Irrtum immer nur dem Verstande zur Last fällt. *Immanuel Kant*

Der Irrtum ist niemals, alles ineinander gerechnet, nützlicher als die Wahrheit; aber die Unwissenheit ist es oft.
Immanuel Kant

Von denen, welche sich rühmen, dass sie die Wahrheit suchen, bloß um der Wahrheit willen, suchen die mehresten nur ein System; und wenn sie nur irgendeins gefunden haben, so sind sie zufrieden. *Friedrich Heinrich Jacobi*

Ich verstehe unter dem Wahren etwas, was vor und außer dem Wissen ist, was dem Wissen und dem Vermögen des Wissens, der Vernunft, erst einen Wert gibt. *Friedrich Heinrich Jacobi*

Für die Wahrheit bildet die Gewohnheit der Menschen einen kaum besiegbaren Feind. *Claude Henri de Saint-Simon*

Wahrheit heißt Übereinstimmung des Begriffs mit seiner Wirklichkeit.
Georg Wilhelm Friedrich Hegel

Die Wahrheit ist keine Dirne, die sich denen an den Hals wirft, welche ihrer nicht begehren; vielmehr ist sie eine so spröde Schöne, dass selbst wer ihr alles opfert, noch nicht ihrer Gunst gewiss sein darf.
Arthur Schopenhauer

So unempfänglich und gleichgültig die Leute gegen allgemeine Wahrheiten sind, so erpicht sind sie auf individuelle.
Arthur Schopenhauer

Keine Wahrheit hat die andere zu fürchten; Trug und Irrtum hingegen haben jede Wahrheit zu fürchten.
Arthur Schopenhauer

Du kannst wählen zwischen der Wahrheit und der Ruhe, aber beides zugleich kannst du nicht haben.
Ralph Waldo Emerson

Die einfachsten Wahrheiten sind es gerade, auf die der Mensch immer erst am spätesten kommt.
Ludwig Feuerbach

Je mehr Leute es sind, die eine Sache glauben, desto größer ist die Wahrscheinlichkeit, dass die Ansicht falsch ist. Menschen, die recht haben, stehen meistens allein.
Sören Kierkegaard

Ein Irrtum ist umso gefährlicher, je mehr Wahrheit er enthält.
Henri Frédéric Amiel

Die Überzeugung ist der Glaube, in irgendeinen Punkt der Erkenntnis im Besitz der Wahrheit zu sein.
Friedrich Nietzsche

Was sind denn zuletzt die Wahrheiten des Menschen? Es sind die unwiderlegbaren Irrtümer des Menschen.
Friedrich Nietzsche

Wahrheit, Irrtum

Irrtum – der Glaube ans Ideal – ist nicht Blindheit, Irrtum ist Feigheit. *Friedrich Nietzsche*

Überzeugungen sind gefährlichere Feinde der Wahrheit als Lügen. *Friedrich Nietzsche*

Wahrheit: die Art von Irrtum, ohne welche eine bestimmte Art von lebendigen Wesen nicht leben könnte. *Friedrich Nietzsche*

Der Besitz der Wahrheit ist nicht schrecklich, sondern langweilig – wie jeder Besitz. *Friedrich Nietzsche*

In den Bergen der Wahrheit kletterst du nie vergebens.
Friedrich Nietzsche

Wenn wir die Wahrheit auf den Kopf stellen, bemerken wir gewöhnlich nicht, dass auch unser Kopf nicht dort steht, wo er stehen sollte. *Friedrich Nietzsche*

Die Antithese ist die enge Pforte, durch welche sich am liebsten der Irrtum zur Wahrheit schleicht. *Friedrich Nietzsche*

Die meisten und schlimmsten Übel, die der Mensch dem Menschen zugefügt hat, entsprangen dem felsenfesten Glauben an die Richtigkeit falscher Überzeugungen. *Friedrich Nietzsche*

Zu gewöhnlichen Zeiten findet man die Wahrheit bloß ungezogen; in Kriegszeiten aber wird sie zum Verbrechen.
Friedrich Nietzsche

Die Wahrheit ist dadurch in Frage gestellt, dass sie politisiert wird. *Martin Buber*

Ohne den Menschen gibt es keine Wahrheit, aber umgekehrt ohne Wahrheit auch keinen Menschen. *José Ortega y Gasset*

Niemand hat die Wahrheit. Wir alle suchen sie. *Karl Jaspers*

Irren mag menschlich sein, aber zweifeln ist menschlicher, indem es gegen das Irren angeht. *Ernst Bloch*

Woher stammt nur der Aberglaube, dass die Wahrheit sich selber Bahn breche? *Ernst Bloch*

Die Stärke des Irrtums und der Lüge liegt gerade darin, dass sie ebenso klar sein können wie Wahrheiten; weshalb das Falsche ebenso einleuchtend sein mag wie das Richtige.

Ludwig Marcuse

Die Unwahrheit ist oft nicht in dem, was man sagt, sondern in dem, was man nicht sagt. *Ludwig Marcuse*

Wahrheiten können fast immer in den Dienst von Unwahrheiten gestellt werden. *Ludwig Marcuse*

Viele Wahrheiten setzen sich nur als Übertreibungen durch.

Ludwig Marcuse

Wahr sind nur die Gedanken, die sich selber nicht verstehen.

Theodor W. Adorno

Die Wahrheit, wie das Licht, blendet. Die Lüge dagegen ist ein schöner Sonnenuntergang, der alle Dinge verschönert.

Albert Camus

Die Wahrheit ist keine Tugend, sondern eine Leidenschaft. Deshalb ist sie niemals barmherzig. *Albert Camus*

Ein Mensch ist immer das Opfer seiner Wahrheiten.

Albert Camus

Wissen

Wissen bedeutet zu erkennen, dass du es weißt, und, wenn du etwas nicht weißt, zu erkennen, dass du es nicht weißt. Das ist Wissen. *Konfuzius*

Der Wissende ist längst nicht so weit wie der Lernende. Der Lernende ist längst nicht so weit wie der Erkennende.

Konfuzius

Unwissenheit ist die Nacht des Geistes, eine Nacht ohne Mond und Sterne. *Konfuzius*

Vielwisserei bringt noch keinen Verstand. *Heraklit*

Von jeder Sache gibt es zwei einander widersprechende Auffassungen. *Protagoras*

Ich weiß, dass ich nichts weiß. *Sokrates*

Es gibt nur ein einziges Gut für den Menschen: die Wissenschaft. Und nur ein einziges Übel: die Unwissenheit. *Sokrates*

Hast du deine Meinung schon durch die drei Siebe gegossen: jenes der Wahrheit, jenes der Güte, jenes der Notwendigkeit?

Sokrates

Bemühe dich, nicht alles wissen zu wollen, sonst lernst du gar nichts. *Demokrit*

Der ist nicht weise, der sich dünket, dass er wisse; sondern der ist weise, der seiner Unwissenheit inne geworden. *Platon*

Der Unwissende wird also bei den Unwissenden mehr Glauben finden als der Wissende. *Platon*

Zu welchen aber gehöre ich? Zu denen, die sich gerne widerlegen lassen, wenn sie etwas Falsches sagen. *Platon*

Es ist keine Schande nichts zu wissen, wohl aber, nichts lernen zu wollen. *Platon*

Wer breites Wissen sich erworben hat, der strebe danach, sich kurz und verständlich auszudrücken. *Mengtse*

Nur der kann auf den Namen eines Wissenden Anspruch erheben, welcher die ersten Ursachen und Gründe der Dinge erforscht hat. *Aristoteles*

Unser Leben ist begrenzt, Wissen ist aber unbegrenzt. Mit Begrenztem Grenzenlosem nachzustreben ist ein gefährliches Unterfangen. *Chuangtse*

Die Nichtwissenheit wissen ist das Höchste. *Laotse*

Der weiseste Ausspruch von allen: die einzig wahre Weisheit liegt darin, nicht zu glauben, dass man weiß, was man nicht weiß. *Marcus Tullius Cicero*

Nicht zu wissen, was vor deiner Geburt geschehen ist, heißt immer ein Kind bleiben. *Marcus Tullius Cicero*

Das Gedächtnis nimmt ab, wenn man es nicht übt.
Marcus Tullius Cicero

Ein Wissen, das wohlgeordnet ist, haftet besser in unserem Gedächtnis. *Seneca*

Die Natur hat uns den Samen des Wissens geschenkt, aber nicht das Wissen selbst. *Seneca*

Wissen

Eine Menge von Büchern wirkt zerstreuend. Da du doch nicht alles lesen kannst, was du besitzen möchtest, so genügt es, soviel zu haben, wie du lesen kannst. *Seneca*

Es kommt nicht darauf an, dass du viele, sondern nur, dass du gute Bücher hast. *Seneca*

Wenn mich jemand widerlegen und überzeugen kann, dass meine Ansicht oder mein Tun nicht richtig ist, werde ich mit Freuden meinen Standpunkt ändern. *Mark Aurel*

Besser gläubiges Unwissen als anmaßendes Wissen.
Aurelius Augustinus

Im Menschen ist nicht allein Gedächtnis, sondern Erinnerung.
Thomas v. Aquin

Es mag sein, dass wir durch das Wissen anderer gelehrter werden. Weiser werden wir nur durch uns selbst.
Michel de Montaigne

Fast alle unsere Ansichten fassen wir auf die Autorität anderer hin und auf Treu und Glauben. *Michel de Montaigne*

Es gehört doch immer ein gewisser Grad von Einsicht dazu, wahrzunehmen, dass man nichts wisse. *Michel de Montaigne*

Ich greife nicht gern nach neuen Büchern, weil mir die alten mehr Kern und Kraft zu haben scheinen. *Michel de Montaigne*

Wissen ist Macht. *Francis Bacon*

Das Argument gleicht dem Schuss einer Armbrust – es ist gleichermaßen wirksam, ob ein Riese oder ein Zwerg geschossen hat. *Francis Bacon*

Einige Bücher soll man schmecken, andere verschlucken, und einige wenige kauen und verdauen. *Francis Bacon*

Bücher sind Schiffe, welche die weiten Meere der Zeit durchlaufen. *Francis Bacon*

Wer viel fragt, lernt viel und macht sich angenehm, besonders wenn er seine Fragen dem Wissen der Gefragten anpasst; denn er gibt ihnen so Gelegenheit, sich in Reden zu ergehen, und er selbst erntet fortwährend Erkenntnisse. *Francis Bacon*

Nichts macht Menschen argwöhniger, als wenig zu wissen.
Francis Bacon

Alles Wissen ist Erinnerung. *Thomas Hobbes*

Es ist weitaus besser, etwas über alles zu wissen, als alles über eine Sache zu wissen. Universalität ist am besten.
Blaise Pascal

Der Mensch macht gewöhnlich drei Reifestufen durch. Zuerst lernt er die richtigen Antworten. Im zweiten Stadium lernt er die richtigen Fragen, und auf der dritten und letzten Stufe lernt er, welche Fragen sich überhaupt lohnen. *Blaise Pascal*

Das Gedächtnis ist für alle Tätigkeiten der Vernunft notwendig.
Blaise Pascal

Unsere Aufgabe in dieser Welt ist es nicht, alle Dinge zu wissen, wohl aber diejenigen, die unser Verhalten betreffen.
John Locke

Die Stärke unserer Überzeugung ist schlechterdings kein Beweis für ihre Richtigkeit. *John Locke*

Gleichwohl möge es mir erlaubt sein, die Frage aufzuwerfen, ob sie (die Bücher) sich nicht für viele als Hindernis erweisen und manchen Buchgelehrten vom Erwerb gründlichen und wahrhaften Wissens abhalten. *John Locke*

Denn man hat über die Dinge, die man nicht kennt, immer eine bessere Meinung, und Geheimnisse, die enthüllt werden, fordern oft den Spott heraus. *Gottfried Wilhelm Leibniz*

Universalität des Wissens ist für den Menschen nicht mehr erreichbar. *Voltaire*

Das Einzige, was wir nie wissen, ist, wie man das unbeachtet lässt, was man nicht wissen kann. *Jean-Jacques Rousseau*

Das Genie ist es, das das Wissen nützlich macht.
Jean-Jacques Rousseau

Zu viel Lesen verhindert Wissen. Wir glauben, das zu wissen, was wir gelesen haben, und halten uns vom Lernen befreit.
Jean-Jacques Rousseau

Man muss viel gelernt haben, um über das, was man nicht weiß, fragen zu können. *Jean-Jacques Rousseau*

Das einzige Mittel, den Irrtum zu vermeiden, ist die Unwissenheit. *Jean-Jacques Rousseau*

Der Zustand der Unwissenheit ist ein Zustand der Furcht und der Not, in dem wir so anfällig sind, dass uns alles zu einer Gefahr wird. *Jean-Jacques Rousseau*

Das Wissen ist nur die Erinnerung an fremde Tatsachen oder Ideen. *Claude Adrien Helvétius*

Die Leichtgläubigkeit ist bei den Menschen zum Teil eine Wirkung ihrer Bequemlichkeit. *Claude Adrien Helvétius*

Wenige unter den Leuten von Welt begreifen, dass die Kenntnisse der kleinen Dinge meistens die Unkenntnis der großen Dinge voraussetzt … *Claude Adrien Helvétius*

Die Menschen irren deswegen so oft, weil sie unwissend sind.
Claude Adrien Helvétius

Unser Gedächtnis gleicht dem Schmelztiegel der Alchimisten.
Claude Adrien Helvétius

Irrtümer entspringen nicht allein daher, weil man gewisse Dinge nicht weiß, sondern weil man sich zu urteilen unternimmt, obgleich man noch nicht alles weiß, was dazu erfordert wird. *Immanuel Kant*

Alles Wissen stammt aus der Erfahrung. *Immanuel Kant*

Gedächtnis: Phantasie mit Bewusstsein. *Immanuel Kant*

Meinen ist ein mit Bewusstsein sowohl subjektiv als objektiv unzureichendes Fürwahrhalten. *Immanuel Kant*

Aller Glaube ist unwillkürliche Hingebung des Geistes an eine Vorstellung von Wahrheit. *Friedrich Heinrich Jacobi*

Alle meine Überzeugung ist nur Glaube, und sie kommt aus der Gesinnung, nicht aus dem Verstande. *Johann Gottlieb Fichte*

Je mehr man weiß, je mehr hat man noch zu lernen. Mit dem Wissen nimmt das Nichtwissen in gleichem Grade zu, oder vielmehr das Wissen des Nichtwissens. *Friedrich Schlegel*

Glauben und Wissen verhalten sich wie die zwei Schalen einer Waage: In dem Maße, als eine steigt, sinkt die andere.
Arthur Schopenhauer

Man lernt nur dann und wann etwas; aber man vergisst den ganzen Tag. *Arthur Schopenhauer*

Die gute Erfahrung lehrt vielmehr, dass die Leute von gutem Gedächtnis gerne ein wenig schwach von Verstande sind.
Arthur Schopenhauer

Zu verlangen, dass einer alles, was er je gelesen, behalten hätte, ist wie verlangen, dass er alles, was er je gegessen hätte, noch bei sich trüge. *Arthur Schopenhauer*

Wissen sind die aufgespeicherten Gedanken und Erfahrungen unzähliger Geister. *Ralph Waldo Emerson*

Wenn du wissen willst, was niemand weiß, dann lies, was jeder liest – nur ein Jahr später. *Ralph Waldo Emerson*

Gründe stammen aus Überzeugungen, nicht Überzeugungen aus Gründen. *Sören Kierkegaard*

Meinung wird letztlich durch Gefühle und nicht durch den Intellekt bestimmt. *Herbert Spencer*

Wer absolute Klarheit will, bevor er einen Entschluss fasst, wird sich nie entschließen. *Henri Frédéric Amiel*

Auch der Mutigste von uns hat nur selten den Mut zu dem, was er eigentlich weiß. *Friedrich Nietzsche*

Von dem, was du erkennen und wissen willst, musst du Abschied nehmen, wenigstens auf eine Zeit. Erst, wenn du die Stadt verlassen hast, siehst du, wie hoch sich ihre Türme über die Häuser erheben. *Friedrich Nietzsche*

Das Halbwissen ist siegreicher als das Ganzwissen: es kennt die Dinge einfacher, als sie sind, und macht daher seine Meinung fasslicher und überzeugender. *Friedrich Nietzsche*

Die wertvollsten Einsichten sind die Methoden.
Friedrich Nietzsche

Jeder Glaube ist ein Für-wahr-Halten. *Friedrich Nietzsche*

Glaube nennt man die Angewöhnung geistiger Grundsätze ohne Gründe. *Friedrich Nietzsche*

Die gewöhnlichste Form des Wissens ist die ohne Bewusstsein. Bewusstheit ist Wissen um Wissen. *Friedrich Nietzsche*

Niemand weiß, welche Nachricht von Bedeutung ist, bevor hunderte Jahre vergangen sind. *Friedrich Nietzsche*

Unsere Meinungen: die Haut, in der wir gerne gesehen werden wollen. *Friedrich Nietzsche*

Jeder wird, wo immer er geht, von einer Wolke beruhigender Überzeugungen begleitet, die ihm wie Fliegen an einem Sommertage folgen. *Bertrand Russell*

Hast du erst Wissen erworben, so weißt du, was dir fehlt.
Martin Buber

Es ist selten, dass ein Mensch weiß, was er eigentlich glaubt.
Oswald Spengler

Wissen

Sinn des Wissens ist die Vorausschau, Sinn der Vorausschau die Ermöglichung der Tat. *José Ortega y Gasset*

Je mehr wir wissen, umso tiefer schweigen wir und umso hoffnungsloser vereinsamen wir. *José Ortega y Gasset*

Das Gedächtnis ist die Versammlung des Denkens.
Martin Heidegger

Worüber man nicht sprechen kann, darüber muss man schweigen. *Ludwig Wittgenstein*

Wer zu viel weiß, für den ist es schwer, nicht zu lügen.
Ludwig Wittgenstein

Du sollst nicht vor einem Argument in die Knie brechen. Vielleicht überzeugt es nur, beweist aber nichts. *Ludwig Marcuse*

Ignorieren ist der Königsweg des Tabuierens. *Ludwig Marcuse*

Die Tabuierung von Antworten ist nie so schlimm wie die Tabuierung von Fragen. *Ludwig Marcus*

Unser Wissen ist begrenzt. In allen wichtigen Fragen sind wir auf das Erraten und Vermutungen angewiesen.
Karl Raimund Popper

Man macht sich immer übertriebene Vorstellungen von dem, was man nicht kennt. *Albert Camus*

Ehe und Familie

Männer und Frauen

Essen und Beischlaf sind die beiden großen Begierden des Mannes. *Konfuzius*

Eine Frau, gleichgestellt, wird überlegen. *Sokrates*

Es gibt Männer, welche die Beredsamkeit weiblicher Zungen übertreffen, aber kein Mann besitzt die Beredsamkeit weiblicher Augen. *Demokrit*

Behandelt die Frauen mit Nachsicht; aus krummer Rippe ward sie erschaffen, Gott selbst konnte sie nicht grade machen, willst du sie biegen, sie bricht! *Demokrit*

Sich von einem Weibe beherrschen zu lassen, ist für einen Mann die ärgste Schmach. *Demokrit*

Wer seine Männlichkeit kennt und seine Weiblichkeit wahrt, der wird zur Schlucht der Welt. Ist er die Schlucht der Welt, so hat er das ewige Leben und wird wieder wie ein Kind. *Laotse*

Das Weibliche siegt immer durch seine Stille über das Männliche. *Laotse*

Es gibt zwei Arten von Schönheit: Lieblichkeit und Würde. Lieblichkeit ist die weibliche Form und Würde die männliche. *Marcus Tullius Cicero*

Oh, wie vieler Frauen herrliche Taten liegen im Verborgenen. *Seneca*

Hätte Gott die Frau dem Manne zur Herrin bestimmt, hätte er sie aus Adams Kopf genommen; hätte er sie ihm zur Sklavin bestimmt, aus den Füßen; aber er nahm sie ihm aus der Seite, weil er sie ihm zur Gefährtin als seinesgleichen bestimmte.
Aurelius Augustinus

Die Frauen haben nicht unrecht, wenn sie sich den Vorschriften nicht fügen wollen, welche in der Welt eingeführt sind; weil die Männer sie verfasst haben, ohne die Frauen zu fragen.
Michel de Montaigne

Anmut macht eine schöne Frau noch schöner, eine entzückende Frau noch entzückender, Anmut macht eine alte Frau jung und eine hässliche schön. Anmut bringt Gefühle hervor und bezaubert auf unmerkliche Art.
LiYü

Menschen, die nur auf das Äußerliche sehen, bewundern den schönen Schmuck einer Frau, kennen aber nicht die wirklichen Geheimnisse der Schönheit.
LiYü

Meiner Meinung nach können das Männliche und das Weibliche nicht voneinander getrennt sein, wie auch Himmel und Erde sich nicht scheiden lassen.
LiYü

Die gesamte Vernunft der Männer ist nicht ein Gefühl der Frauen wert.
Voltaire

Vermutlich hat Gott die Frau erschaffen, um den Mann kleinzukriegen.
Voltaire

Die Frau hat mehr Geist, der Mann mehr Genie. Die Frau beobachtet, der Mann schließt.
Jean-Jacques Rousseau

Der Mann sagt, was er weiß, die Frau, was gefällt.
Jean-Jacques Rousseau

Das Herz spricht zum Herzen, und die ganze Sittlichkeitslehre eines Schulmeisters wiegt nicht so viel wie das liebevolle, zärtliche Geplauder einer verständigen Frau, der man von Herzen zugetan ist. *Jean-Jacques Rousseau*

Frauen hassen einander, aber sie nehmen sich gegenseitig in Schutz. *Denis Diderot*

Das Frauenzimmer verrät sich nicht leicht, darum betrinkt es sich nicht. Weil es schwach ist, so ist es schlau. *Immanuel Kant*

Das schöne Geschlecht hat ebenso wohl Verstand als das männliche, nur ist es ein schöner Verstand; der unsrige soll ein tiefer Verstand sein. *Immanuel Kant*

Der Mann ist leicht zu erforschen, die Frau verrät ihr Geheimnis nicht. *Immanuel Kant*

Der Mann ist geschaffen, über die Natur zu gebieten, das Weib aber, den Mann zu regieren. Zum ersten gehört viel Kraft, zum anderen viel Geschicklichkeit. *Immanuel Kant*

Die Ehre des Mannes besteht darin, was die Leute denken, des Frauenzimmers aber, was sie sprechen. *Immanuel Kant*

Der Mann bringt alles, was in ihm und für ihn ist, auf deutliche Begriffe … Das Weib hat ein natürliches Unterscheidungsgefühl für das Wahre, Schickliche, Gute; nicht etwa dass ihr dasselbe durch das bloße Gefühl gegeben werde … Man kann sagen, der Mann muss sich erst vernünftig machen; aber das Weib ist schon von Natur vernünftig. *Johann Gottlieb Fichte*

Es lässt sich nicht behaupten, dass das Weib an Geistestalenten unter dem Manne stehe; aber das lässt sich behaupten, dass der Geist beider von Natur einen ganz verschiedenen Charakter habe. *Johann Gottlieb Fichte*

Der weibliche Charakter wird so oft nicht verstanden, eben weil es die schöne Natur des Weibes ist, seine Seele zu verhüllen wie seine Reize. *Friedrich Schlegel*

Dafür, dass die Frauen meistens weniger sagen, als sie meinen, tun sie bisweilen mehr, als sie wollen. *Friedrich Schlegel*

Denn gewiss ist es, dass Männer von Natur bloß heiß oder kalt sind: zur Wärme müssen sie erst gebildet werden. Aber die Frauen sind von Natur sinnlich und geistig warm und haben Sinn für Wärme jeder Art. *Friedrich Schlegel*

Nur selbständige Weiblichkeit, nur sanfte Männlichkeit ist gut und schön. *Friedrich Schlegel*

Es ist, als wenn die Weiber alles mit eigenen Händen machten und die Männer mit dem Handwerksgerät. *Friedrich Schlegel*

Der Poesie der Dichter bedürfen die Frauen weniger, weil ihr eigenstes Wesen Poesie ist. *Friedrich Schlegel*

So kann man mit Recht sagen, dass die Frau im Zustand der Freiheit den Mann in allen geistigen und körperlichen Tätigkeiten übertreffen wird, soweit die letzern nicht Ausfluss physischer Stärke sind. *Charles Fourier*

Seitdem Amors Köcher auch vergiftete Pfeile führte, ist in das Verhältnis der Geschlechter zueinander ein fremdartiges, feindseliges, ja teuflisches Element gekommen. *Arthur Schopenhauer*

Gerechtigkeit ist mehr die männliche, Menschenliebe mehr die weibliche Tugend. *Arthur Schopenhauer*

Ohne die Frauen würde der Anfang unseres Lebens der Hilfe, die Mitte des Genusses, das Ende des Trostes entbehren.
Arthur Schopenhauer

Einheit von Geist und Natur nennt, ihr Philister! Geheimnis: Schauet doch an nur das Weib; offen vor euch es hier liegt.
Ludwig Feuerbach

Mann und Weib zusammen machen erst den wirklichen Menschen aus.
Ludwig Feuerbach

Kurz, die Emanzipation des Weibes ist eine Sache und Frage der allgemeinen Gerechtigkeit und Gleichheit, die jetzt die Menschheit anstrebt, eine Bestrebung, deren sie sich rühmt, aber vergeblich, wenn sie davon das Weib ausschließt.
Ludwig Feuerbach

Dass das Weib sinnlicher ist als der Mann, zeigt schon die Bildung ihres Leibes.
Sören Kierkegaard

Das Weib hat mehr Angst als der Mann ... Angst ist hier ständig in Richtung Freiheit zu nehmen.
Sören Kierkegaard

Sie (die Frau) ist dem Manne nicht ebenbürtig, sondern später geboren, ein Teil von dem Manne und doch vollkommener als er.
Sören Kierkegaard

Das Verhältnis des Mannes zum Weib ist das natürlichste Verhältnis des Menschen zum Menschen.
Karl Marx

Das Weib lernt hassen in dem Maße, in dem es zu bezaubern verlernt.
Friedrich Nietzsche

Männer und Frauen

Das vollkommene Weib ist ein höherer Typus des Menschen als der vollkommene Mann: auch etwas viel Selteneres. Die Naturwissenschaft der Tiere bietet ein Mittel, diesen Satz wahrscheinlich zu machen. *Friedrich Nietzsche*

Mit der Schönheit der Frauen nimmt im allgemeinen ihre Schamhaftigkeit zu. *Friedrich Nietzsche*

Man kann nicht hoch genug von den Frauen denken, aber deshalb braucht man noch nicht falsch von ihnen zu denken.
Friedrich Nietzsche

Die vornehmen Frauen denken, dass eine Sache gar nicht da ist, wenn es nicht möglich ist, von ihr in der Gesellschaft zu sprechen. *Friedrich Nietzsche*

Im echten Manne ist ein Kind versteckt; das will spielen.
Friedrich Nietzsche

Reife des Mannes: das heißt den Ernst wiedergefunden haben, den man als Kind hatte, beim Spiel. *Friedrich Nietzsche*

Die gleichen Affekte sind bei Mann und Weib doch im Tempo verschieden: deshalb hören Mann und Weib nicht auf, sich misszuverstehen. *Friedrich Nietzsche*

Der Mann ist für das Weib ein Mittel: der Zweck ist immer das Kind. *Friedrich Nietzsche*

Das Mütterliche verehrt mir. Der Vater ist immer nur ein Zufall. *Friedrich Nietzsche*

Die Frauen sind sinnlicher als die Männer, aber sie wissen weniger um ihre Sinnlichkeit. *Friedrich Nietzsche*

Es zeigt die Schwärmerei und vielleicht die höhere Gesinnung des Mannes, dass er das Weib schön will. Es zeigt den größeren Verstand und die Nüchternheit der Weiber …, dass sie auch die hässlichen Männer annehmen; sie sehen mehr auf die Sache.
Friedrich Nietzsche

In jeder Art der weiblichen Liebe kommt auch etwas von der mütterlichen Liebe zum Vorschein. *Friedrich Nietzsche*

Frauen können recht gut mit einem Manne Freundschaft schließen; aber um diese aufrechtzuerhalten – dazu muss wohl eine kleine physische Antipathie mithelfen. *Friedrich Nietzsche*

Entgegen einem sehr verbreiteten Vorurteil ist in der Einschätzung wenigstens von Personen die Frau durchweg objektiver als der Mann. *Ludwig Klages*

Für die typische Frau ist ausschlaggebend das personelle Gefühl, für den typischen Mann das generelle Gefühl. *Ludwig Klages*

So gewiss in der Vorzeit nicht anders als heute Wille und Tat Sache des Mannes war, so gewiss war Sache des Weibes Weisheit und Reichtum. *Ludwig Klages*

Die Auflehnung der Frau gegen die beherrschende Stellung des Mannes ist eine Bewegung, die im rein politischen Sinne praktisch abgeschlossen ist, im weiteren Sinne aber noch in den Anfängen steckt. *Bertrand Russell*

Der typische moderne Mann aber betrachtet Geld als ein Mittel, zu mehr Geld zu kommen, damit er protzen und Aufwand treiben kann und über diejenigen triumphieren, die bisher seinesgleichen waren. *Bertrand Russell*

Im Verhältnis zu der Art, wie die Frau konstitutiv ihren eigenen Leib erlebt – wie sie sich in ihm fühlt und weiß –, führt der Mann den seinen so distanziert mit sich, wie wenn es ein Hündchen an der Leine wäre.
Max Scheler

Zu den männlichen Exzessen in der Geschichte, sowohl zu jenen der Ideen als zu solchen der Sitten und Moden, hat die Frau, trotz ihrer gesteigerten leiblich-seelischen Plastizität, stets eine fast ans Wunderbare grenzende Ruhe und Konstanz bewahrt.
Max Scheler

Das Weibliche steht dem Kosmischen näher. Es ist der Erde tiefer verbunden und unmittelbarer einbezogen in die großen Kreisläufe der Natur. Das Männliche ist freier, tierhafter, beweglicher, auch im Empfinden und Verstehen wacher und gespannter.
Oswald Spengler

Das Weibliche ist das Dauernde, das Männliche das Schöpferische.
Oswald Spengler

Der Mann macht Geschichte, das Weib ist Geschichte.
Oswald Spengler

Der Mann erlebt das Schicksal und begreift die Kausalität, die Logik des Gewordenen nach Ursache und Wirkung. Das Weib ist Schicksal, ist Zeit, ist die organische Logik des Werdens selbst.
Oswald Spengler

Das Weib ist also in dem Maße Weib, wie es Bezauberung oder Ideal ist.
José Ortega y Gasset

Die Frau ist kein Raubtier. Im Gegenteil: sie ist die Beute, die dem Raubtier auflauert.
José Ortega y Gasset

Im Hause herrscht stets das Klima, das die Frau mitbringt und ist.
José Ortega y Gasset

Der Einfluss des Weibes ist unauffällig, weil er nicht abgegrenzt, weil er allgegenwärtig ist. Es muss im weiblichen Wesen ein atmosphärisches Element geben, das von der gleichen allmählichen Wirkung ist wie das Klima.   *José Ortega y Gasset*

Jede Frau, die wir zum ersten Male sehen, lässt in uns die Hoffnung wach werden, sie könnte vielleicht die schönste sein.
José Ortega y Gasset

Tatsache ist, dass die Eigenschaften, die aus Gründen des Fortschritt und der Größe der Menschheit an dem Mann am meisten geschätzt werden, die Frau erotisch keine Spur interessieren.   *José Ortega y Gasset*

Die Frau hat mehr Witz; der Mann mehr Genie. Die Frau beobachtet; der Mann zieht Schlüsse.   *José Ortega y Gasset*

Der Wert des Mannes gründet sich auf das, was er tut, der des Weibes auf das, was es ist.   *José Ortega y Gasset*

Jeder Mann von wohltemperierter Feinfühligkeit hat schon einmal angesichts einer Frau den Eindruck gehabt, etwas Fremdem und unbedingt Überlegenem gegenüberzustehen.
José Ortega y Gasset

Nicht wenige Männer haben kein anderes Innenleben als das ihrer Worte, und ihre Gefühle beschränken sich auf eine rein verbale Existenz.   *José Ortega y Gasset*

Der Beruf des Weibes, wenn es nichts als Weib ist, besteht darin, das konkrete   Ideal, der Zauber, die Illusion des Mannes zu sein.   *José Ortega y Gasset*

Nach meiner Meinung ist dies die wahre Mission der Frau auf Erden: anspruchsvoll sein, immer anspruchsvoller werden in Bezug auf die Vervollkommnung des Mannes.
José Ortega y Gasset

Der Mehrzahl der Frauen ist Frau zu sein kaum eine Lebensstunde lang gegönnt, und die Männer sind nur in Momenten Don Juan.
José Ortega y Gasset

Jedenfalls ist es nicht das Tun, sondern das Wesen, womit die Frau den Mann zu sich zieht.
José Ortega y Gasset

Der weibliche Charakter und das Ideal der Weiblichkeit, nach dem er modelliert ist, sind Produkte der männlichen Gesellschaft.
Theodor W. Adorno

Frauen leben in der Hoffnung, dass Männer, die mit Geld gut umgehen können, auch gut mit Frauen umgehen werden.
Jean-Paul Sartre

Ein Mann, der Freude am Spiel hat, ist in Gesellschaft von Frauen immer glücklich. Die Frau ist ein gutes Publikum.
Albert Camus

Ehe

Heirate oder heirate nicht. Du wirst beides bereuen. *Sokrates*

Man heiratet ein Weib in einer ganz anderen Absicht, als um von ihr seinen Lebensunterhalt zu empfangen; aber es gibt Zeiten, wo es doch aus diesem Grunde geschieht. *Mengtse*

Man soll ebenso wenig nach den Augen als nach den Fingern heiraten (d. h. weder auf Schönheit noch auf Vermögen sehen).
Plutarch

Eine gute Ehe gibt es nur zwischen einer tauben Frau und einem blinden Mann. *Michel de Montaigne*

Eine gute Ehe, wenn es eine solche gibt, benötigt die Liebe nicht. Sie strebt nach der Freundschaft hin.
Michel de Montaigne

Weise halten das Süße sowie das Saure des Ehestands geheim.
Michel de Montaigne

Man erlebt oft, dass schlechte Ehemänner sehr gute Frauen haben, sei es, weil der Wert der Besserung der Ehemänner dadurch im Preise steigt, sei es, weil die Frauen einen Stolz in ihre Geduld setzen. *Francis Bacon*

Frauen sind die Geliebten der Männer in der Jugend, die Gefährtinnen auf der Höhe des Lebens, die Pflegerinnen im Alter. Auf diese Weise kann ein Mann zu jeder Zeit eine Rechtfertigung für seine Verheiratung finden. *Francis Bacon*

Ehe: das einzige Abenteuer, in das sich auch die Feigen stürzen.
Voltaire

Der erste Monat der Ehe ist der Monat des Honigs und der zweite der Monat des Absinths. *Voltaire*

Der erste Gatte war der erste Betrogene. *Voltaire*

Das Weib wird durch die Ehe frei; der Mann verliert dadurch seine Freiheit. *Immanuel Kant*

Viele Menschen sind unglücklich, weil sie nicht abstrahieren können. Der Freier könnte eine gute Heirat machen, wenn er nur über eine Warze im Gesicht oder eine Zahnlücke seiner Geliebten wegsehen könnte.
Immanuel Kant

Der Geschmack hängt nicht an unseren Bedürfnissen. Der Mann muss schon sehr gesittet sein, wenn er eine Frau nach Geschmack wählen soll.
Immanuel Kant

Die Begierde sättigt man nicht durch Liebe, sondern durch Heirat.
Immanuel Kant

Du sollst keine Ehe schließen, die gebrochen werden muss.
Friedrich Ernst Schleiermacher

Was man eine glückliche Ehe nennt, verhält sich zur Liebe wie ein korrektes Gedicht zu improvisiertem Gesang.
Friedrich Schlegel

Da liebt der Mann in der Frau nur die Gattung. Die Frau im Mann nur den Grad seiner natürlichen Qualitäten und seiner bürgerlichen Existenz und beide in den Kindern nur ihr Machtwerk und ihr Eigentum.
Friedrich Schlegel

Bei der Ehe ist es nicht auf geistreiche Unterhaltung, sondern auf die Erzeugung der Kinder abgesehen: sie ist ein Bund der Herzen, nicht der Köpfe.
Arthur Schopenhauer

Die großen Lobeserhebungen, die manche Männer von ihren Frauen machen, gelten wohl eigentlich ihrer eigenen Urteilskraft bei der Auswahl derselben.
Arthur Schopenhauer

Wo gibt es denn wirkliche Monogamisten? Wir alle leben, wenigstens eine Zeit lang, meistens aber immer, in Polygamie.
Arthur Schopenhauer

Die Polygamie hätte, unter vielen Vorteilen, auch den, dass der Mann nicht in so genaue Verbindung mit seinen Schwiegereltern käme, die Furcht, die jetzt unzählige Ehen verhindert.
Arthur Schopenhauer

Für die Frage der Ehescheidung hat die Kirche noch die beste Lösung. Im Prinzip gibt die Kirche nicht zu, dass eine regelrecht geschlossene Ehe aufgelöst werden kann; aber durch eine kasuistische Fiktion erklärt sie in gewissen Fällen, dass sie nicht existiert oder zu existieren aufgehört hat.
Pierre Joseph Proudhon

Die Ehe ist und bleibt die wichtigste Entdeckungsreise, die der Mensch unternehmen kann. *Sören Kierkegaard*

Nicht mangelnde Liebe, sondern mangelnde Freundschaft führt zu unglücklichen Ehen. *Friedrich Nietzsche*

Man soll sich beim Eingehen einer Ehe die Frage vorlegen: Glaubst du, dich mit dieser Frau bis ins Alter hinein gut zu unterhalten? Alles andere in der Ehe ist transitorisch, aber die meiste Zeit des Verkehrs gehört dem Gespräche an.
Friedrich Nietzsche

Die Zeit zur Ehe kommt viel früher als die Zeit zur Liebe.
Friedrich Nietzsche

Allzu geistige Männer bedürfen ebenso sehr der Ehe, als sie ihr wie einer widrigen Medizin widerstreben. *Friedrich Nietzsche*

Die Ehe in ihren höheren Auffassungen gedacht, als Seelenfreundschaft zweier Menschen verschiedenen Geschlechts, also so, wie sie von der Zukunft erhofft wird, zum Zweck der Erzeugung und Erziehung einer neuen Generation geschlossen, eine solche Ehe, welche das Sinnliche gleichsam nur als seltnes gelegentliches Mittel für einen größeren Zweck gebraucht, bedarf wahrscheinlich, wie man besorgen muss, einer natürlichen Beihilfe, des Konkubinats. *Friedrich Nietzsche*

Die Ehe ist für die zwanziger Jahre ein nötiges, für die dreißiger ein nützliches, aber nicht nötiges Institut: für das spätere Leben wird sie oft schädlich und befördert die geistige Rückbildung des Mannes. *Friedrich Nietzsche*

Wenn die Ehegatten nicht beisammen lebten, würden die guten Ehen häufiger sein. *Friedrich Nietzsche*

So sprach mir ein Weib: Wohl brach ich die Ehe, aber zuerst brach die Ehe mich! *Friedrich Nietzsche*

Der beste Freund wird wahrscheinlich die beste Gattin bekommen, weil die gute Ehe auf dem Talent zur Freundschaft beruht. *Friedrich Nietzsche*

Man sollte niemals allzu genau wissen, wen man geheiratet hat. *Friedrich Nietzsche*

Ehe, so heiße ich den Willen, zu Zweien das Eine zu schaffen, das mehr ist, als die es schufen. *Friedrich Nietzsche*

Viele kurze Torheiten – das heißt bei euch Liebe. Und eure Ehe macht vielen Torheiten ein Ende als eine lange Dummheit.

Friedrich Nietzsche

Gebt uns eine Frist und eine kleine Ehe, dass wir zusehn, ob wir zur großen Ehe taugen! Es ist ein großes Ding, immer zu Zweien zu sein!
Friedrich Nietzsche

Ehe: die verlogenste Form des Geschlechtsverkehrs, und eben deshalb hat sie das gute Gewissen auf ihrer Seite.
Friedrich Nietzsche

Die Ehe ist genau so viel wert als die, welche sie schließen. Die „Ehe an sich" hat noch gar keinen Wert.
Friedrich Nietzsche

Einige Männer haben über die Entführung ihrer Frauen geseufzt, die meisten darüber, dass niemand sie ihnen entführen wollte.
Friedrich Nietzsche

Die Huren sind ehrlich und tun, was ihnen lieb ist, und ruinieren nicht den Mann durch das „Band der Ehe" – diese Erdrosselung.
Friedrich Nietzsche

Sollen endlich alle Möglichkeiten der Ehe ausgeschöpft werden, dann müssen Mann und Frau begreifen lernen, dass beide in ihrem persönlichen Leben frei sein müssen, wie auch das Gesetz sich dazu stellen möge.
Bertrand Russell

Der Großteil der Bevölkerung eines jeden Landes ist davon überzeugt, alle Ehebräuche außer den eigenen wären unmoralisch.
Bertrand Russell

Die Ehe ist die exemplarische Bindung, sie trägt uns in die große Gebundenheit, und nur als Gebundene können wir in die Freiheit der Kinder Gottes gelangen.
Martin Buber

Ehe: vielleicht nur der Kontrakt, auf dessen Bruch die Unterhaltspflicht als Konventionalstrafe steht.
Karl Jaspers

Dass zwei Menschen zusammen leben können, ist eines der größten Wunder. In den meisten Fällen können sie es auch gar nicht, was dadurch verdeckt wird, dass sie auch nicht auseinander können.
Ludwig Marcuse

Ehe: in vielen Fällen lebenslängliche Doppelhaft ohne Bewährungsfrist und Strafaufschub, verschärft durch Fasten und gemeinsames Lager.
Jean-Paul Sartre

Man versteift sich darauf, einerseits Ehe und Liebe, andererseits Glück und Liebe zu verwechseln. Aber sie haben nichts gemeinsam. Gerade weil das Fehlen der Liebe häufiger ist als die Liebe, kommt es vor, dass Ehen glücklich sind.
Albert Camus

Partnerschaft, Sexualität

Liebe macht blind.
Platon

Sehnsucht und Drang, ein Ganzes zu sein, heißt Eros.
Platon

Mit dem Gewähren der Liebesgunst steht es, wie ich gleich zu Anfang sagte: Es ist an und für sich weder schön noch hässlich …, sondern in schöner Weise vollzogen ist es schön, in hässlicher dagegen hässlich.
Platon

Wenn man einander nicht sehen, nicht miteinander verkehren und nicht zusammen sein kann, schwindet die Liebesleidenschaft.
Epikur

Gut hauene Steine schließen sich ohne Mörtel aneinander.
Marcus Tullius Cicero

Wen wahre Liebe (zusammen)hielt, die wird sie (zusammen)halten.
Seneca

Wenn einer seinem Weibe beischläft mit dem Gedanken, es sei die eines andern, so ist er ein Ehebrecher, obgleich jene keine Ehebrecherin ist.
Seneca

Des Verliebten Seele lebt in einem fremden Leibe.
Plutarch

Man darf die Liebe der jungen Eheleute, die körperlicher Reiz und Schönheit heftig auflodern lassen, nicht für ausreichend und zuverlässig halten, wenn sie sich nicht auf den Charakter gründet und durch die Teilnahme am Denken eine lebensvolle Haltung annimmt.
Plutarch

Wer nicht eifersüchtig ist, liebt nicht.
Aurelius Augustinus

Für viele ist gänzliche Enthaltsamkeit leichter als weise Mäßigung.
Aurelius Augustinus

Wenn ein Mann einer Frau verspricht, sie ewig zu lieben, dann setzt er voraus, dass sie immer liebenswert bleiben wird.
Michel de Montaigne

Sobald ein Weib uns (Männern) gehört, gehören wir ihm nicht mehr.
Michel de Montaigne

Bei Nacht sieht Liebeslust am besten.
Francis Bacon

Liebe zu Personen mit dem ausschließlichen Zweck, die Sinne zu befriedigen, ist Wollust.
Thomas Hobbes

Die einen empfehlen den Genuss der Freuden und Wonnen der ehelichen Liebe. Die anderen verbieten diesen Genuss … Wenn der Himmel aber den Mann geschaffen, wozu schuf er dann die Frau, wenn er sich von ihr fernhalten soll?
LiYü

Nur der Mann darf das Glück einer jungen Ehe rühmen, der die Freude seiner Frau am ersten Abend nicht trübt. *LiYü*

Wenn Mann und Frau zusammen leben im Land der Glückseligkeit und haben keinen anderen Menschen und kein ander Ding, um die sie sich in ihrem Glück kümmern, so ist das sehr gefährlich. *LiYü*

Eine feste und beständige Liebe beginnt stets mit einer Beredsamkeit, die sich handelnd kundtut: die Augen tun das meiste dabei. *Blaise Pascal*

Große Schönheit ist in der Ehe, meiner Ansicht nach, eher ein Übelstand als wünschenswert. Sie verliert infolge des Besitzes gar schnell an Wert. Nach Verlauf von sechs Wochen hat sie in den Augen des Besitzers keinen Reiz mehr, aber ihre Gefahren dauern, solange sie besteht. *Jean-Jacques Rousseau*

Die Anmut verliert ihren Wert nicht so schnell wie die Schönheit, denn sie erneuert sich unaufhörlich. Nach einer 30-jährigen Ehe gefällt eine rechtschaffene Frau voller Anmut ihrem Manne noch ebenso gut wie am ersten Tag. *Jean-Jacques Rousseau*

Um einen guten Liebesbrief zu schreiben, musst du anfangen, ohne zu wissen, was du sagen willst, und endigen, ohne zu wissen, was du gesagt hast. *Jean-Jacques Rousseau*

Nichts verknüpft so sehr die Herzen als die Süßigkeiten, miteinander zu weinen. *Jean-Jacques Rousseau*

Der Ehebruch ist nur dann eine Missetat, wenn er Diebstahl ist; aber was einem geschenkt wird, das stiehlt man nicht. *Voltaire*

Der Baum der Enthaltsamkeit hat die Genügsamkeit zur Wurzel und die Zufriedenheit zur Frucht. *Denis Diderot*

Nur indem der Liebende eine gewisse Ähnlichkeit mit dem Gegenstand seiner Liebe annimmt, vermag er der Geliebten zu gefallen. *Claude Adrien Helvétius*

Ein ernstlich Verliebter ist in Gegenwart seiner Geliebten verlegen, und ungeschickt und wenig einnehmend.
Immanuel Kant

Der Mann ist eifersüchtig, wenn er liebt, die Frau, ohne dass sie liebt. *Immanuel Kant*

Eifersucht ist eine Leidenschaft, die mit Eifer sucht, was Leiden schafft. *Friedrich Ernst Schleiermacher*

Lieben – das heißt Seele werden wollen in einem anderen.
Friedrich Ernst Schleiermacher

Das Erste in der Liebe ist der Sinn füreinander, und das Höchste der Glauben aneinander. *Friedrich Schlegel*

Lass mich`s bekennen, ich liebe nicht dich allein, ich liebe die Weiblichkeit selbst. Ich liebe sie nicht bloß, ich bete sie an, weil ich die Menschheit anbete. *Friedrich Schlegel*

Ich begreife durchaus nicht, wie man eifersüchtig sein kann: denn Beleidigungen finden ja nicht statt unter Liebenden, sowenig wie Wohltaten. Also muss es Unsicherheit sein, Mangel an Liebe und Untreue gegen sich selbst. *Friedrich Schlegel*

Denn etwas recht Albernes ist es, wenn so zwei Personen von verschiedenem Geschlecht sich ein Verhältnis ausbilden und einbilden, wie reine Freundschaft. *Friedrich Schlegel*

Prüderie ist Prätension auf Unschuld, ohne Unschuld.
Friedrich Schlegel

Zuvörderst gehört hierher, dass der Mann von Natur zur Unbeständigkeit in der Liebe, das Weib zur Beständigkeit geneigt ist.
Arthur Schopenhauer

Genitalien: der Resonanzboden des Gehirns.
Arthur Schopenhauer

Wenn man die wichtige Rolle betrachtet, welche die Geschlechtsliebe spielt, da wird man veranlasst, auszurufen: Wozu der Lärm? Wozu das Drängen, Toben, die Angst und die Not? Es handelt sich ja bloß darum, dass jeder Hans seine Grete finde.
Arthur Schopenhauer

Alle Verliebtheit, wie ätherisch sie sich auch gebärden mag, wurzelt allein im Geschlechtstriebe …
Arthur Schopenhauer

Was ist die Liebe? Die Einheit von Denken und Sein. Sein ist das Weib, Denken der Mann.
Ludwig Feuerbach

Eva verführte den Adam; ich nehm's ihr wahrlich nicht übel, dass sie die Schlafkapp' zog endlich dem Frömmler vom Kopf. Ja, wir sollten den Tag, wo Eva verführte den Adam feiern mit Dank; denn sie tat's ja nur aus Liebe zu uns.
Ludwig Feuerbach

Der Brief ist und bleibt ein unvergleichliches Mittel, auf ein junges Mädchen Eindruck zu machen; der tote Buchstabe wirkt oft stärker als das lebendige Wort.
Sören Kierkegaard

Gegen die Männerkrankheit der Selbstverachtung hilft es am sichersten, von einem klugen Weibe geliebt zu werden.
Friedrich Nietzsche

Schön ist es, miteinander zu schweigen, schöner – miteinander zu lachen.
Friedrich Nietzsche

Ein schönes Weib in der Ehe muss sehr viele gute Eigenschaften haben, um darüber hinwegzuhelfen, dass sie schön ist.
Friedrich Nietzsche

Liebe: das Vergnügen, das zwei Menschen aneinander haben.
Friedrich Nietzsche

Grad und Art der Geschlechtlichkeit eines Menschen reicht bis in den letzten Gipfel seines Geistes hinauf. *Friedrich Nietzsche*

Nicht nur fort sollst du dich pflanzen, sondern hinauf! Dazu helfe dir der Garten der Ehe. *Friedrich Nietzsche*

Die Eifersucht ist die geistreichste Leidenschaft und trotzdem noch die größte Torheit. *Friedrich Nietzsche*

Was ist Keuschheit am Manne? Dass sein Geschlechts-Geschmack vornehm geblieben ist; dass er in eroticis weder das Brutale noch das Krankhafte, noch das Kluge mag.
Friedrich Nietzsche

Wahre Sittlichkeit im Geschlechtsleben … beruht im wesentlichen auf Achtung der Persönlichkeit des anderen und einem inneren Widerstreben, diesen ohne Rücksicht auf seine eigenen Wünsche lediglich als Mittel zum Zwecke persönlicher Triebsättigung zu gebrauchen. *Bertrand Russell*

Don Juan: nicht der Mann, der die Frauen liebt, sondern den die Frauen lieben. *José Ortega y Gasset*

Die Liebe verbindet die Individuen in einer so engen und allseitigen Gemeinschaft, dass sie ihnen keinen Abstand lässt, um die Veränderungen zu bemerken, die der eine an dem anderen hervorbringt. *José Ortega y Gasset*

Die Schönheit, die reizt, weckt selten Liebe.

José Ortega y Gasset

Es ist ein Glück, dass das Bestehen der Menschenrasse ans sexuelle Vergnügen gefesselt ist: man hätte es sonst längst aus der Welt hinausmanipuliert.

Herbert Marcuse

Erster und einziger Grundsatz der Sexualethik: der Ankläger hat immer unrecht.

Theodor W. Adorno

Geliebt wirst du einzig, wo du schwach dich zeigen darfst, ohne Stärke zu provozieren.

Theodor W. Adorno

Eine große Liebe lässt sich durch die Wirklichkeit des Geliebten nicht stören.

Hannah Arendt

Lieben: einwilligen, mit einem Menschen alt zu werden.

Albert Camus

Eltern und Kinder

Man soll seinen Kindern eine tüchtige Portion von Zucht und Sitte hinterlassen, nicht aber Gold.

Platon

Eine Stiefmutter muss jedermann, wenn sie auch eine gute ist, teuer bezahlen.

Seneca

Die Seelen der Kinder sind dem Wachse gleich; man kann die Lehren gleich einem Siegel in dieselben eindrücken.

Plutarch

Es ist sicher eine schöne Sache, aus gutem Haus zu sein. Aber das Verdienst gebührt den Vorfahren.

Plutarch

Kinder machen des Lebens Mühsal süß, aber das Unglück umso bitterer. Sie vermehren die Sorgen des Lebens, aber lindern den Gedanken an den Tod.
Francis Bacon

Wer will, dass sein Sohn Respekt vor ihm und seinen Anweisungen hat, muss selbst große Achtung vor seinem Sohn haben.
John Locke

Ein Kind, das nur seine Eltern kennt, kennt auch die nicht recht.
Jean-Jacques Rousseau

Jede Bosheit kommt von Schwäche; nur weil es schwach ist, ist ein Kind böse. Macht es stark, so wird es gut sein; wer alles könnte, würde niemals Böses tun.
Jean-Jacques Rousseau

In dem ersten Weinen der Kinder liegt eine Bitte; sowie man aber die Vorsicht außer acht lässt, verwandelt sie sich in einen Befehl.
Jean-Jacques Rousseau

Wer den Pflichten eines Vaters nicht nachkommen kann, hat kein Recht, Vater zu werden.
Jean-Jacques Rousseau

Wie die Mutter die eigentliche Amme ist, ist der Vater der eigentliche Lehrer.
Jean-Jacques Rousseau

Das süßeste Glück, das es gibt, ist das des häuslichen Lebens, das uns enger zusammenhält als ein andres. Nichts identifiziert sich stärker, beständiger mit uns als unsere Familie, unsere Kinder.
Jean-Jacques Rousseau

Die Familie ist die älteste aller Gemeinschaften und die einzige natürliche.
Jean-Jacques Rousseau

Die Familie selbst besteht nur durch Übereinkunft.
Jean-Jacques Rousseau

Eltern und Kinder

Der Reiz des Familienlebens ist das beste Gegengift gegen den Verfall der Sitten.
Jean-Jacques Rousseau

Kinder erfrischen das Leben und erfreuen das Herz.
Friedrich Ernst Schleiermacher

Kinder sind nicht nur freundliche Lichtstrahlen des Himmels und Gottesgrüße, sondern auch ernste Fragen aus der Ewigkeit und schwere Aufgaben für die Zukunft.
Friedrich Ernst Schleiermacher

Die Kinder sollen besser werden, als die Eltern waren, und so ein jedes heranwachsendes Geschlecht sein erziehendes überragen.
Friedrich Ernst Schleiermacher

Die Mutter ist der Genius des Kindes.
Georg Wilhelm Friedrich Hegel

Nur um eine liebende Frau her kann sich eine Familie bilden.
Friedrich Schlegel

Jedes Kind ist gewissermaßen ein Genie und jedes Genie gewissermaßen ein Kind.
Arthur Schopenhauer

Wie im Anfang des Frühlings alles Laub die gleiche Farbe und fast die gleiche Gestalt hat, so sind auch wir, in früher Kindheit, alle einander ähnlich, harmonieren daher vortrefflich.
Arthur Schopenhauer

Welches Kind hätte nicht Grund, über seine Eltern zu weinen?
Friedrich Nietzsche

Besser als ein Mann versteht das Weib die Kinder, aber der Mann ist kindlicher als das Weib.
Friedrich Nietzsche

Ehe und Familie

Manche Mutter braucht glückliche, geehrte Kinder, manche unglückliche: sonst kann sich ihre Güte als Mutter nicht zeigen.
Friedrich Nietzsche

Wenn man keinen guten Vater hat, so soll man sich einen anschaffen.
Friedrich Nietzsche

Väter haben viel zu tun, um es wieder gutzumachen, dass sie Söhne haben.
Friedrich Nietzsche

Was der Vater schwieg, das kommt im Sohne zum Reden; und oft fand ich den Sohn als des Vaters entblößtes Geheimnis.
Friedrich Nietzsche

Für das, was einer ist, haben seine Vorfahren die Kosten bezahlt.
Friedrich Nietzsche

Bist du zerbrechlich? So hüte dich vor Kindshänden! Das Kind kann nicht leben, wenn es nichts zerbricht! *Friedrich Nietzsche*

Der grundlegende Fehler von Vätern besteht darin, von ihren Kindern zu erwarten, dass sie ihnen Ehre machen.
Bertrand Russell

Sicherlich ist ein idealer Vater besser als gar keiner, aber viele Väter sind so wenig ideal, dass ihr Nichtvorhandensein für das Kind ein positiver Vorteil wäre.
Bertrand Russell

Selbstlose Überlegungen kommen selten aus dem Unterbewusstsein, es sei denn, sie richten sich auf unsere Kinder.
Bertrand Russell

Familie: ein Überbleibsel der unspezialisierten Vergangenheit, als ein Mann noch seine eigenen Schuhe machte und sein eigenes Brot backte.
Bertrand Russell

Der Vater nimmt Anteil am Leid der Söhne, aber die Söhne nehmen nicht teil am Leid des Vaters. *Martin Buber*

Die Mutter ist das Bild der irdischen Unendlichkeit – an ihrem Glück wie an ihrem Schmerz ziehen die Jahrtausende spurlos vorüber. *José Ortega y Gasset*

Gar nicht selten hört man aus Kindermund, was dem Sinne nach unmittelbar in die Tiefe des Philosophierens geht.
Karl Jaspers

Kinder sind der Natur noch ganz nahe, sie sind die Vettern von Wind und Meer: aus ihrem Stammeln kann einer, der es versteht, weite und vage Lehren entnehmen. *Jean-Paul Sartre*

Erziehung

Wenn die natürlichen Neigungen des Menschen seine Erziehung beherrschen, dann ist er nur ein grober Lümmel; wenn hingegen die Erziehung die natürlichen Neigungen des Menschen beherrscht, dann ist er nur ein politischer Mensch. Aber wenn die Erziehung und die natürlichen Neigungen im gleichen Verhältnis stehen, so bilden sie den höheren Menschen.
Konfuzius

Das Wichtigste auf der Welt ist nach meiner Meinung die Erziehung. Denn wenn jemand den Anfang einer Sache, welche es auch sei, richtig macht, dann darf man hoffen, dass auch das Ende gut werden wird. *Antiphon*

Des Vaters Selbstbeherrschung ist der beste Unterricht für seine Kinder. *Demokrit*

Das Schlimmste für die Jugend ist, wenn man sie zum Leichtsinn erzieht; denn er ist es, der die Genusssucht erzeugt, aus der die Lasterhaftigkeit entsteht. *Demokrit*

Wen das Wort nicht schlägt, den schlägt auch der Stock nicht.
Platon

Durch Erziehung wird der Mensch erst wahrhaftig Mensch.
Platon

Man darf die Erziehung nicht geringschätzen, da sie unter den größten Gütern, welche den besten Menschen zuteil werden, den ersten Rang einnimmt. *Platon*

Das Gemüt des Kindes muss, fern von Verzärtelung, welche empfindlich, zornig und mürrisch macht, wie von zu großer Strenge, welche Kleinmut und Sklavensinn erzeugt, in einer möglichst heiteren Stimmung gehalten werden. *Platon*

Aus dem den Kindern zu erteilenden Unterricht soll man kein Spiel machen; denn das Lernen ist kein Spiel für sie. Es ist mit Mühe und Unlust verbunden. *Aristoteles*

Wer Menschen führen will, muss hinter ihnen gehen. *Laotse*

Die Autorität des Lehrers schadet oft denen, die sie lernen wollen. *Marcus Tullius Cicero*

Nicht für die Schule, sondern für das Leben lernen wir. *Seneca*

Viel ist daran gelegen, dass man den Kindern freundliche Lehrer und Erzieher gibt; alles richtet sich nach seiner Umgebung, was noch nicht erstarkt ist und wird ihnen immer ähnlicher.

Seneca

Man darf … die Kinder nicht durch Schläge und Misshandlungen zu gutem Betragen anhalten, sondern nur durch Ermahnungen und vernünftiges Zureden.
Plutarch

Die Quelle und die Wurzel aller Trefflichkeit ist eine wohlgeordnete Erziehung.
Plutarch

Übermäßiges Lob blähet den Jüngling auf und machet ihn eitel.
Plutarch

Es liegt in der Natur des Menschen, dass, wer unter dem Druck ständiger Furcht aufwächst, zu knechtiger Gesinnung entartet und schließlich zu kleinmütig wird, um überhaupt eine männliche und große Tat zu unternehmen.
Thomas v. Aquin

Von der Rute habe ich keine andere Wirkung beobachtet, als dass sie die Seelen schlaff und feig oder heimtückisch und starrsinnig machte.
Michel de Montaigne

Ich verwerfe allen Zwang bei der Erziehung einer zarten Seele, die man für Ehre und Freiheit erziehen will.
Michel de Montaigne

Wer sieht nicht, dass in einem Staate alles von der Erziehung und Pflege der Kinder abhängt, und gleichwohl überlässt man diese Dinge unvorsichtigerweise dem Gutdünken der Eltern, so dumm und boshaft diese auch sein mögen.
Michel de Montaigne

Natürlich ist Gewohnheit am vollendetsten, wenn sie in jungen Jahren beginnt, wir nennen dies Erziehung, die in Wahrheit nichts anderes ist als frühe Gewohnheit.
Francis Bacon

Strenge gebiert Furcht, Grobheit aber gebiert Hass.
Francis Bacon

Jedenfalls sind Weib und Kinder eine Art Schule der Menschlichkeit.
Francis Bacon

Eltern, Lehrer und Diener haben die törichte Gewohnheit, zwischen Brüdern während der Kinderzeit einen Wetteifer zu erzeugen und zu nähren, der oft in Zwietracht ausartet, wenn sie herangewachsen sind.
Francis Bacon

Bewunderung durch andere verdirbt den Menschen von Kindheit an.
Blaise Pascal

Es erhellt, dass die Menschen von Natur zu Hass und Neid geneigt sind, und die Erziehung befördert dies. Denn die Eltern pflegen die Kinder nur durch die Reizmittel der Ehre und des Neides zur Tugend anzuhalten.
Benedictus de Spinoza

Die größte Kunst ist, den Kleinen alles, was sie tun oder lernen sollen, zum Spiel und Zeitvertreib zu machen.
John Locke

Die Erziehung macht den großen Unterschied unter den Menschen.
John Locke

Ich bin der Meinung, dass die Abneigung, welche manche Leute ihr ganzes Leben gegen Bücher und Wissenschaften behalten, ihren Grund bloß darin haben, dass sie in dem Alter, welches Anstrengung und Zwang am wenigsten ertragen kann, mit Gewalt zum Lernen angetrieben und an die Bücher gefesselt worden sind.
John Locke

Die Pflanzen model man durch die Kultur, die Menschen durch Erziehung. Schlimm genug, dass dem so ist; aber schlimmer noch wäre es, wenn diese Dressur nicht stattfände.

John Locke

Erziehung

Wer seine Schüler das Abc gelehrt, hat eine größere Tat vollbracht als der Feldherr, der eine Schlacht geschlagen.
Gottfried Wilhelm Leibniz

Man erstickt den Verstand der Kinder unter einem Ballast unnützer Kenntnisse.
Voltaire

Man veredelt die Pflanzen durch Zucht und die Menschen durch Erziehung.
Jean-Jacques Rousseau

Um Kinder zu erziehen, muss man verstehen, Zeit zu verlieren, um Zeit zu gewinnen.
Jean-Jacques Rousseau

Das große Geheimnis der Erziehung ist, es so einzurichten, dass die Übungen des Körpers und die des Geistes sich gegenseitig zur Erholung dienen.
Jean-Jacques Rousseau

Ein unbedachtes Lachen kann die Erziehungsarbeit eines halben Jahres verderben und für das ganze Leben nicht mehr gutzumachendes Unrecht anstiften … Um Herr des Kindes zu sein, muss man Herr über sich selbst sein.
Jean-Jacques Rousseau

Ich weiß, dass man die Kinder beschäftigen muss und Müßiggang die größte Gefahr für sie ist.
Jean-Jacques Rousseau

Die erste Erziehung ist am wichtigsten, und diese erste Erziehung gebührt unstreitig den Frauen. Wenn der Schöpfer der Natur gewollt hätte, dass sie den Männern zukäme, würde er ihnen Milch zur Ernährung der Kinder gegeben haben.
Jean-Jacques Rousseau

Wer unter uns die Freuden und Leiden des Lebens am besten zu ertragen vermag, der ist meinem Erachten nach am besten erzogen. Daraus folgt, dass die wahre Erziehung weniger in Lehren als in Übungen besteht.
Jean-Jacques Rousseau

Kennt ihr das sicherste Mittel, ein Kind unglücklich zu machen? Ihr müsst es daran gewöhnen, alles zu erhalten.
Jean-Jacques Rousseau

Der Eigensinn der Kinder ist nie das Werk der Natur, sondern einer schlechten Zucht, weil sie entweder gehorchen mussten oder befehlen konnten. *Jean-Jacques Rousseau*

Wenn ihr die Habgier der Kinder durch Preise und Belohnungen anfachen seht … so verkündet euch dieser Anblick schon im voraus, dass man ihnen in ihrem zwanzigsten Lebensjahre im Spielhaus ihre Börse und in liederlichen Häusern ihre Gesundheit rauben wird. *Jean-Jacques Rousseau*

Es ist sehr merkwürdig, dass man, seitdem man sich mit der Kindererziehung befasst, auf kein anderes Mittel, Kinder zu lenken, gekommen ist als Nebenbuhlerschaft, Eifersucht, Neid, Eitelkeit, Gier, gemeine Angst … *Jean-Jacques Rousseau*

Nur in einer einzigen Wissenschaft muss man die Kinder unterweisen, in der Wissenschaft von den Pflichten des Menschen. *Jean-Jacques Rousseau*

Junge Menschen sollten ins Ausland reisen, damit sie aus eigener Anschauung erfahren, dass es überall Mut, Talente, Weisheit und Tatkraft gibt, und sie das Vorurteil ablegen, es sei anderswo schlechter als in ihrem Vaterland. *Denis Diderot*

So besteht denn die ganze Kunst der Erziehung darin, dass man junge Menschen in Verhältnisse setzt, die in ihnen den Keim des Geistes und der Tugend entwickeln können.
Claude Adrien Helvétius

Erziehung

Wenn man unter dem Wort Erziehung allgemein all das versteht, was zu unserer Belehrung dient, dann muss notwendigerweise gerade der Zufall den größten Anteil an unserer Erziehung haben. *Claude Adrien Helvétius*

Das Bedürfnis und die Not sind unter allen Erziehern die einzigen, deren Lehren immer gehört werden und deren Ratschläge stets wirksam sind. *Claude Adrien Helvétius*

Die Erziehung ist das größte Problem und das Schwierigste, was dem Menschen aufgegeben werden kann.

Immanuel Kant

Eines der größten Probleme der Erziehung ist, wie man die Unterwerfung unter den gesetzlichen Zwang mit der Fähigkeit, sich seiner Freiheit zu bedienen, vereinigen könne. Denn Zwang ist nötig. *Immanuel Kant*

Eltern erziehen gemeiniglich ihre Kinder nur so, dass sie in die gegenwärtige Welt, sei sie auch verderbt, passen. Sie sollten sie aber besser erziehen, damit ein zukünftiger besserer Zustand dadurch hervorgebracht werde. *Immanuel Kant*

Es ist von größter Wichtigkeit, dass Kinder arbeiten lernen. Der Mensch ist das einzige Tier, das arbeiten muss. *Immanuel Kant*

Wenn physische Strafen oft wiederholt werden, bilden sie einen Starrkopf; strafen Eltern ihre Kinder des Eigensinns wegen, so machen sie sie nur noch eigensinniger.

Immanuel Kant

Überhaupt müssen Strafen den Kindern immer mit der Behutsamkeit zugefügt werden, dass sie sehen, dass bloß ihre Besserung der Endzweck derselben sei. *Immanuel Kant*

Es kann eher aus einem munteren Knaben ein guter Mann werden als aus einem naseweisen, klug tuenden Burschen.
Immanuel Kant

Kann wohl etwas verkehrter sein, als den Kindern, die kaum in diese Welt treten, gleich von der anderen etwas vorzureden?
Immanuel Kant

Einen Menschen erziehen heißt: ihm Gelegenheit geben, sich zum vollkommenen Meister und Selbstbeherrscher seiner gesamten Kraft zu machen.
Johann Gottlieb Fichte

Die Pädagogik ist die Probe auf die Ethik.
Friedrich Ernst Schleiermacher

Die Schule hat nicht nur die Kräfte und Fähigkeiten zu wecken und zu üben, sondern auch die Gesinnung zu entwickeln, insofern diese aus einem gemeinschaftlichen Leben hervorgeht.
Friedrich Ernst Schleiermacher

Die Pädagogik ist die Kunst, die Menschen sittlich zu machen.
Georg Wilhelm Friedrich Hegel

Durch das gemeinschaftliche und übereinstimmende Handeln der Lehrer und Eltern kann allein etwas Wirksames zustande kommen.
Georg Wilhelm Friedrich Hegel

Wenn Erziehung und Ermahnung irgend etwas fruchteten; wie könnte dann Senecas Zögling ein Nero sein?
Arthur Schopenhauer

Ein Hauptstudium der Jugend sollte sein, die Einsamkeit ertragen lernen, weil sie eine Quelle des Glücks und der Gemütsruhe ist.
Arthur Schopenhauer

Wenn die Welt erst ehrlich genug geworden sein wird, um Kindern vor dem fünfzehnten Jahr keinen Religionsunterricht zu erteilen, dann wird etwas von ihr zu hoffen sein.
Arthur Schopenhauer

Inkonsequenz in der Erziehung ist einer der schlimmsten Fehler.
Herbert Spencer

Erziehung: wesentlich das Mittel, die Ausnahme zu ruinieren zugunsten der Regel.
Friedrich Nietzsche

Die Erziehung ist eine Fortsetzung der Zeugung und oft eine Art nachträglicher Beschönigung derselben.
Friedrich Nietzsche

Ein Erzieher sagt nie, was er selber denkt: sondern immer nur, was er im Verhältnis zum Nutzen dessen, den er erzieht, über seine Sache denkt.
Friedrich Nietzsche

Zur Humanität eines Meisters gehört, seine Schüler vor sich zu warnen.
Friedrich Nietzsche

Das Individuum wird von seinen Erziehern behandelt, als ob es zwar etwas Neues sei, aber eine Wiederholung werden solle.
Friedrich Nietzsche

Man verdirbt einen Jüngling am sichersten, wenn man ihn verleitet, den Gleichdenkenden höher zu achten als den Andersdenkenden.
Friedrich Nietzsche

Jedes Verbot verschlechtert den Charakter bei denen, die sich ihm nicht willentlich, sondern gezwungen unterwerfen.
Friedrich Nietzsche

Du sollst deine Kinder durch deine Freunde erziehen lassen.
Friedrich Nietzsche

Kinder aus bescheidenen Familien muss man eben so sehr das Befehlen durch Erziehung lehren, wie andere Kinder das Gehorchen. *Friedrich Nietzsche*

Man vergilt dem Lehrer schlecht, wenn man immer nur sein Schüler bleibt. *Friedrich Nietzsche*

Das Werk aller Erziehung ist, bewusste Tätigkeiten in mehr oder weniger unbewusste umzubilden. *Friedrich Nietzsche*

Weil moderne Erziehung so selten von großer Hoffnung beseelt ist, wird so selten ein großes Resultat erreicht. *Bertrand Russell*

Manche Eltern und Schulen beginnen mit dem Versuch, den Kindern völligen Gehorsam beizubringen, ein Versuch, der entweder einen Sklaven oder einen Empörer hervorbringen muss. *Bertrand Russell*

Freies Fragen wird verhindert werden, solange es Ziel der Erziehung ist, Überzeugungen statt Denken hervorzubringen.
Bertrand Russell

Die meisten Anstrengungen der Eltern, ihren Kindern gute Manieren beizubringen, scheitert daran, dass die Kinder in einem natürlichen Trieb alles nachmachen, was sie ihre Eltern tun sehen. *Bertrand Russell*

Unglücklicherweise ist es für überlastete Lehrer fast ein Ding der Unmöglichkeit, sich eine instinktive Zuneigung für die Kinder zu erhalten; sie werden allmählich für Kinder unweigerlich das gleiche empfinden wie der sprichwörtliche Konditorlehrling für Süßgebäck. *Bertrand Russell*

Erziehung ist die Hilfe zum Selbstwerden in Freiheit.
Karl Jaspers

Lehrer sein heißt belehrbarer sein als die Lehrlinge.
Martin Heidegger

Aus der abstrakten Vorstellung einer besseren, aber nicht existenten Gesellschaft lässt sich kein Erziehungsziel herleiten.
Max Horkheimer

Erwerbsleben

Arbeit

Wer am falschen Faden arbeitet, zerstört das ganze Gewebe.
Konfuzius

Kein Amt zu haben ist nicht schlimm. Aber schlimm ist es, keine Fähigkeiten für ein Amt zu haben, das man innehat.
Konfuzius

Erst die Arbeit, dann das Vergnügen. Wird dadurch nicht das Sein erhöht? *Konfuzius*

Der Mensch ist von Geburt an gut, aber die Geschäfte machen ihn schlecht. *Konfuzius*

Um den Preis der Arbeit verkaufen uns die Götter alles Gute.
Epicharm

Selbstgewählte Arbeit macht die Lasten unfreiwilliger Arbeit leichter. *Demokrit*

Fortgesetzte Arbeit wird dadurch leichter, dass man sich an sie gewöhnt. *Demokrit*

Anfang: der wichtigste Teil der Arbeit. *Platon*

Große und anhaltende Arbeit ist Sache der Jugend. *Platon*

Eine Seele verzagt viel eher bei starker Geistesarbeit als bei körperlichen Übungen. *Platon*

Dem Weibe sind seiner Natur nach sämtliche Berufe zugänglich … *Platon*

Wenn einer ein Amt hat und handelt nicht, wie es das Amt verlangt, soll er zurücktreten.
Mengtse

Die meisten Beamten meinen, der Staat sei vor allem da, um ihnen eine geachtete, mühelose und einträgliche Stellung zu sichern.
Mengtse

Es geht nicht an, sich zugleich körperlich und geistig anzustrengen … die körperliche Anstrengung beeinträchtigt die geistige Arbeit und diese die körperliche Leistungsfähigkeit.
Aristoteles

Denn wenn auch beides sein muss, so ist doch das Leben in Muße dem Leben der Arbeit vorzuziehen, und das ist die Hauptfrage, mit welcher Art Tätigkeit man die Muße auszufüllen hat.
Aristoteles

Befreien muss man sich aus dem Gefängnis der Geschäfte und der Politik.
Epikur

Nichtstun ist besser, als mit vieler Mühe nichts schaffen.
Laotse

Dass er Maß hält, wenn das Werk vollendet ist, dass er sein Selbst zurückstellt und sich dem Ruhm entzieht, darin erweist sich die Weisheit des Erwachten.
Laotse

Lasst jedermann das tun, was er am besten versteht.
Marcus Tullius Cicero

Nichtstun erquickt. *Marcus Tullius Cicero*

Angenehm sind die erledigten Arbeiten. *Marcus Tullius Cicero*

Faulheit ist die Furcht vor bevorstehender Arbeit.
Marcus Tullius Cicero

Wer also die Wahl seines Berufes ganz von seinem inneren Wesen, das nicht verkehrt sein darf, abhängig gemacht hat, der bleibe nur konsequent. *Marcus Tullius Cicero*

Bei Beginn des Jünglingsalters, zu einer Zeit, wo unsere Einsicht noch so schwach ist, da entscheidet sich jeder für den bestimmten Beruf, zu dem er die größte Neigung hat. So kommt es, dass die meisten bereits an eine bestimmte Berufs- und Lebensbahn gefesselt sind, ehe sie noch zu beurteilen vermögen, was für sie das Beste sein würde. *Marcus Tullius Cicero*

Einem Tätigen ist kein Tag lang. *Seneca*

Wo die Natur nicht will, da ist die Arbeit umsonst. *Seneca*

Ruhm öffnet den Weg zu den Überirdischen. *Seneca*

Durch Bestechungen gewonnene Treue wird durch Bestechungen überwunden. *Seneca*

Der Lohn eines Amtes ist das Amt selbst. *Seneca*

Eine Arbeit, die dir nicht gemäß ist, hat keinen Wert. *Seneca*

Sie sind in Geschäften, um der Geschäfte willen. *Seneca*

Erholung ist das Salz der Arbeit. *Plutarch*

Liebe den Beruf, den du gelernt hast, und sei damit zufrieden.
Mark Aurel

Bejahrte Leute machen zu viel Entwürfe, beraten zu lange, wagen zu wenig, lassen die Sache zu schnell fallen und bringen selten ein Geschäft zu vollem Ertrag, sondern begnügen sich mit einem mittelmäßigen Erfolg. *Francis Bacon*

Junge Leute übernehmen in der Leitung und Durchführung von Geschäften mehr, als sie zu bewältigen vermögen, fliegen auf das Ziel zu, ohne Mittel und Maß zu bedenken, folgen einigen wenigen Grundsätzen, auf die sie zufällig gestoßen sind …
Francis Bacon

Der Ruhm ist wie ein Fluss, der leichte und angeschwollene Dinge trägt, und die schweren und soliden ertrinken lässt.
Francis Bacon

Der Boden hoher Stellungen ist schlüpfrig. *Francis Bacon*

Begehren von Amt und Vorrecht ist Ehrgeiz. *Thomas Hobbes*

Das wichtigste im Leben ist die Wahl des Berufes. Der Zufall entscheidet darüber. *Blaise Pascal*

Arbeit um der Arbeit willen ist gegen die Natur. *John Locke*

Arbeit ist die Quelle allen Reichtums. *John Locke*

Ein großer Erfolg ist eine große Gefahr.
Gottfried Wilhelm Leibniz

Arbeit befreit uns von drei Übeln: Langeweile, Laster und Not.
Voltaire

Arbeit ist häufig der Vater des Vergnügens. *Voltaire*

Arbeit in Maßen ist der Gesundheit des Leibes wie der Seele förderlich, und außerdem kann der Staat sie nicht entbehren.
Voltaire

Mancher glänzt an zweiter Stelle, dessen Licht an der ersten erlischt. *Voltaire*

Lasst uns arbeiten, ohne zu grübeln. Das ist das einzige Mittel, das Leben erträglich zu machen. *Voltaire*

Es gibt Berufe, die das Gemüt notwendigerweise verhärten. Das gilt für die Soldaten, für die Schlächter, für die Polizisten. Für die Kerkermeister, für alle Berufe, die sich auf das Unglück anderer Menschen gründen. *Voltaire*

Arbeiten ist demzufolge eine unerlässliche Pflicht des sich in der Gesellschaft bewegenden Menschen. Ob reich oder arm, ob mächtig oder schwach, jeder müßige Cha ist ein Spitzbube.
Jean-Jacques Rousseau

Unter allen Beschäftigungen, die dem Menschen den Unterhalt liefern, ist die Handarbeit diejenige, die uns dem Stand der Natur am nächsten bringt. *Jean-Jacques Rousseau*

Aktivität ist nun einmal die Mutter des Erfolgs.
Claude Adrien Helvétius

Wenn das Genie auch immer Erfindungsgabe voraussetzt, so setzt doch nicht jede Erfindung Genie voraus.
Claude Adrien Helvétius

Der Wetteifer bringt Genies hervor, und der Wunsch, sich auszuzeichnen, erzeugt die Talente. *Claude Adrien Helvétius*

Kleine Fehler in einem großen Werk sind die Brosamen, die man dem Neid hinwirft. *Claude Adrien Helvétius*

Der größte Sinnengenuss, der gar keine Beimischung von Ekel bei sich führt, ist, im gesunden Zustande, Ruhe nach der Arbeit. *Immanuel Kant*

Faulheit: der Hang zur Ruhe ohne vorhergehende Arbeit.
Immanuel Kant

Wer Urteilskraft in Geschäften zeigt, ist gescheit. Hat er dabei zugleich Witz, so heißt er klug. *Immanuel Kant*

Wenn die einen genießen wollen, ohne zu arbeiten, so werden andere arbeiten müssen, ohne zu genießen. *Immanuel Kant*

Der Mensch mag künsteln, soviel er will … er muss entweder selbst arbeiten oder andere für ihn. *Immanuel Kant*

Wer nicht arbeitet, verschmachtet vor Langeweile und ist allenfalls vor Ergötzlichkeit betäubt und erschöpft, niemals aber erquickt und befriedigt. *Immanuel Kant*

Kein Mensch auf der Erde hat das Recht, seine Kräfte ungebraucht zu lassen und durch fremde Kräfte zu leben.
Johann Gottlieb Fichte

Man erkundige sich nur näher nach den Personen, die durch ehrloses Betragen sich auszeichnen; immer wird man finden, dass sie nicht arbeiten gelernt haben oder die Arbeit scheuen.
Johann Gottlieb Fichte

Der Mensch ist vorzüglich dann unzufrieden, wenn er seinen Beruf nicht ausfüllt. *Georg Wilhelm Friedrich Hegel*

Müßiggang, du heiliges Kleinod, einziges Fragment der Gottähnlichkeit, das uns noch aus dem Paradiese blieb.
Friedrich Schlegel

Ein Ruhm, der schnell erfolgt, erlischt auch früh.
Arthur Schopenhauer

Einem bei Lebzeiten ein Monument setzen, heißt die Erklärung ablegen, dass hinsichtlich seiner der Nachwelt nicht zu trauen sei. *Arthur Schopenhauer*

Das glücklichste Los, was dem Genie werden kann, ist Entbindung von Tun und Lassen, als welches nicht sein Element ist, und freie Muße zu seinem Schaffen. *Arthur Schopenhauer*

Jeder wirklich fähige Mensch … hält seine Arbeit, wie sehr er sie auch schätzen mag, für weitaus weniger wichtig als sie wirklich ist.
Ralph Waldo Emerson

Werke sind Briefe an die Menschheit. *Ludwig Feuerbach*

Durch Arbeit macht sich der Mensch frei; durch Arbeit wird er Herr der Natur; durch Arbeit zeigt er, dass er mehr ist als Natur.
Sören Kierkegaard

Müßiggang ist nichts Übles, ja, man muss sagen: Ein Mensch, der für diesen keinen Sinn hat, zeigt damit, dass er sich nicht zur Humanität erhoben hat.
Sören Kierkegaard

Arbeit ist das Feuer der Gestaltung. *Karl Marx*

Worin besteht der Wert einer hohen Stellung, wenn sie Hypochondrie mitgebracht hat?
Herbert Spencer

Die Arbeit ist eine Schmach, weil das Dasein keinen Wert an sich hat.
Friedrich Nietzsche

Alle Menschen zerfallen, wie zu allen Zeiten so auch jetzt noch, in Sklaven und Freie; denn wer von seinem Tage nicht zwei Drittel für sich hat, ist ein Sklave, er sei übrigens wer er wolle: Staatsmann, Kaufmann, Beamter, Gelehrter.
Friedrich Nietzsche

Die Posse vieler Arbeitsamen. – Sie erkämpfen durch ein Übermaß von Anstrengung sich freie Zeit und wissen nachher nichts mit ihr anzufangen, als die Stunden abzuzählen, bis sie abgelaufen sind.
Friedrich Nietzsche

In allen Augenblicken, wo wir unser Bestes tun, arbeiten wir nicht, Arbeit ist nur ein Mittel zu diesen Augenblicken.
Friedrich Nietzsche

Man ist ein Mann seines Faches um den Preis, auch das Opfer seines Faches zu sein. *Friedrich Nietzsche*

Ein Beruf ist das Rückgrat des Lebens. *Friedrich Nietzsche*

Männer halten selten einen Beruf aus, von dem sie nicht glauben oder sich einreden, er sei im Grunde wichtiger als alle andern. *Friedrich Nietzsche*

Der Beruf ist eine Schutzwehr, hinter welche man sich, wenn Bedenken und Sorgen allgemeiner Art einen anfallen, erlaubterweise zurückziehen kann. *Friedrich Nietzsche*

Fast jeder Beruf wird als Mittel zu einem Zwecke gewählt und begonnen, aber als letzter Zweck fortgeführt.
Friedrich Nietzsche

Ein stark beschäftigter Mensch ändert seine Anschauungen selten. *Friedrich Nietzsche*

Die Geschäfte manches Reichen sind seine Art Ausruhen vom Müßiggang. *Friedrich Nietzsche*

Unter den vielen Menschen, die an ihrem Werk arbeiten, sind wenige, an denen ihr Werk arbeitet. *Georg Simmel*

Nicht von Vermehrung der Freude an der Arbeit, sondern von der Vermehrung der Muße verspreche ich mir einen Fortschritt. *Bertrand Russell*

Wäre ich Mediziner, würde ich jedem Patienten, der seine Arbeit für bedeutend hält, Urlaub verschreiben.
Bertrand Russell

Es gibt zwei Arten von Arbeit: einmal die Lage von Dingen auf oder nahe der Erdoberfläche zu verändern; zum anderen Menschen anzuweisen, es zu tun. Die erste Art ist unangenehm und schlecht bezahlt; die zweite ist angenehm und hoch bezahlt.
Bertrand Russell

Experte: ein Mann, der zuerst weiß, wie alles kommen wird, und danach weiß, wieso es anders gekommen ist.
Bertrand Russell

Auch wenn alle Fachleute einer Meinung sind, können sie sich doch irren. *Bertrand Russell*

Wer wirklich Autorität hat, wird sich nicht scheuen, Fehler zuzugeben. *Bertrand Russell*

Jeder ist dazu berufen, etwas in der Welt zur Vollendung zu bringen. *Martin Buber*

Wir werden ihn (den Spezialisten) einen gelehrte Ignoranten nennen müssen. *José Ortega y Gasset*

Es ist falsch, wenn man sagt, der Erfolg verderbe den Menschen. Die meisten Menschen werden durch den Misserfolg verdorben. *Karl Raimund Popper*

Geld und Besitz

Als Wegzehrung von der Jugend bis zum Alter lass dir die Weisheit dienen, denn diese ist sicherer als aller andere Besitz.
Bias

Reich an Geld heißt arm an Freuden. *Pythagoras*

Geld und Besitz

Muße: der schönste Besitz von allen. *Sokrates*

Wie zahlreich sind doch die Dinge, deren ich nicht bedarf! *Sokrates*

Je weniger einer braucht, desto mehr nähert er sich den Göttern, die gar nichts brauchen. *Sokrates*

Wenn Geldgier nicht im Genughaben ihre Grenze findet, ist sie viel schlimmer als äußerste Armut. Denn größere Begierden erwecken größere Bedürfnisse. *Demokrit*

Glücklich, wer bei mäßigem Besitz wohlgemut, unglücklich, wer bei vielem missmutig ist. *Demokrit*

Allzu viel Geld für die Kinder aufzuhäufen, ist ein Vorwand der Habsucht … *Demokrit*

Vernichtung von Geld: Besser, das Geld geht durch mich zugrunde, als umgekehrt. *Aristippos*

Freue dich an dem, was du besitzest. *Platon*

Es entstehen ja alle Kriege um den Besitz des Geldes willen. *Platon*

Geld im Alter: Besser sterbend den Gegnern etwas hinterlassen als lebend die Freunde anbetteln. *Platon*

Alle äußeren Güter haben eine Grenze und sind gewissermaßen ein Werkzeug, das zu etwas nützlich ist. Ein Übermaß daran muss den Besitzern schaden oder mindestens keinen Vorteil bringen. *Aristoteles*

Eine Sache, welche vielen gehört, wird schlechter verwaltet als eine Sache, die einem einzelnen gehört. *Aristoteles*

Wo kein Eigentum ist, da ist auch keine Freude zum Geben.
Aristoteles

Man soll nicht aus Gier nach fernen Gütern die nahen gering achten, sondern bedenken, dass auch diese einmal zu den sehnlich erwünschten gehört haben. *Epikur*

Der Weise hat immer mehr Dinge, die er will, als solche, die er nicht will. *Epikur*

Auch die Selbstgenügsamkeit halten wir für ein großes Gut, nicht, um uns unter allen Umständen mit dem Wenigen zu begnügen, sondern, damit wir, wenn wir das Viele nicht haben, mit dem Wenigen zufrieden sind. *Epikur*

Genug zu haben, ist Glück, mehr als genug zu haben, ist unheilvoll. Das gilt von allen Dingen, aber besonders vom Geld.
Laotse

An Habe gewinnen heißt an Sein verlieren. *Laotse*

Keine Sünde ist größer als der Begehr nach Besitz. Deshalb ist der, der mit der Zufriedenheit zufrieden ist, immer zufrieden.
Laotse

Einerseits schließt der Verlust den Gewinn mit ein; andererseits schließt der Gewinn den Verlust mit ein. *Laotse*

Schwer zu erlangende Güter lassen den Menschen krumme Wege gehen. *Laotse*

Der Berufene häuft keinen Besitz auf. Je mehr er für andere tut, desto mehr besitzt er. *Laotse*

Keine Festung ist so stark, dass Geld sie nicht einnehmen kann. *Marcus Tullius Cicero*

Geld und Besitz

Endloses Geld bildet die Sehnen des Krieges.
Marcus Tullius Cicero

Nichts verrät so sehr einen beschränkten und kleinlichen Geist wie die Geldgier, nichts ist vornehmer und großartiger, als das Geld zu verachten, wenn man es nicht hat, und es freigebig zu Wohltaten zu verwenden, wenn man es besitzt.
Marcus Tullius Cicero

Nichts erlangen wird, wer nicht den Arm ausstreckt, und der verrenkt ihn, der ihn zu weit ausstreckt. *Marcus Tullius Cicero*

Das Vermögen soll durch Mittel erworben werden, die von Unsittlichkeit frei sind. Erhalten aber soll man es durch Genauigkeit und Sparsamkeit. *Marcus Tullius Cicero*

Allein besitzen zu wollen, ist äußerster Wahnsinn.
Marcus Tullius Cicero

Habgier im Alter ist eine Narrheit. Vergrößert man denn seinen Reiseproviant, wenn man sich dem Ziel nähert?
Marcus Tullius Cicero

Das Geld hat noch keinen reich gemacht. *Seneca*

Zeit: die einzige Anleihe, die selbst ein dankbarer Empfänger nicht zurückzahlen kann. *Seneca*

Alles ist fremdes Gut, nur die Zeit ist unser Eigen. *Seneca*

Kaufe nicht, was du brauchst, sondern was nötig ist. *Seneca*

Was man nicht braucht – ist mit einem Heller noch zu teuer bezahlt. *Seneca*

Am Grund kommt die Sparsamkeit zu spät. *Seneca*

Aller Besitz ist vom Schicksal geborgt. *Seneca*

Die Freude an äußeren Dingen steht auf tönernden Füßen.
Seneca

Ohne teilnehmenden Genossen macht uns kein Besitz Freude.
Seneca

Wer einen Gewinn mit Dankbarkeit empfängt, bezahlt die erste Rate seiner Schuld. *Seneca*

Der Geizige ist gegen niemanden gut, gegen sich selbst am schlechtesten. *Seneca*

Man muss nichts so sehr schonen als das, was man häufig braucht. *Seneca*

Der Haushalt ist der beste, worin man nichts Überflüssiges will, nichts Notwendiges entbehrt. *Seneca*

Wer wenig bedarf, der kommt nicht in die Lage, auf vieles verzichten zu müssen. *Plutarch*

Weise ist der Mensch, der nicht den Dingen nachtrauert, die er nicht besitzt, sondern sich der Dinge erfreut, die er hat.
Epiktet

Denke lieber an das, was du hast, als an das, was dir fehlt!
Mark Aurel

Was du erhältst, nimm ohne Stolz an! Was du verlierst, gib ohne Trauer auf! *Mark Aurel*

Ein Mensch kann gegen seinen Willen die zeitlichen Güter einbüssen, niemals aber verliert er die ewigen Güter, es sei denn mit seinem Willen. *Aurelius Augustinus*

Wenig brauchen ist besser als viel haben. *Aurelius Augustinus*

Geld und Besitz

Vom Gelde ist zu sagen, was von Caligula gesagt wurde: Es hätte nie einen so guten Sklaven und nie einen so bösen Herrn gegeben wie ihn.
Michel de Montaigne

Wer nicht verleihen mag, dem sollte man nur zögernd borgen.
Michel de Montaigne

Geld gleicht dem Dünger, der wertlos ist, wenn man ihn nicht ausbreitet.
Francis Bacon

Ein großes Vermögen, welches einem Erben hinterlassen wird, gleicht einem Köder, auf welchen alle Raubvögel in der Runde stoßen, wenn der Erbe nicht an Jahren und Erfahrung überlegen ist.
Francis Bacon

In der ersten Hälfte unseres Lebens opfern wir die Gesundheit, um Geld zu erwerben, in der zweiten Hälfte opfern wir unser Geld, um die Gesundheit wiederzuerlangen.
Voltaire

Wenn es sich um Geld handelt, gehört jeder der gleichen Religion an.
Voltaire

Geld: dasjenige, das man besitzt, ist das Mittel zur Freiheit; dasjenige, dem man nachjagt, das Mittel der Knechtschaft.
Jean-Jacques Rousseau

Wozu, in Teufels Namen, soll man denn sein Geld verwenden, als auf einen guten Tisch, gute Gesellschaft, gute Weine, schöne Weiber, Vergnügen von allen Farben, Unterhaltungen aller Art? Ebenso gerne möchte ich ein Bettler sein, als ein großes Vermögen ohne diese Genüsse zu besitzen.
Denis Diderot

Die Liebe zum Geld zerstört die Liebe zum Vaterland, zu den Talenten und zur Tugend.
Claude Adrien Helvétius

Geld: eine Sache, deren Gebrauch nur dadurch möglich ist, dass man sie veräußert.
Immanuel Kant

Der Besitz ist das Subsumiertsein einer Sache unter meinem Willen.
Georg Wilhelm Friedrich Hegel

Es gibt Leute, die zahlen für Geld jeden Preis.
Arthur Schopenhauer

Das Geld ist die menschliche Glückseligkeit in abstracto; daher, wer nicht mehr fähig ist, sie in concreto zu genießen, sein ganzes Herz an dasselbe hängt.
Arthur Schopenhauer

Kein Geld ist vorteilhafter angewandt als das, um welches wir uns haben prellen lassen; denn wir haben dafür unmittelbar Klugheit eingehandelt.
Arthur Schopenhauer

Denn meistens belehrt erst der Verlust uns über den Wert der Dinge.
Arthur Schopenhauer

Einige Menschen können jedes Gut verachten, sobald sie es nicht haben: andere aber nur, wenn sie es haben. Letztere sind unglücklicher und edler.
Arthur Schopenhauer

Denn von Hause aus so viel zu besitzen, dass man, wäre es auch nur für seine Person und seine Familie, in wahrer Unabhängigkeit, d. h. ohne zu arbeiten, bequem leben kann, ist ein unschätzbarer Vorzug.
Arthur Schopenhauer

Unser Eigentum ist geerbt, erheiratet, in der Lotterie gewonnen, oder wenn auch das nicht, doch nicht durch eigentliche Arbeit im Schweiße des Angesichts, sondern durch kluge Gedanken und Einfälle erworben …
Arthur Schopenhauer

Vorhandenes Vermögen soll man betrachten als eine Schutzmauer gegen die vielen möglichen Übel und Unfälle; nicht als eine Erlaubnis oder gar Verpflichtung, die Plaisiers der Welt heranzuschaffen. *Arthur Schopenhauer*

Geld kostet oft zu viel. *Ralph Waldo Emerson*

Eigentum ist Diebstahl. *Pierre Joseph Proudhon*

Das Geld ist der allgemeine, für sich selbst konstituierte Wert aller Dinge. Es hat daher die ganze Welt, die Menschheit wie die Natur, ihres eigentümlichen Wertes beraubt. Das Geld ist das den Menschen entfremdete Wesen seiner Arbeit und seines Daseins, und dieses fremde Wesen beherrscht ihn, und er betet es an. *Karl Marx*

Das Geld ist nicht eine Sache, sondern ein gesellschaftliches Verhältnis. *Karl Marx*

Mit der Möglichkeit, die Ware als Tauschwert oder den Tauschwert als Ware festzuhalten, erwacht die Geldgier. *Karl Marx*

Geld: das Brecheisen der Macht. *Friedrich Nietzsche*

Ich sehe die Börse dem Fluche verfallen, dem jetzt die Spielbanken verfallen sind. *Friedrich Nietzsche*

Große Verbindlichkeiten machen nicht dankbar, sondern rachsüchtig. *Friedrich Nietzsche*

Was man zu teuer kauft, verwendet man gewöhnlich auch noch schlecht, weil ohne Liebe und mit peinlicher Erinnerung – und so hat man einen doppelten Nachteil davon. *Friedrich Nietzsche*

Der Besitz besitzt, er macht die Menschen kaum unabhängiger. *Friedrich Nietzsche*

Der Besitz wird durch das Besitzen meistens geringer.
Friedrich Nietzsche

Auf dem Markt glaubt niemand an höhere Menschen.
Friedrich Nietzsche

Geld ist die reinste Form des Werkzeugs. *Georg Simmel*

Der moderne Mensch betrachtet Geld als ein Mittel, zu mehr Geld zu kommen. *Bertrand Russell*

Das Privateigentum wurde erfunden, um die Unterordnung unter das Gesetz etwas schmackhafter zu machen.
Bertrand Russell

Der Geist denkt, das Geld lenkt. *Oswald Spengler*

Eigentum ist Erweiterung der Persönlichkeit. *Oswald Spengler*

Das Geld wird nur vom Blut überwältigt und aufgehoben.
Oswald Spengler

Der Wunsch nach etwas ist letzten Endes ein Streben danach, es zu besitzen. Darum stirbt der Wunsch von selbst, wenn er erfüllt ist. *José Ortega y Gasset*

Time is money, das man vergeudet. *Ludwig Marcuse*

Man will Geld verdienen, um glücklich zu leben, und die ganze Anstrengung, die beste Kraft eines Lebens konzentrieren sich auf den Erwerb dieses Geldes. Das Glück wird vergessen, das Mittel wird Selbstzweck. *Albert Camus*

Armut und Reichtum

Hoffnung ist das Brot der Armen. *Thales*

Man kann ein Pferd nicht ohne Zaum beherrschen und Reichtum nicht ohne Besonnenheit. *Pythagoras*

Der Edle benützt seinen Reichtum, um sein Leben reicher zu gestalten. Der Niedrigdenkende benützt sein Leben, um zu Reichtum zu gelangen. *Konfuzius*

Ehren und Reichtum aber, auf unrechtschaffene Weise erworben, sind für mich wie Wolken im Wind. *Konfuzius*

Arm und nicht störrisch zu sein ist schwer; reich und nicht anmaßend zu sein ist leicht. *Konfuzius*

Wenn in einem Land Ordnung ist, dann ist Armut und Niedrigkeit eine Schande. Wenn in einem Land Unordnung ist, dann ist Reichtum und Ansehen eine Schande. *Konfuzius*

Genügsamkeit ist natürlicher Reichtum, Luxus künstliche Armut. *Sokrates*

Wenn du nicht nach vielem begehrst, wird dir das Wenige viel scheinen. Denn geringes Begehren macht Armut ebenso stark wie Reichtum. *Demokrit*

Reichtum erzeugt Verschwendung, Trägheit, Neuerungssucht; Armut knechtischen Sinn, schlechte Leistungen und ebenfalls Neuerungssucht. *Platon*

Der Wackere hat es in der Tat schwer, wenn er arm ist; aber wer nicht wacker ist, der ist auch im Reichtum unzufrieden.

Platon

… schon manche sind durch den Reichtum zugrunde gegangen … *Aristoteles*

Gewinn geht doch bei den meisten Menschen, in der Rangordnung, der Ehre vor. *Aristoteles*

Der Reichtum, den die Natur verlangt, ist begrenzt und leicht zu beschaffen, der dagegen, nach dem wir in törichtem Verlangen streben, geht ins Ungemessene. *Epikur*

Wenn du nach der Natur lebst, wirst du niemals arm. Wenn du nach den Meinungen lebst, wirst du niemals reich. *Epikur*

Mit tierischer Geschäftigkeit häuft man einen Berg von Reichtum an, das Leben aber bleibt dabei arm. *Epikur*

Ein reicher Mensch: wer weiß, dass er genug hat. *Laotse*

Wer viel Schätze anhäuft, hat viel zu verlieren. *Laotse*

Zum Reichtum führen viele Wege. Die meisten davon sind schmutzig. *Marcus Tullius Cicero*

Ich möchte lieber gesund als reich sein. *Marcus Tullius Cicero*

Zufriedenheit mit seiner Lage ist der größte und sicherste Reichtum. *Marcus Tullius Cicero*

Reich ist, wer solch großen Besitz hat, dass er nichts weiter wünscht. *Marcus Tullius Cicero*

Sparsamkeit ist eine gute Einnahme. *Marcus Tullius Cicero*

Nicht nach dem Einkommen, sondern nach den Bedürfnissen muss man das Vermögen eines jeden schätzen.

Marcus Tullius Cicero

Das Vermögen aber soll durch Mittel erworben werden, die von Unsittlichkeit frei sind. *Marcus Tullius Cicero*

Goldene Zügel machen ein Pferd nicht besser. *Seneca*

Bei dem Weisen ist der Reichtum ein Diener; bei dem Toren spielt er den Herrn. *Seneca*

Am reichsten ist, wer arm an Begierden. *Seneca*

Er (der Weise) liebt den Reichtum nicht, sondern gibt ihm den Vorzug. Er nimmt ihn nicht in sein Herz, sondern in sein Haus auf, er verschmäht ihn nicht, wenn er ihn besitzt, sondern behält ihn und lässt es sich gefallen, dass ihm für hohe Leistung größere Mittel zu Gebote stehen. *Seneca*

Sparsamkeit: allein schon eine Einnahmequelle. *Seneca*

Nicht auf die Größe des Vermögens, sondern auf die des Geistes kommt es an. *Seneca*

Wer viel hat, verlangt nach mehr. *Seneca*

Der Arme lacht öfter und herzlicher. *Seneca*

Ein großes Vermögen ist eine große Sklaverei. *Seneca*

Nicht wer wenig hat, sondern wer viel wünscht, ist arm.
Seneca

Reichtum wird angenehmer, Ruhm und Macht glänzender, wenn Freudigkeit der Seele damit verbunden ist, insofern wir selbst Armut, Verbannung und Alter durch Gelassenheit und Sanftmut des Charakters mit Gleichmut und Ruhe ertragen.
Plutarch

Denn es ist besser zu verhungern, aber ohne Sorgen und Angst gelebt zu haben, als im Überfluss, aber in ständiger Aufregung.
Epiktet

Reiche ohne Gerechtigkeit, sind die etwas anderes als große Räuberhöhlen?
Aurelius Augustinus

Wenn der reich ist, der Wein besitzt, wie reich ist derjenige, der den Wein macht!
Aurelius Augustinus

Was nützt ein goldener Schlüssel, wenn er die Tür zur Wahrheit nicht öffnet?
Aurelius Augustinus

Wenn der Reiche den Überfluss behält, bestiehlt er den Armen.
Thomas v. Aquin

Der Wege, sich zu bereichern, sind viele. Sparsamkeit ist einer der besten.
Francis Bacon

Begehren von Reichtum ist Habsucht.
Thomas Hobbes

Der eigentliche Sinn des Reichtums ist, freigebig davon zu spenden.
Blaise Pascal

Ich bewundere nichts weniger als den Reichtum eines Menschen, wohl aber den Gebrauch, den er davon macht.
Blaise Pascal

Der Arme, der gern reich sein möchte, redet unaufhörlich vom Missbrauch des Geldes und den Lastern des Reichen, wodurch er aber nichts anderes erzielt, als dass er sich ärgert und anderen zeigt, wie er nicht bloß über seine eigene Armut, sondern auch über der anderen Reichtum Unmut hegt.
Benedictus de Spinoza

Reichtum ist das Produkt der Arbeit.
John Locke

Armut und Reichtum

Der Arme ist nie frei. In jedem Lande dient er. *Voltaire*

Wer seine Wünsche zähmt, ist immer reich genug. *Voltaire*

Du bist arm, ohne frei zu sein. Dies ist der elendste Zustand, in den ein Mensch geraten kann. *Jean-Jacques Rousseau*

Der Dämon des Besitzes verpestet alles, was er berührt. Ein Reicher will überall den Herrn spielen und befindet sich nirgends wohl, wo er es nicht ist. So ist er genötigt, stets vor sich selber auf der Flucht zu sein. *Jean-Jacques Rousseau*

Armut ertragen, wenn man in Armut geboren und erzogen ist – das können tausend Menschen; aber vom Überfluss zum Mangel übergehen, sich dareinschicken und überdies sein Glück darin finden – das ist es, was ich nicht begreifen kann.
Denis Diderot

Reich ist man nicht durch das, was man besitzt, sondern mehr noch durch das, was man mit Würde zu entbehren weiß; und es könnte sein, dass die Menschheit reicher wird, indem sie ärmer wird, und gewinnt, indem sie verliert. *Immanuel Kant*

Armsein darf nicht zum Erwerbsmittel für faule Menschen gemacht werden. *Immanuel Kant*

Der Reichtum gleicht dem Seewasser; je mehr man davon trinkt, desto durstiger wird man. *Arthur Schopenhauer*

Armut im Alter ist ein großes Unglück. *Arthur Schopenhauer*

Die Kunst, reich zu werden, besteht nicht aus Geschäften, noch weniger aus Sparsamkeit, sondern aus besserer Ordnung, aus Pünktlichkeit, aus der Fähigkeit, am richtigen Ort zu sein.
Ralph Waldo Emerson

In einem Palast denkt man anders als in einer Hütte.
Ludwig Feuerbach

Du sollst nicht reich und auch kein Bettler sein!
Friedrich Nietzsche

Mancher weiß nicht, wie reich er ist, bis er erfährt, was für reiche Menschen an ihm noch zu Dieben werden.
Friedrich Nietzsche

Die meisten reichen Müßiggänger leiden unsäglich unter der Langeweile, die den Preis dafür darstellt, dass sie aller Sorgen um den Lebensunterhalt enthoben sind.   *Friedrich Nietzsche*

Der Mensch darf nicht zu reich sein. Hat er zwischen einer Überzahl von Möglichkeiten die Wahl, so leidet er Schiffbruch und verliert den Sinn für das Notwendige.
José Ortega y Gasset

Nur wer im Wohlstand lebt, schimpft auf ihn.   *Ludwig Marcuse*

Gesundheit, Freundschaft

Gesundheit

Gegen Schmerzen der Seele gibt es nur zwei Arzneimittel: Hoffnung und Geduld.
Pythagoras

Krankheit lässt den Wert der Gesundheit erkennen. *Heraklit*

Da flehen die Menschen die Götter an um Gesundheit und wissen nicht, dass sie die Macht darüber selber haben. Durch ihre Unmäßigkeit arbeiten sie ihr entgegen …
Demokrit

Der eine hat Fieber und ist in Ordnung, der andere hat kein Fieber und ist nicht in Ordnung.
Aristippos

Das ist der große Fehler bei der Behandlung von Krankheiten, dass es Ärzte für den Körper und Ärzte für die Seele gibt, obwohl beides doch nicht getrennt werden kann.
Platon

Nicht dem Vergnügen, sondern der Schmerzlosigkeit geht der Vernünftige nach.
Aristoteles

Jeder Schmerz ist leicht zu verachten. Bringt er intensives Leiden, so ist die Zeit kurz bemessen, hält er sich lange im Fleische auf, dann ist er matt.
Epikur

Nicht der Bauch ist unersättlich, wie die Leute meinen, sondern die falsche Vorstellung von dem unbegrenzten Anfüllen des Bauches.
Epikur

Wer Schmerz erlitten hat, erinnert sich seiner.
Marcus Tullius Cicero

Gesundheit, Freundschaft

Solange einem Kranken Atem innewohnt, gibt es noch Hoffnung. *Marcus Tullius Cicero*

Ruhe lindert Leiden. *Seneca*

Ein Teil der Heilung war (schon immer) geheilt werden zu wollen. *Seneca*

Unsere Krankheiten entsprechen an Zahl den Abwechslungen in unserem Leben. *Seneca*

Manches muss man heilen, ohne dass der Kranke davon weiß. *Seneca*

Trunkenheit ist nichts anderes als freiwillige Tollheit. *Seneca*

Die Krankheiten, unter denen wir leiden, sind nicht unheilbar, und uns, die wir zum Rechten geboren, hilft die Natur selbst, wenn wir die Heilung nur wollen. *Seneca*

Unter allen Leidenschaften der Seele bringt die Traurigkeit am meisten Schaden für den Leib. *Thomas v. Aquin*

Denn diejenigen, die in gesunden Tagen ihren Körper durch Anstrengungen stählen, können in den meisten nicht sehr bösartigen Krankheiten durch bloße Diät und Pflege geheilt werden. *Francis Bacon*

In den Stunden der Mahlzeit, des Schlafes und der körperlichen Bewegung sorglos und heiter gestimmt zu sein ist eine der besten Regeln für langes Leben. *Francis Bacon*

Wer neue Heilmittel scheut, muss alte Übel dulden. *Francis Bacon*

Gesundheit | 189

Wir können nicht gut zwei Freuden zu gleicher Zeit genießen, geschweige denn überhaupt irgendein Vergnügen, während wir mit Schmerz beladen sind. *John Locke*

In der einen Hälfte des Lebens opfern wir unsere Gesundheit, um Geld zu erwerben. In der anderen Hälfte opfern wir Geld, um die Gesundheit wiederzuerlangen. *Voltaire*

Wenn ein Arzt hinter dem Sarg eines Patienten geht, folgt manchmal tatsächlich die Ursache der Wirkung. *Voltaire*

Für die Krankheit der Seele gibt es kein wirksameres Mittel als ernsthafte und angestrengte Beschäftigung des Geistes mit anderen Gegenständen. *Voltaire*

Die Kunst, bei unmäßigem Leben gesund zu bleiben, existiert ebenso wenig wie der Stein der Weisen, die weissagende Astrologie oder die Theologie der Magier. *Voltaire*

Das Geheimnis der Medizin besteht darin, den Patienten abzulenken, während die Natur sich selbst hilft. *Voltaire*

Die Ärzte glauben, ihrem Patienten sehr viel genützt zu haben, wenn sie seiner Krankheit einen Namen geben.
Immanuel Kant

Die bittersten Erfahrungen waren noch immer die wertvollsten. Noch nie hörte ich einen Menschen sagen, er habe sein Krankenlager schlechter verlassen, als er es bestiegen habe.
Johann Gottlieb Fichte

Gesundheit ist gewiss nicht alles, aber ohne Gesundheit ist alles nichts. *Arthur Schopenhauer*

Schlaf: für den Menschen das, was das Aufziehen für die Uhr ist. *Arthur Schopenhauer*

Es gibt Krankheiten, von denen man gehörig und gründlich nur dadurch genest, dass man ihnen ihren natürlichen Verlauf lässt, nach welchem sie von selbst verschwinden, ohne eine Spur zu hinterlassen. *Arthur Schopenhauer*

Die größte aller Torheiten ist, seine Gesundheit aufzuopfern, für was es auch sei, für Erwerb, für Beförderung, für Gelehrsamkeit, für Ruhm, geschweige für Wollust und flüchtige Genüsse: vielmehr soll man ihr nachsetzen. *Arthur Schopenhauer*

… dass die Erhaltung der Gesundheit eine Pflicht ist. Wenige scheinen sich bewusst zu sein, dass es so etwas wie eine physische Sittlichkeit gibt. *Herbert Spencer*

Einen Kranken, der sich gesund hält, kann man nicht heilen.
Henri Frédéric Amiel

Es will mir scheinen, als ob ein Kranker leichtsinniger sei, wenn er einen Arzt hat, als wenn er selber seine Gesundheit besorgt. *Friedrich Nietzsche*

Etwas Gesundheit ab und zu ist das beste Heilmittel des Kranken. *Friedrich Nietzsche*

Es ist Weisheit darin, Lebens-Weisheit, sich die Gesundheit selbst lange Zeit nur in kleinen Dosen zu verordnen.
Friedrich Nietzsche

Die gefährlichsten Ärzte sind die, welche es dem geborenen Arzte als geborene Schauspieler mit vollkommener Kunst der Täuschung nachmachen. *Friedrich Nietzsche*

Still liegen und wenig denken ist das wohlfeilste Arzneimittel für alle Krankheiten der Seele und wird, bei gutem Willen, von Stunde zu Stunde seines Gebrauchs angenehmer.
Friedrich Nietzsche

Durch Alkohol bringt man sich auf Stufen der Kultur zurück, die man überwunden hat. *Friedrich Nietzsche*

Man muss für seinen Arzt geboren sein, sonst geht man an seinem Arzt zugrunde. *Friedrich Nietzsche*

Der Einwand, der Seitensprung, das fröhliche Misstrauen, die Spottlust sind Anzeichen der Gesundheit: alles Unbedingte gehört in die Pathologie. *Friedrich Nietzsche*

Ich meine, dass die Gesundheit uns glücklich macht, aber das Umgekehrte tut auch seine Wirkung. Ich glaube, dass ein glücklicher Mensch weniger leicht erkrankt als ein unglücklicher.
Bertrand Russell

Der Schmerz verschenkt seine Heilkraft dort, wo wir sie nicht vermuten. *Martin Heidegger*

Wenn man sieht, was die heutige Medizin fertigbringt, fragt man sich unwillkürlich: Wie viele Etagen hat der Tod?
Jean-Paul Sartre

Freundschaft

Nimm dir den nicht zum Freunde, der dir nicht ebenbürtig ist. *Konfuzius*

Aufrechte, Ehrliche, Vielerfahrene zu Freunden zu haben bringt Nutzen; Falsche, Kriecherische, Glattzüngige zu Freunden zu haben bringt Schaden. *Konfuzius*

Gesundheit, Freundschaft

Eigenartigerweise kann ein Mann immer sagen, wie viele Schafe er besitzt, aber er kann nicht sagen, wie viele Freunde er hat, so gering ist der Wert, den wir ihnen beimessen. *Sokrates*

Eines einzigen verständigen Mannes Freundschaft ist besser als die aller Unverständigen zusammen. *Demokrit*

Gesinnungsgleichheit bewirkt Freundschaft. *Demokrit*

Viele, die Freunde zu sein scheinen, sind es nicht; und viele, die es nicht zu sein scheinen, sind es. *Demokrit*

Wer nicht einen einzigen braven Menschen zum Freunde hat, verdient nicht zu leben. *Demokrit*

Gewaltsam lässt sich ein Freund weder gewinnen noch halten, dagegen machen ihn Güte und liebesvolles Wesen zugänglich und anhänglich. *Xenophon*

Aber freilich, wie viele bemühen sich der Früchte wegen um ihre Bäume, um den allerertragreichsten Besitz, dagegen, um die Freundschaft bekümmern sich die meisten nur lässig und ohne Lust. *Xenophon*

Unsere Feinde sind uns nützlicher als unsere Freunde. Denn wenn wir einen Fehler begehen, wird ihn der Tadel der Feinde kundtun, wogegen die Freunde alles zum Besten wenden und uns verleiten, Übles zu tun. *Platon*

Denn Freundschaft beruht auf dem Sich-Befreunden mit Tugenden der anderen und duldet kein Sich-Zugutetun auf äußerliche Dinge. *Mengtse*

In der Freundschaft zählen nicht Alter, weder Rang noch Verwandtschaft und Beziehung. Wer einen Freund sucht, sucht den Charakter. *Mengtse*

Freundschaft

Ein Freund aller ist niemandes Freund. *Aristoteles*

Wie jeder zu sich selbst, so verhält er sich auch zu seinem Freunde. *Aristoteles*

Viele Freundschaften hat der Mangel an Gespräch aufgelöst. *Aristoteles*

Freundschaft ist eine Seele in zwei Körpern. *Aristoteles*

Dem jungen Menschen ist die Freundschaft eine Hilfe, damit er keine Fehler begeht, dem Greis verhilft sie zur Pflege und ergänzt, wo er aus Schwäche nicht zu handeln vermag, den Erwachsenen unterstützt sie zu edlen Taten; denn „zwei miteinander" sind tauglicher zu denken und zu handeln. *Aristoteles*

Ein Schmeichler ist ein Freund, der dir unterlegen ist oder vorgibt, es zu sein. *Aristoteles*

Freundschaft ist ein lebenswichtiges Gut; denn ohne Freunde würde sich niemand für das Leben entscheiden. *Aristoteles*

Eine vollkommene Freundschaft gibt es nur zwischen guten und an Rechtschaffenheit sich gleichstehenden Menschen. *Aristoteles*

Gleichheit ist die Seele der Freundschaft. *Aristoteles*

Jede Freundschaft, so sehr sie auch an sich erstrebenswert sein mag, ist zuletzt doch auf den Nutzen gegründet. *Epikur*

Die Freundschaft umtanzt den Erdkreis, uns allen verkündend, dass wir erwachen sollen zur Seligkeit. *Epikur*

Wir brauchen die Freunde nicht, um sie zu brauchen, sondern um die Gewissheit zu haben, dass wir sie brauchen dürfen. *Epikur*

Wir wollen unser Mitgefühl für unsere Freunde zeigen nicht durch Klage, sondern durch Fürsorge. *Epikur*

Die Fähigkeit, Freundschaft zu gewinnen, ist unter allem, was Weisheit zur Glückseligkeit beitragen kann, bei weitem das Bedeutendste. *Epikur*

Ein Freund: mein anderes Ich. *Zenon*

Ein Freund ist gleichsam ein anderes Ich.
Marcus Tullius Cicero

Den sicheren Freund erkennt man in unsicherer Sache.
Marcus Tullius Cicero

Unheilstifter in der Freundschaft ist Geldgier.
Marcus Tullius Cicero

Freundschaft ist besser als Verwandtschaft.
Marcus Tullius Cicero

Ohne Freundschaft gibt es kein Leben. *Marcus Tullius Cicero*

Wahre Freundschaften sind von ewiger Dauer.
Marcus Tullius Cicero

Die älteste Freundschaft muss uns, wie die Weine die Jahre zählen, die lieblichste sein. *Marcus Tullius Cicero*

Dasselbe wollen und dasselbe nicht wollen, das erst ist feste Freundschaft. *Marcus Tullius Cicero*

Anteilnehmende Freundschaft macht das Glück strahlender und erleichtert das Unglück. *Marcus Tullius Cicero*

Freundschaft ist das einzige auf der Welt, über dessen Nutzen sich alle Menschen einig sind. *Marcus Tullius Cicero*

Freundschaft

Man muss viele Scheffel Salz zusammen essen, bis sich die Freundschaft wirklich bewährt hat. *Marcus Tullius Cicero*

Das ist also keine wahre Freundschaft, dass, wenn der eine die Wahrheit nicht hören will, der andere zum Lügen bereit ist.
Marcus Tullius Cicero

Wisset, dass der Freund seiner selbst auch der Freund anderer ist. *Seneca*

Berate dich mit deinem Freund in allem, aber zuvor berate dich über ihn selbst. *Seneca*

Es ist schlimm, erst dann zu merken, dass man keine Freunde hat, wenn man Freunde bräuchte. *Plutarch*

Die meisten sehen nur auf das, was Freundschaften ihnen eintragen können. *Plutarch*

In der wahren Freundschaft schenke ich mich meinem Freunde mehr, als dass ich ihn an mich ziehe. *Michel de Montaigne*

Aus der Verbindung einer Menschenseele mit ihrem Freunde erwachsen zwei gegensätzliche Folgen: Sie verdoppelt die Freuden und verringert die Sorgen um die Hälfte. *Francis Bacon*

Keine Arznei erschließt das Herz so sehr wie ein treuer Freund, dem man seine Leiden und Freuden, Ängste und Hoffnungen, seine Sorgen und Geheimnisse und alles, was sonst noch das Herz bedrückt … bekennen kann. *Francis Bacon*

Freundschaft macht im Herzen wieder Schönwetter nach Stürmen und Ungewittern und bringt Tageshelle in den Verstand und Verworrenheit der Gedanken. *Francis Bacon*

Denn es gibt gar keinen größeren Schmeichler als das eigene Ich und kein besseres Mittel gegen Selbstbeweihräucherung als die Offenheit eines Freundes. *Francis Bacon*

Ich behaupte, dass, wenn alle Menschen wüssten, was sie voneinander sagen, es nicht vier Freunde auf der Welt gäbe. *Blaise*

Freundschaft ist die Hochzeit der Seele. *Voltaire*

Das erste Gesetz der Freundschaft lautet, dass sie gepflegt werden muss. Das zweite lautet: Sei nachsichtig, wenn das erste verletzt wurde. *Voltaire*

Wechsle deine Vergnügen, aber nie deine Freunde. *Voltaire*

Ein guter Freund ist mehr wert als aller Ruhm dieser Welt.
Voltaire

Ein alter Freund ist der beste Spiegel. *Voltaire*

Über die Fehler meines Freundes rede ich nur mit ihm selbst.
Denis Diderot

Was ist denn ein Freund? Ein Wahlverwandter.
Claude Adrien Helvétius

Es gibt aber auch Menschen, denen die Freundschaft gleichgültig ist, und das sind diejenigen, die sich selbst genügen.
Claude Adrien Helvétius

Die Freundschaft setzt ein Bedürfnis voraus. Je lebhafter dieses Bedürfnis ist, desto stärker ist die Freundschaft.
Claude Adrien Helvétius

Ungeheuchelte Hochachtung ist die Basis wahrer Freundschaft, und ungeheuchelte Hochachtung kann ohne ungeheuchelten Tadel, da, wo Tadel Platz findet, nicht bestehen.

Friedrich Heinrich Jacobi

Ich vertrage mich leicht mit jedem, der sich mit sich selbst verträgt. *Friedrich Heinrich Jacobi*

Die Liebe geht darauf aus, aus zweien eins zu machen, die Freundschaft darauf, aus jedem zwei zu machen.

Friedrich Ernst Schleiermacher

Das Bewusstsein der notwendigen Grenzen ist das Unentbehrlichste und das Seltenste in der Freundschaft. *Friedrich Schlegel*

Freundschaft ist partiale Ehe und Liebe ist Freundschaft von allen Seiten und nach allen Richtungen, universelle Freundschaft. *Friedrich Schlegel*

Die Freunde nennen sich aufrichtig: die Feinde sind es.

Arthur Schopenhauer

Entfernung und lange Abwesenheit tun jeder Freundschaft Eintrag, so ungern man es gesteht. *Arthur Schopenhauer*

Das ist eine rechte Herzensstärkung im Alter, wo die Freunde unsrer Jugendzeit fast alle weggestorben sind, dass wir neue und junge Freunde finden, welche an Teilnahme und Eifer die ehemaligen übertreffen. *Arthur Schopenhauer*

Man wird in der Regel keinen Freund dadurch verlieren, dass man ihm ein Darlehen abschlägt, aber sehr leicht dadurch, dass man es ihm gibt. *Arthur Schopenhauer*

Freunde in der Not wären selten? Im Gegenteil! Kaum hat man mit einem Freundschaft gemacht, so ist er auch schon in der Not und will Geld geliehen haben. *Arthur Schopenhauer*

Es gibt nur eine Möglichkeit, einen Freund zu haben: man muss selbst einer sein. *Ralph Waldo Emerson*

Ein Freund ist einer, vor dem ich laut denken darf.
Ralph Waldo Emerson

Ich möchte Freundschaften nicht wie Mimosen behandeln, sondern mit der striktesten Courage. Wenn sie etwas taugen, sind sie weder zerbrechliches Glas noch Eisblumen, sondern das Solideste, was sich denken lässt. *Ralph Waldo Emerson*

Das Schönste an einer Freundschaft ist nicht die ausgestreckte Hand, das freundliche Lächeln oder der menschliche Kontakt, sondern das erhebende Gefühl, jemanden zu haben, der an einen glaubt und einem sein Vertrauen schenkt.
Ralph Waldo Emerson

Nur der ist hoher Freundschaft fähig, der auch ohne sie fertig zu werden vermag. *Ralph Waldo Emerson*

Freundschaft ist – wie die Unsterblichkeit der Seele – etwas zu Herrliches, um an sie glauben zu können.
Ralph Waldo Emerson

Will man einen Freund haben, so muss man auch für ihn Krieg führen wollen! Und um Krieg zu führen, muss man Feind sein können. *Friedrich Nietzsche*

Lieber aus ganzem Holz eine Feindschaft, als eine geleimte Freundschaft. *Friedrich Nietzsche*

Frauen können recht gut mit einem Manne Freundschaft schließen; aber um diese aufrechtzuerhalten – dazu muss wohl eine kleine physische Antipathie mithelfen. *Friedrich Nietzsche*

Mitfreude, nicht mitleiden, macht den Freund.

Friedrich Nietzsche

Nicht durch Feindschaft kommt Feindschaft zu Ende, durch Freundschaft kommt Feindschaft zu Ende. *Friedrich Nietzsche*

Bist du ein Sklave, so kannst du nicht Freund sein; bist du ein Tyrann, so kannst du nicht Freunde haben. *Friedrich Nietzsche*

Der eine geht zum Nächsten, weil er sich sucht, und der andre, weil er sich verlieren möchte. *Friedrich Nietzsche*

Der Sinn in den Gebräuchen der Gastfreundschaft ist: das Feindliche im Fremden zu lähmen. *Friedrich Nietzsche*

Mangel an Vertraulichkeit unter Freunden ist ein Fehler, der nicht gerügt werden kann, ohne unheilbar zu werden.

Friedrich Nietzsche

Man darf über seine Freunde nicht reden: sonst verredet man sich das Gefühl der Freundschaft. *Friedrich Nietzsche*

Wer wahrhaft liebt, weiß aus der Tiefe seiner Identität mit dem anderen. Vom Wurzelgrunde des anderen Seins aus weiß er, woran es dem Freunde ermangelt. Das erst heißt Liebe.

Martin Buber

Das echte Gespräch bedeutet: Aus dem Ich heraustreten und an die Türe des Du klopfen. *Albert Camus*

Geistesleben

Bildung, Gelehrsamkeit

Wir sind einander nah durch die Natur, aber sehr entfernt durch die Bildung. *Konfuzius*

Ich bin nie müde geworden, zu lernen, um andere zu lehren, was ich gelernt habe. *Konfuzius*

Wenn ich auch nur mit drei Leuten zusammen bin, kann ich immer sicher sein, von ihnen etwas zu lernen. *Konfuzius*

Die höchste Stufe menschlicher Bildung ist die vollkommene Ausgeglichenheit der Seele und der maßvolle Lebenswandel.
Konfuzius

Bildung ist jenseits aller Standesunterschiede. *Konfuzius*

Für die Gebildeten ist Bildung ihre zweite Sonne. *Heraklit*

Die Bildung ist für die Glücklichen eine Zierde, für die Unglücklichen eine Zuflucht. *Demokrit*

Dreierlei ist für die Bildung nötig: Begabung, Fleiß und Zeit.
Platon

Wer sich ausschließlich körperlich bildet, wird allzu roh, wer sich auf musische Bildung beschränkt, wird weichlicher, als ihm gut ist. *Platon*

Die Ungebildeten wandeln unter den Gebildeten wie die Toten unter den Lebenden. *Aristoteles*

Bildung, Gelehrsamkeit

Mit einem Fachmann kann man nicht über das Leben reden, er ist gebunden durch seine Lehre. *Chuangtse*

Wer glaubt, durch Verstandesbildung einen Ausgleich für die Herzensbildung schaffen zu können, ist ein Tor. *Laotse*

Wer dem Lernen ergeben, gewinnt täglich. *Laotse*

Der Weise ist nicht gelehrt, der Gelehrte nicht weise. *Laotse*

Alles, was gelehrt werden kann, ist nicht der Mühe wert, gelernt zu werden. *Laotse*

Die Sitte ist nur Schein des Sittlichen und Zeichen vom Zerfall; Die Bildung jedoch, obwohl auch Bild der Bahn, ist Mittel zum Zerfall. *Laotse*

Ich finde, ein leidlich gebildeter Mensch kann über jedes Thema witziger schreiben als über den Witz.

Marcus Tullius Cicero

Die Menge ist fürs Lernen lästig, nicht fördernd; viel nützlicher ist es, mit wenigen Schriftstellern sich recht beschäftigen, als viele durchzublättern. *Seneca*

Lesen macht vielseitig, verhandeln geistesgegenwärtig, schreiben genau. *Francis Bacon*

Die Schlauen verachten Gelehrsamkeit, Einfältige bewundern sie und die Klugen nützen sie. *Francis Bacon*

Studieren vervollkommnet den Charakter und wird selber durch Erfahrung vervollkommnet. *Francis Bacon*

Zu viel Zeit mit Studieren verbringen, ist Faulheit; es nur als Schmuck zu verwenden – Affektiertheit; nur danach zu urteilen – Gelehrtenwahn. *Francis Bacon*

Jeder Mensch erhält seine Bildung von seinem Zeitalter; nur sehr wenige können sich über die Sitten ihrer Zeit erheben.
Voltaire

Die nützlichsten Bücher sind diejenigen, welche den Leser zu ihrer Ergänzung auffordern. *Voltaire*

Schöngeistigkeit allein setzt weniger Bildung, weniger Studium voraus und bedarf keiner Philosophie, sondern vor allem einer glänzenden Phantasie und Anmut im Gespräch … *Voltaire*

Die Lektüre unserer besten Dichter ist mehr wert als aller Unterricht. *Voltaire*

Jeder Mensch, der sich auf das Studium interessanter Gegenstände konzentriert, lebt mitten in der Welt für sich allein.
Claude Adrien Helvétius

Was bringt denn der Schulgelehrte zu Markte? Menschen, die auf eine gelehrte Art ungereimt und auf eine hochmütige Art dumm sind. *Claude Adrien Helvétius*

Bildung geschieht durch Selbsttätigkeit und zweckt auf Selbsttätigkeit ab. *Johann Gottlieb Fichte*

Alle Bildung reduziert sich auf den Unterschied von Kategorien.
Georg Wilhelm Friedrich Hegel

Jeder ungebildete Mensch ist die Karikatur von sich selbst.
Friedrich Schlegel

Nur durch die Bildung wird der Mensch, der er ganz ist, überall menschlich und von Menschheit durchdrungen.
Friedrich Schlegel

Witzige Einfälle sind die Sprichwörter der gebildeten Menschen. *Friedrich Schlegel*

Langsam wird man durch schöne Lehren belehrt, schnell und wirksam durch drastische Beispiele. *Friedrich Schlegel*

Viel zu viel Wert auf die Meinung anderer zu legen, ist ein allgemein herrschender Irrwahn. *Arthur Schopenhauer*

Es wäre gut, Bücher zu kaufen, wenn man die Zeit, sie zu lesen, mitkaufen könnte. *Arthur Schopenhauer*

Lesen heißt, mit einem fremden Kopf statt dem eigenen zu denken. *Arthur Schopenhauer*

Um das Gute zu lesen, ist eine Bedingung, dass man das Schlechte nicht lese: denn das Leben ist kurz, Zeit und Kräfte beschränkt. *Arthur Schopenhauer*

Dass Bücher nicht die Erfahrung und Gelehrsamkeit nicht das Genie ersetzt, sind zwei verwandte Phänomene: ihr gemeinsamer Grund ist, dass das Abstrakte nie das Anschauliche ersetzen kann. *Arthur Schopenhauer*

Vermöge seiner Bildung sagt der Mensch nicht, was er denkt, sondern was andere gedacht haben und was er gelernt hat.
Arthur Schopenhauer

Es ist ein Beweis hoher Bildung, die größten Dinge auf die einfachste Art zu sagen. *Ralph Waldo Emerson*

Einer der Vorteile der Hochschulbildung ist, dem Schüler zu zeigen, dass sie wenig taugt. *Ralph Waldo Emerson*

Bücher: Brillen, durch welche die Welt betrachtet wird.
Ludwig Feuerbach

Je mehr sich unsere Bekanntschaft mit guten Büchern vergrößert, desto geringer wird der Kreis von Menschen, an deren Umgang wir Geschmack finden. *Ludwig Feuerbach*

Niemand urteilt schärfer als der Ungebildete. Er kennt weder Gründe noch Gegengründe und glaubt sich immer im Recht.
Ludwig Feuerbach

Bildung jeder Art hat doppelten Wert, einmal als Wissen, dann als Charaktererziehung. *Herbert Spencer*

Das große Ziel der Bildung ist nicht Wissen, sondern Handeln.
Herbert Spencer

Zu wissen, wie man anregt, ist die Kunst des Lehrens.
Henri Frédéric Amiel

Die Bildung wird täglich geringer, weil die Hast größer wird.
Friedrich Nietzsche

Bildung ist das Leben großer Geister mit dem Zwecke großer Ziele. *Friedrich Nietzsche*

Bildung ist nicht durch reine Erkenntnis, sondern durch Macht des Persönlichen übertragbar. *Friedrich Nietzsche*

Ein Buch, das man liebt, darf man nicht leihen, sondern muss es besitzen. *Friedrich Nietzsche*

Gebildet sein heißt nun: sich nicht merken lassen, wie elend und schlecht man ist, wie raubtierhaft im Streben, wie eigensüchtig und wie schamlos im Genießen. *Friedrich Nietzsche*

Nicht fort sollt ihr euch entwickeln sondern hinauf.
Friedrich Nietzsche

Hier aber beginnt gerade die Bildung, dass man versteht, das Lebendige als lebendig zu behandeln. *Friedrich Nietzsche*

Gebildet ist, wer weiß, wo er findet, was er nicht weiß.
Georg Simmel

Die Schulbildung sollte nicht nach einer passiven Kenntnisnahme toter Ereignisse streben, sondern nach einer Aktivität, gerichtet auf die Welt, die unsre Bemühungen schaffen sollen.
Bertrand Russell

Bildung kann die Zucht verfeinern, aber nicht ersetzen.
Oswald Spengler

Die direkte Folge des einseitigen Spezialistentums ist es, dass heute, obwohl es mehr „Gelehrte" gibt als je, die Anzahl der „Gebildeten" viel kleiner ist als zum Beispiel 1750.
José Ortega y Gasset

Halbbildung ist immerhin noch besser als Anderthalbbildung.
Ludwig Marcuse

Wissenschaft

Gelehrte müssen eine feste und hohe Seele haben, denn ihre Last ist schwer und ihre Straße lang. Ihre Last ist die Humanität.
Konfuzius

Es gibt nur ein einziges Gut für den Menschen: die Wissenschaft, und nur ein einziges Übel: die Unwissenheit. *Sokrates*

Der Beginn aller Wissenschaften ist das Erstaunen, dass die Dinge sind, wie sie sind. *Aristoteles*

Bei einer wissenschaftlichen Diskussion hat der Unterliegende mehr Nutzen, sofern er etwas dazulernt. *Epikur*

Ist eine Lehre zur Satzung erstarrt, hat sie geendet. *Laotse*

Die Wissenschaft nährt die Jugend und ergötzt das Alter.
Marcus Tullius Cicero

Oft nämlich wird von vielen dasselbe gesagt, seitdem sie alles mit Büchern vollgestopft haben. *Marcus Tullius Cicero*

Während die Menschen lehren, lernen sie. *Seneca*

Ich nenne die Verantwortungslosigkeit der Intellektuellen eine Pest – weit gefährlicher noch als die Verpestung der Luft, die wir atmen. *Mark Aurel*

Ich suche nach keiner anderen Wissenschaft als der, welche von der Kenntnis meiner selbst handelt, welche mich lehrt, gut zu leben und gut zu sterben. *Michel de Montaigne*

Wir sollten fragen, welcher der nützlichere, nicht wer der gelehrtere Gelehrte wäre. *Michel de Montaigne*

Es gibt mehr Bücher über Bücher als über irgendeinen anderen Gegenstand. *Michel de Montaigne*

Es ist leicht, Vorschriften über die Theorie des Beweises aufzustellen, aber der Beweis selbst ist schwer zu führen.
Giordano Bruno

Bücher sollen den Wissenschaften folgen, nicht die Wissenschaft den Büchern. *Francis Bacon*

Die Wissenschaft ist nichts als das Abbild der Wahrheit.
Francis Bacon

Das Fehlen von Wissenschaft, das heißt Unkenntnis von Ursachen, macht dazu geneigt, oder besser, zwingt dazu, sich auf den Rat und die Autorität anderer zu verlassen.

Thomas Hobbes

Wissenschaft

Wer ernsthaft die Wahrheit der Dinge ergründen will, darf sich keiner einzelnen Wissenschaft verschreiben; denn alle Teile der Wissenschaft stehen im Verbund wechselseitiger Abhängigkeit.
René Descartes

Die Wissenschaft von den äußeren Dingen wird mich in der Zeit der Betrübnis über die Unwissenheit in der Moral nicht hinwegtrösten; aber die Wissenschaft von den Sitten wird mich stets über die Unwissenheit in den äußeren Wissenschaften hinwegtrösten.
Blaise Pascal

Je weniger Dogma, desto weniger Streit; je weniger Streit, desto weniger Unglück.
Voltaire

Die Wissenschaften sind das Meisterwerk des Genies und der Vernunft.
Jean-Jacques Rousseau

Jedes Dogma ist ein Keim für Zwietracht und Verbrechen unter den Menschen.
Claude Adrien Helvétius

Der Wert der Wissenschaft ist zu messen an der Schärfe, mit der sie sich selbst ihre Grenzen setzt.
Immanuel Kant

Wissenschaft hat einen inneren Wert nur als Organ der Weisheit.
Immanuel Kant

Es gibt nichts Praktischeres als eine gute Theorie.
Immanuel Kant

So viel ist gewiss: wer einmal Kritik gekostet hat, den ekelt auf immer alles dogmatische Gewäsche.
Immanuel Kant

Eine jede Lehre, wenn sie ein System, das ist ein nach Prinzipien geordnetes Ganzes der Erkenntnis, sein soll, heißt Wissenschaft.
Immanuel Kant

Der Akademikergeist neigt immer dazu, an einmal aufgenommenen Meinungen festzuhalten und sich dabei als Hüter der Wahrheit vorzukommen.
Claude Henri de Saint-Simon

Die Geschichte beweist, dass wissenschaftliche Revolutionen politischen Revolutionen immer unmittelbar gefolgt sind.
Claude Henri de Saint-Simon

Wahre Wissenschaft ist vollendete Anschauung.
Friedrich Ernst Schleiermacher

Einen großartigen Beweis für die erbärmliche Subjektivität des Menschen … liefert die Astrologie, die den Gang der großen Weltkörper auf das armselige Ich bezieht … und in Verbindung bringt mit den irdischen Händeln und Lumpereien.
Arthur Schopenhauer

So sehr viel leichter ist Widerlegen als Beweisen, Umwerfen als Aufstellen. *Arthur Schopenhauer*

Eine gefasste Hypothese gibt uns Luchsaugen für alles sie Bestätigende und macht uns blind für alles ihr Widersprechende.
Arthur Schopenhauer

Durch viele Zitate vermehrt man seinen Anspruch auf Gelehrsamkeit, vermindert den auf Originalität, und was ist Gelehrsamkeit gegen Originalität? Man soll Zitate also nur gebrauchen, wo man fremder Autorität wirklich bedarf.
Arthur Schopenhauer

Die Gelehrten und Denker von Beruf haben keineswegs das Monopol auf die Weisheit. Die Heftigkeit, mit der sie eine bestimmte Richtung verfolgen, hindert sie in einem gewissen Grad, völlig richtig zu urteilen. *Ralph Waldo Emerson*

Das Dogma ist nichts anderes als ein ausdrückliches Verbot zudenken.
Ludwig Feuerbach

Eine Lehre ist solange nur eine Hypothese, solange nicht ihre natürliche Basis gefunden ist.
Ludwig Feuerbach

Alle Wissenschaften müssen sich auf die Natur gründen.
Ludwig Feuerbach

Der Denker ohne Paradox ist wie der Liebende ohne Leidenschaft: ein mittelmäßiger Patron.
Sören Kierkegaard

Es gibt keine Landstraße für die Wissenschaft, und nur diejenigen haben Aussicht, ihre lichten Höhen zu erreichen, die die Mühe nicht scheuen, ihre steilen Pfade zu erklimmen.
Karl Marx

Theorien müssen – ebenso wie Lebewesen – geeignete Vorbedingungen finden, um zu wachsen und zu gedeihen.
Herbert Spencer

Wissenschaftliche Wahrheiten entstehen nur durch das Ausschalten störender und widerstreitender Faktoren und das Erkennen grundlegender Faktoren.
Herbert Spencer

Der Hochmut der Unwissenheit übersteigt den Hochmut der Wissenschaft weit.
Herbert Spencer

Zu wissen, wie man anregt, ist die Kunst des Lehrens.
Henri Frédéric Amiel

Das Wiederfinden dessen, was der Mensch in die Dinge gesteckt hat, heißt sich Wissenschaft.
Friedrich Nietzsche

Die Wissenschaft nötigt uns, den Glauben an einfache Kausalitäten aufzugeben.
Friedrich Nietzsche

Behaupten ist sicherer als beweisen. *Friedrich Nietzsche*

Mancher wird nur deshalb kein Denker, weil sein Gedächtnis zu gut ist. *Friedrich Nietzsche*

Von der Kunst aus kann man dann leichter in eine wirklich befreiende Wissenschaft übergehen. *Friedrich Nietzsche*

Ein Buch voller Geist teilt auch an seine Gegner davon mit. *Friedrich Nietzsche*

Unseren Gelehrten fällt sogar, wunderlicherweise, die allernächste Frage nicht ein: wozu ihre Arbeit, ihre Hast, ihr schmerzlicher Taumel nütze sei. *Friedrich Nietzsche*

Wer eine neue wissenschaftliche Wahrheit entdeckt, musste vorher fast alles, was er gelernt hatte, zerstören. *José Ortega y Gasset*

Die Wissenschaft braucht Zusammenarbeit, in der sich das Wissen des einen durch die Entdeckungen des andern bereichert. *José Ortega y Gasset*

Wenn die Wissenschaft fortschreiten soll, müssen sich ihre Vertreter spezialisieren. Die Wissenschaftler, nicht die Wissenschaft. Wissenschaft ist nicht speziell. Sie hörte sonst ipse facto auf, wahr zu sein. *José Ortega y Gasset*

Jeder Zweifel ist die Forderung nach einer Methode. *José Ortega y Gasset*

Wissenschaftlichkeit: das heißt zu wissen, was man weiß und was man nicht weiß. Unwissenschaftlich ist alles totale Wissen, als ob man im Ganzen Bescheid wüsste. *Karl Jaspers*

Forscher sind Glieder in der Kette derer, die die Möglichkeiten bringen, die der Mensch zum Heil oder Unheil ergreifen kann. *Karl Jaspers*

Die Wissenschaft denkt nicht. *Martin Heidegger*

Wissenschaft steht im Dienste eines Ideals oder im Dienste einer herrschenden Gruppe. *Ludwig Marcuse*

Wissenschaft ist die jüngste Weltreligion, die wirklich die gesamte Welt umfasst. *Ludwig Marcuse*

Wissenschaft ist ein vielseitiges Werkzeug. Sie kann auf jedem harmlosen, freundlichen oder bösen Aberglauben das scharfsinnigste Begriffsgebäude errichten. *Ludwig Marcuse*

Der Elfenbeinturm ist heute überfüllt mit Aktivisten. Sie sitzen dort aktiv. *Ludwig Marcuse*

Die meisten Definitionen sind Konfessionen. *Ludwig Marcuse*

Intellektuelle sind seltener wohlwollend gegeneinander als Einheimische gegen Gastarbeiter. *Ludwig Marcuse*

Wenn die Tatsachen mit der Theorie nicht übereinstimmen – umso schlimmer für die Tatsachen. *Herbert Marcuse*

Unsere Theorien sind unsere Erfindungen. Sie sind nie mehr als kühne Vermutungen, Hypothesen; von uns gemachte Netze, mit denen wir die wirkliche Welt einzufangen versuchen.
Karl Raimund Popper

Astrologie ist Aberglaube aus zweiter Hand.
Theodor W. Adorno

Astrologie fängt jene ein, die, von der Fassade unbefriedigt, nach dem Wesen tasten, ohne noch kritisch sich anstrengen zu wollen oder zu können. *Theodor W. Adorno*

Ihr Reich (das der Astrologie) ist die Beziehung des Beziehungslosen als Mysterium. *Theodor W. Adorno*

Wenn jemand einmal eine Theorie akzeptiert hat, führt er erbitterte Nachhutgefechte gegen die Tatsachen.
Jean-Paul Sartre

Die großen Fortschritte in der Wissenschaft beruhen oft, vielleicht stets, darauf, dass man eine zuvor nicht gestellte Frage doch, und zwar mit Erfolg, stellt. *Carl Friedrich v. Weizsäcker*

Die wichtigste Motivation der Menschen, die in die Wissenschaft gehen, war ursprünglich und ist wohl auch heute die Suche nach der Wahrheit. *Carl Friedrich v. Weizsäcker*

Nichts macht weniger Eroberungen als die Vernunft. Mit wissenschaftlicher Bedachtsamkeit macht man keine Geschichte.
Albert Camus

Künste (Kunst, Musik, Literatur etc.)

Die Musik zielt darauf hin, das Herz mit edlen Gefühlen zu erfüllen. *Konfuzius*

Die Dichtkunst scheint dem Verstand aller derer gefährlich zu sein, die nicht im Besitze des Gegenmittels sind, nämlich der Erkenntnis der wirklichen Welt. *Platon*

Künste (Kunst, Musik, Literatur etc.)

Alle gute Literatur hat einen Anfang, einen Mittelteil und einen Schluss. *Aristoteles*

Die Rede ist die Kunst, Glauben zu erwecken. *Aristoteles*

Von der Musik wird alles erfasst, was Leben hat, da sie die Seele des Himmels ist. *Marcus Tullius Cicero*

Jede Kunst ist eine Nachahmung der Natur. *Seneca*

Kürze die lange Rede, damit sie nicht verdächtig wirke! *Seneca*

Die Dichtkunst ist eine redende Malerei, die Malerei aber eine stumme Dichtkunst. *Plutarch*

Die Musik ist von Natur an dergestalt mit uns verbunden, dass wir sie, auch wenn wir wollten, nicht entbehren können.
Boethius

Wir haben mehr Dichter als Kenner. Es ist leichter, zu dichten, als zu verstehen. *Michel de Montaigne*

Man kann sich überall dumm anstellen, nur nicht in der Poesie. *Michel de Montaigne*

Kunst heißt festhalten, ich halte sie für Berichterstattung.
Francis Bacon

Der beste Teil der Schönheit ist der, den ein Bild nicht wiedergeben kann. *Francis Bacon*

Die besten Bücher sind die, von denen jedermann meint, er habe sie selbst auch schreiben können. *Blaise Pascal*

Das letzte, was man findet, wenn man ein Werk schreibt, ist, dass man weiß, womit man beginnen soll. *Blaise Pascal*

Beredsamkeit ist die Kunst, so von den Dingen zu sprechen, dass jedermann gern zuhört. *Blaise Pascal*

Wie eitel ist doch die Malerei, welche zur Bewunderung reizt, indem sie Abbilder von dem schafft, was man nicht einmal im Original bewundert! *Blaise Pascal*

Alle Kunstgattungen sind gut, mit Ausnahme der langweiligen.
Voltaire

Jede Art zu schreiben ist erlaubt – nur eine langweilige nicht
Voltaire

Die guten Autoren haben nur so viel Esprit, wie nötig ist, haschen nie danach, denken vernünftig und drücken sich klar aus. *Voltaire*

Die Literatur gibt der Seele Nahrung, sie bessert und tröstet sie. *Voltaire*

Der Nachahmungstrieb brachte die Künste hervor, und die Erfahrung vervollkommnete sie. *Jean-Jacques Rousseau*

Jeder Künstler will, dass man ihm Beifall spende. Die Lobreden seiner Zeitgenossen sind der köstlichste Teil seines Lohns.
Jean-Jacques Rousseau

Der Zynismus, so verabscheuungswürdig, so unangebracht er auch in der Gesellschaft sein mag, ist für die Bühne hervorragend geeignet. *Denis Diderot*

Auf welchem Gebiet es auch sei: ein ausgezeichnetes Buch setzt eine Menge schlechter voraus. *Claude Adrien Helvétius*

Das gute Buch ist fast überall das verbotene Buch.
Claude Adrien Helvétius

Durch das Genie gibt die Natur der Kunst die Regel.
Immanuel Kant

Dichtkunst: ein Spiel der Sinnlichkeit, durch den Verstand geordnet. *Immanuel Kant*

Beredsamkeit: die Kunst, ein Geschäft des Verstandes als ein freies Spiel der Einbildungskraft zu betreiben. *Immanuel Kant*

Prosa ist das geschrieben, wo alle Zeilen bis zum Rand laufen; Poesie ist, wo einige Zeilen noch vor dem Rand aufhören.
Jeremy Bentham

Das Werk des Schriftstellers aber ist in sich selber ein Werk für die Ewigkeit. *Johann Gottlieb Fichte*

Ich kann mir bei der Musik nichts denken.
Georg Wilhelm Friedrich Hegel

Kunst ist das Vermögen der Form. *Friedrich Schlegel*

Die Kunst ist die Natur der Natur. *Friedrich Schlegel*

Vielleicht Kunst = Wissenschaft + Bildung. *Friedrich Schlegel*

Die Kunst ist nur eine Episode, die Liebe ist mehr.
Friedrich Schlegel

Der Künstler, der nicht sein ganzes Selbst preisgibt, ist ein unnützer Knecht. *Friedrich Schlegel*

Nur derjenige kann ein Künstler sein, welcher eine eigene Religion, eine originelle Ansicht des Unendlichen hat.
Friedrich Schlegel

Das Druckenlassen (eines Buches) verhält sich zum Denken wie eine Wochenstube zum ersten Kuss. *Friedrich Schlegel*

Schriftstellerei: je nachdem man sie treibt, eine Infamie, eine Ausschweifung, eine Tagelöhnerei, ein Handwerk, eine Kunst oder eine Tugend. *Friedrich Schlegel*

Wie viele Autoren gibt es wohl unter den Schriftstellern? Autor heißt Urheber. *Friedrich Schlegel*

In manchem Gedicht erhält man stellenweise statt der Darstellung nur eine Überschrift, welche anzeigt, dass hier eigentlich dies oder das dargestellt sein sollte … *Friedrich Schlegel*

Ein Kritiker ist ein Leser, der widerkäut. *Friedrich Schlegel*

Die Kunst ist symbolisch. *Friedrich Wilhelm Joseph Schelling*

In der dramatischen Poesie gründet sich die Tragödie auf das öffentliche Recht, auf die Tugend, die Religion, den Heroismus, mit einem Wort: auf das Heilige der Nation.
Friedrich Wilhelm Joseph Schelling

Architektur ist erstarrte Musik.
Friedrich Wilhelm Joseph Schelling

Kunst ist eine Antizipation der Natur, weil wir sie ja selbst sind. *Arthur Schopenhauer*

Ein willkürliches Spielen mit den Mitteln der Kunst, ohne eigentliche Kenntnis des Zweckes, ist, in jeder, der Grundcharakter der Pfuscherei. *Arthur Schopenhauer*

Der gute Wille ist in der Moral alles; aber in der Kunst ist er nichts: da gilt, wie schon das Wort andeutet, allein das Können.
Arthur Schopenhauer

Die Mutter der nützlichen Künste ist die Not; die der schönen der Überfluss. *Arthur Schopenhauer*

Künste (Kunst, Musik, Literatur etc.)

Musik: die einzige Kunst, durch die man sein Ego verlieren kann.
Arthur Schopenhauer

Die Musik überhaupt ist die Melodie, zu der die Welt der Text ist.
Arthur Schopenhauer

Die Musik ist viel mächtiger als das Wort. Musik und Worte sind die Vermählung eines Prinzen mit einem Bettlermädchen.
Arthur Schopenhauer

Das unaussprechlich Innige aller Musik … beruht darauf, dass sie alle Regungen unseres innersten Wesens wiedergibt, aber ganz ohne die Wirklichkeit und fern von ihrer Qual.
Arthur Schopenhauer

Eben dadurch schmeichelt die Musik sich so in unser Herz, dass sie ihm stets die vollkommene Befriedigung seiner Wünsche vorspiegelt.
Arthur Schopenhauer

Ist doch überhaupt der Dichter der allgemeine Mensch: alles, was irgendeines Menschen Herz bewegt hat und was die menschliche Natur, in irgendeiner Lage, aus sich hervortreibt, was irgendwo in der Menschenbrust wohnt und brütet – es ist sein Thema und sein Stoff.
Arthur Schopenhauer

Könnten wir in die geheime Werkstätte der Poeten sehen; so würden wir zehnmal öfter finden, dass der Gedanke zum Reim als dass der Reim zum Gedanken gesucht wird …
Arthur Schopenhauer

Zunächst ist die Wirksamkeit eines Schriftstellers dadurch bedingt, dass er den Ruf erlangt, man müsse ihn lesen.
Arthur Schopenhauer

Neun Zehntel unserer ganzen jetzigen Literatur haben keinen anderen Zweck, als dem Publiko einige Taler aus der Tasche zu spielen: dazu haben sich Autor, Verleger und Rezensent fest verschworen. *Arthur Schopenhauer*

Das Publikum ist so einfältig, lieber das Neue als das Gute zu lesen. *Arthur Schopenhauer*

Je mehr Gedankenstriche in einem Buch, desto weniger Gedanken. *Arthur Schopenhauer*

Kunst ist die Natur aus der Retorte Mensch. *Ralph Waldo Emerson*

Neue Künste vernichten die alten. *Ralph Waldo Emerson*

Beredsamkeit ist die Fähigkeit, Wahrheit in eine Sprache übersetzen zu können, die dem völlig verständlich ist, der dir zuhört. *Ralph Waldo Emerson*

Die Kunst ist nur Kunst, wo sie sich Selbstzweck, wo sie absolut frei, sich selbst überlassen ist, wo sie keine höheren Gesetze kennt als ihre eigenen, die Gesetze der Wahrheit und Schönheit. *Ludwig Feuerbach*

Die echten Schriftsteller sind die Gewissensbisse der Menschheit. *Ludwig Feuerbach*

Es geht den Büchern wie den Jungfrauen. Gerade die besten bleiben oft am längsten sitzen. *Ludwig Feuerbach*

Kunst: nicht ein Spiegel, den man der Wirklichkeit vorhält, sondern ein Hammer, mit dem man sie gestaltet. *Karl Marx*

Das absolute Wissen führt zum Pessimismus: die Kunst ist das Heilmittel dagegen. *Friedrich Nietzsche*

Künste (Kunst, Musik, Literatur etc.)

Die Kunst ist mehr wert als die Wahrheit. *Friedrich Nietzsche*

Wir haben die Kunst, damit wir nicht an der Wahrheit zugrunde gehen. *Friedrich Nietzsche*

Die Gegenbewegung: die Kunst. *Friedrich Nietzsche*

Kunst ist wesentlich Bejahung, Segnung, Vergöttlichung des Daseins. *Friedrich Nietzsche*

Die Kunst ist ein sicheres Positivum gegenüber dem erstrebenswerten Nirwana. *Friedrich Nietzsche*

Wenn die Kunst sich in den abgetragensten Stoff kleidet, erkennt man sie am besten als Kunst. *Friedrich Nietzsche*

Es kommt mir alles wie tot vor, wo ich nicht Musik höre.
Friedrich Nietzsche

Was ich eigentlich von der Musik will. Dass sie heiter und tief ist wie ein Nachmittag im Oktober, ausgelassen, zärtlich, ein kleines süßes Weib von Niedertracht und Anmut ist.
Friedrich Nietzsche

Die guten Musiker sind alle Einsiedler und außer der Zeit.
Friedrich Nietzsche

Ohne Musik wäre das Leben ein Irrtum. *Friedrich Nietzsche*

Dichter: Seher, die uns etwas von dem Möglichen erzählen.
Friedrich Nietzsche

Der Aphorismus, die Sentenz, sind die Formen der „Ewigkeit".
Friedrich Nietzsche

Schreibe mit Blut: und du wirst erfahren, dass Blut Geist ist.
Friedrich Nietzsche

Wer in Blut und Sprüchen schreibt, der will nicht gelesen, sondern auswendig gelernt werden. *Friedrich Nietzsche*

Die Poesie will der ungeschminkte Ausdruck der Wahrheit sein. *Friedrich Nietzsche*

Ich will keinen Autor mehr lesen, dem man anmerkt, er wollte ein Buch machen: sondern nur jene, deren Gedanken unversehens ein Buch wurden. *Friedrich Nietzsche*

Der beste Autor wird der sein, welcher sich schämt, Schriftsteller zu werden. *Friedrich Nietzsche*

Die guten Schriftsteller haben zweierlei gemeinsam: sie ziehen vor, lieber verstanden als angestaunt zu werden; und sie schreiben nicht für die spitzen und überscharfen Leser.
Friedrich Nietzsche

Die Dichter sind gegen ihre Erlebnisse schamlos: Sie beuten sie aus. *Friedrich Nietzsche*

Der Dichter, der lügen kann, wissentlich, willentlich, der allein kann Wahrheit reden. *Friedrich Nietzsche*

Architektur ist eine Art Macht-Beredsamkeit in Formen, bald überredend, selbst schmeichelnd, bald bloß befehlend.
Friedrich Nietzsche

Die Musik und die Liebe sind die einzigen Leistungen der Menschheit, die man nicht im absoluten Sinne als Versuche mit untauglichen Mitteln bezeichnen müsste. *Georg Simmel*

Eine Kunst ist ein Organismus, kein System. *Oswald Spengler*

Die Kunst ist nicht eine Fortsetzung der Erkenntnis.
Nicolai Hartmann

Künste (Kunst, Musik, Literatur etc.)

Die erste künstlerische Tat des Menschen war, zu schmücken und vorzüglich seinen eigenen Leib zu schmücken. Im Schmuck, der Erstgeborenen der Künste, finden wir den Keim aller anderen. *José Ortega y Gasset*

Die Menschheit muss periodisch den Baum der Kunst schütteln, damit die verfaulten Früchte abfallen. Zum Besten der Kunst selbst ist Strenge gefordert. *José Ortega y Gasset*

Das Kunstwerk ist eine imaginäre Insel, die rings von Wirklichkeit umbrandet ist. *José Ortega y Gasset*

Der Schriftsteller erhebt zwar den Anspruch der Wahrheit, aber, da er nicht handelt, wirkt er unverbindlich. *Karl Jaspers*

Kunst ist absolute Endlichkeit, auch dort, wo sie, wie in allen ihren bedeutenden Äußerungen, transparent ist. *Ernst Bloch*

Architektur verewigt und verherrlicht etwas. Darum kann es Architektur nicht geben, wo nichts zu verherrlichen ist.
Ludwig Wittgenstein

Die Kunst ist das Ins-Werk-Setzen der Wahrheit.
Martin Heidegger

Die Kunst ist der höchste Wert. *Martin Heidegger*

Kunst ist das Wesen alles Wollens, das Perspektiven öffnet und sie besetzt. *Martin Heidegger*

Der Dichter soll kraft seiner worthaften Gnade das Unnennbare benennen, namhaft machen, damit die Zeitklüfte überwinden helfen, die Ursprünge sichtbar machen, die Zukunft vorwegnehmen. *Martin Heidegger*

Kein Theaterbesucher kann so aus voller Seele gähnen und so überschwenglich klatschen wie ein guter Theaterkritiker.
Herbert Marcuse

Kunst ist die gesellschaftliche Antithesis zur Gesellschaft, nicht unmittelbar aus dieser zu deduzieren. *Theodor W. Adorno*

Kunst ist Magie, befreit von der Lüge, Wahrheit zu sein.
Theodor W. Adorno

Kunstwerke, die der Betrachtung und dem Gedanken ohne Rest aufgehen, sind keine. *Theodor W. Adorno*

Kunst ist, emphatisch, Erkenntnis, aber nicht die von Objekten. *Theodor W. Adorno*

Kunst ist nicht, wie der Idealismus glauben machen wollte, Natur, aber will einlösen, was Natur verspricht.
Theodor W. Adorno

Kunst ist Schein dessen, woran der Tod nicht heranreicht.
Theodor W. Adorno

Kunst ist das Versprechen des Glücks, das gebrochen wird.
Theodor W. Adorno

Jedes Kunstwerk ist eine abgedungene Untat.
Theodor W. Adorno

Der Bürger wünscht die Kunst üppig und das Leben asketisch; umgekehrt wäre es besser. *Theodor W. Adorno*

Erzählen: der Wirklichkeit zur Wirksamkeit verhelfen.
Jean-Paul Sartre

Künste (Kunst, Musik, Literatur etc.)

Von einigen Greisen, die ihre Feder in Kölnischwasser tauchen, und von kleinen Dandys abgesehen, die wie Metzger schreiben, gibt es gar keinen Schriftsteller, der Fleißübungen macht.
Jean-Paul Sartre

Die Kunst ist eine in Form gebrachte Forderung nach Unmöglichem. *Albert Camus*

Das Kunstwerk ist die Inkarnation eines Dramas des Verstandes.
Albert Camus

Ohne Freiheit keine Kunst; die Kunst lebt nur von den Beschränkungen, die sie sich selbst auferlegt, an den anderen geht sie zugrunde. *Albert Camus*

Wenn die Welt klar wäre, gäbe es keine Kunst. *Albert Camus*

Kunst, eine Auflehnung gegen das Flüchtige und Unvollendete der Welt. *Albert Camus*

Die Größe der Kunst besteht nicht darin, über alles erhaben zu sein. Sie ist im Gegenteil an allem beteiligt. *Albert Camus*

Die Kunst und die Revolte werden erst mit dem letzten Menschen sterben. *Albert Camus*

Die Kunst ist weder die völlige Ablehnung, noch die völlige Zustimmung zu dem, was ist. Sie ist gleichzeitig Ablehnung und Zustimmung, und darum kann sie nichts anderes sein als ein stets neues Hin- und Hergerissenwerden. *Albert Camus*

Man sollte auch gute, ja, ausgezeichnete Bücher verbieten, bloß damit sie mehr gelesen und beachtet werden. *Albert Camus*

Um möglichst rasch zu brillieren, weigern sich viele Autoren, ihr Manuskript umzuarbeiten. Unsinn. Fang noch einmal von vorne an! *Albert Camus*

Die größte Berühmtheit besteht heute darin, Bewunderung oder Abscheu zu erregen, ohne gelesen worden zu sein.
Albert Camus

Ich bin Schriftsteller geworden aus Liebe zur Welt und den Menschen und nicht, weil ich mich berufen fühle, zu verfluchen und anzuprangern.
Albert Camus

Der Verleger schielt mit einem Auge nach dem Schriftsteller, mit dem anderen nach dem Publikum. Aber das Auge der Weisheit blickt unbeirrt ins Portemonnaie.
Albert Camus

Philosophie

Leute, die keinen Sinn für die Philosophie haben und sich bloß um Vielwisserei bemühen, gleichen den Freiern der Penelope, die mit deren Mägden schliefen.
Gorgias

Wie die Heilkunde die Krankheiten des Körpers heilt, so befreit die Weisheitslehre die Seele von den Leidenschaften.
Demokrit

Gesetzt, es wären sämtliche Gesetze aufgehoben, so werden wir Philosophen doch in unserer Lebensweise keine Veränderung eintreten lassen.
Aristippos

Wenn ich sonst nichts von der Philosophie gehabt hätte, so doch dies, allen Vorfällen mit Vernunft zu begegnen.
Aristippos

Die Philosophen sollen Könige, die Könige Philosophen sein.
Platon

Philosophie ist ein Nachdenken über den Tod. Wer ihn in seinem Nachdenken verfehlt, hat die Wirklichkeit des Menschen verfehlt. *Platon*

Die Philosophie bietet mir einen Hafen, während ich andere mit den Stürmen kämpfen sehe. *Platon*

Wartest du auf eine Gelegenheit zum Philosophieren, so hast du sie schon verpasst. *Platon*

Staunen: der erste Grund der Philosophie. *Aristoteles*

Der Mensch kann nicht nicht philosophieren, es sei denn er will das Leben einer Pflanze führen. Jedenfalls kann man das nicht bestreiten, denn wer es bestreitet, der philosophiert schon. *Aristoteles*

Man soll nicht vorgeben zu philosophieren, sondern wirklich philosophieren. Denn wir bedürfen nicht des Anscheins der Gesundheit, sondern wirklicher Gesundheit. *Epikur*

Leer ist die Rede jenes Philosophen, durch die keine menschliche Leidenschaft geheilt wird. Wie nämlich die Medizin nichts nützt, wenn sie nicht die Krankheiten aus dem Körper vertreibt, so nützt auch die Philosophie nichts, wenn sie nicht die Leidenschaft aus der Seele vertreibt. *Epikur*

Bei den anderen Unternehmungen folgt der Lohn im besten Falle dann, wenn sie zu ihrer Vollendung gekommen sind, bei der Philosophie aber läuft die Freude von Anfang an mit der Erkenntnis mit. Denn der Genuss kommt nicht nach dem Lernen, sondern Lernen und Genuss sind gleichzeitig. *Epikur*

Philosophie ist Tätigkeit in Gedanken und Reden, die ein glückliches Leben schafft. *Epikur*

Als ihm (Zenon) ein Schiffsuntergang gemeldet wurde, sagte unser großer Zenon, wiewohl er vernehmen musste, dass all seine Habe versunken sei: „Das Schicksal gebietet mir, weniger bepackt zu philosophieren."
Zenon

Die wahre Medizin des Geistes ist die Philosophie.
Marcus Tullius Cicero

Denn was kann unmoralischer sein, als eine Philosophie, die nach Beifall hascht.
Seneca

Manche Philosophen haben wohl einen berühmten Namen, aber ihre Schriften sind ohne Kraft.
Seneca

Die Philosophie lehrt handeln, nicht reden.
Seneca

Nicht ist die Philosophie ein volkstümliches Handwerk noch zur Schaustellung geschaffen: nicht in Worten, sondern in Taten besteht sie. Nicht dazu dient sie, in einer Art von Zerstreuung den Tag zu verbringen, der Muße den Überdruss zu nehmen; die Seele gestaltet und formt sie, das Leben ordnet sie, Handlungen lenkt sie, nötiges Tun und Lassen zeigt sie, sie sitzt am Steuer, und durch die Gefahren des Wogenschwalls lenkt sie den Kurs. Ohne sie kann niemand furchtlos leben, niemand sorgenfrei.
Seneca

Was hindert mich, einen für den Philosophen der Zukunft zu halten, der keine Silbe lesen kann? Die Weisheit beruht doch nicht in der Fachliteratur.
Seneca

Ein Lohn der Philosophie ist langes Leben.
Plutarch

Was ist Philosophie? Einübung in die Kunst des Sterbens, Vorbereitung auf den Tod.
Epiktet

Du musst dich entscheiden: Entweder arbeitest du für deine Seele oder für die äußeren Dinge. Entweder bemühst du dich um das Innere oder um das Äußere, d.h., entweder spielst du die Rolle eines Philosophen oder eines gewöhnlichen Menschen. *Epiktet*

Wie deutlich drängt sich mir die Erkenntnis auf, dass es keine Lebenslage gibt, die zum Philosophieren so geeignet wäre wie die, in der ich mich jetzt befinde! *Mark Aurel*

Des Menschenlebens Zeit nur ein Punkt, sein Wesen in ewigem Fluss, die Sinne trübe, des ganzen Leibes Gefüge ein Raub der Fäulnis. Die Seele ein Wirbel; was der Zufall bringt, schwer zu ergründen; unser Ruf etwas Ungewisses. Mit einem Wort, alles: im Bereich des Leibes ein Fluss, in dem der Seele Traum und Rauch. Das Leben ein Kampf und die Wanderschaft eines Fremdlings; der Nachruhm Vergessenheit. Was kann uns da in unserm Innern geleiten? Einzig und allein die Philosophie. *Mark Aurel*

Führte zum Hafen der Philosophie, durch den man Zugang hat zum Festland des Glücks, ein von Vernunft bestimmter Kurs und reiner Wille, ich weiß nicht, ob ich dann ohne weiteres sagen dürfte, dass weit weniger Menschen dort ankämen, gelangen doch auch jetzt, wie wir sehen, nur ganz wenige ans Ziel. *Aurelius Augustinus*

Hättest Du geschwiegen, wärest du ein Philosoph geblieben.
Boethius

Das Staunen ist das Fundament der Philosophie, Fragen ihr Fortschritt, Ignoranz ihr Ende. *Michel de Montaigne*

Philosophieren heißt zweifeln. *Michel de Montaigne*

Philosophieren heißt sterben lernen. *Michel de Montaigne*

Wenig Philosophie entfernt von der Religion, viel Philosophie führt zu ihr zurück. *Francis Bacon*

Klug fragen können ist die halbe Weisheit. *Francis Bacon*

Zweifel ist der Weisheit Anfang. *René Descartes*

Der Philosophie spotten, das ist wahrhaft philosophieren.
Blaise Pascal

Ich weiß nicht, wie ich Philosophie lehren soll, um nicht Störer hergebrachter Religion zu werden. *Benedictus de Spinoza*

Das Ziel der Philosophie ist einzig und allein die Wahrheit, das Ziel des Glaubens einzig und allein Gehorsam und Frömmigkeit. *Benedictus de Spinoza*

Weisheit ist nichts anderes als die Wissenschaft der Glückseligkeit, so uns nämlich zur Glückseligkeit zu gelangen lehrt.
Gottfried Wilhelm Leibniz

Der wahre Philosoph ist derjenige, der unbebauten Grund rodet, die Zahl der Pflüge und damit die Zahl der Einwohner vermehrt. *Voltaire*

Es ist nicht die Pflicht eines Philosophen, die Unglücklichen zu bemitleiden – er muss ihnen nützlich sein. *Voltaire*

Einen Philosophen, der sich allein auf die trockenen, kargen Wahrheiten beschränkt und dem die Kostbarkeiten der Phantasie und des Gefühls abgehen, kann man nur bedauern.

Voltaire

Warum muss es nur so sein, dass sich die Fanatiker gegenseitig helfen, und die Philosophen sind uneinig und zersplittert?

Voltaire

Die Philosophen streiten, und die Natur handelt. *Voltaire*

Weisheit kennzeichnet das Streben nach den besten Zielen mit den besten Mitteln. *Francis Hutcheson*

Der größte Philosoph ist das Gewissen. *Jean-Jacques Rousseau*

Ich schreibe nicht, um meine Fehler zu entschuldigen, sondern um meine Leser daran zu hindern, sie nachzuahmen.

Jean-Jacques Rousseau

Der erste Schritt zur Philosophie ist der Unglaube.

Denis Diderot

Die Philosophie schweigt, wo die Gerechtigkeit den Verstand verliert. *Denis Diderot*

Der Gegenstand der Forschung, die der Philosoph betreibt, ist das Glück der Menschen. *Claude Adrien Helvétius*

Philosophie ist nicht Sache der Notdurft, sondern der Annehmlichkeit. *Immanuel Kant*

Aufklärung ist der Ausgang des Menschen aus seiner selbstverschuldeten Unmündigkeit. Unmündigkeit ist das Unvermögen, sich seines Verstandes ohne Leitung eines anderen zu bedienen.

Immanuel Kant

Philosophie ist für den Menschen Bestrebung zur Weisheit, die immer unvollendet ist. *Immanuel Kant*

Philosophie ist die Idee einer vollkommenen Weisheit, die uns die letzten Zwecke der menschlichen Vernunft zeigt.
Immanuel Kant

Konsequent zu sein ist die größte Obliegenheit des Philosophen. *Immanuel Kant*

In der Philosophie kommt alles auf die Idee an.
Immanuel Kant

Der praktische Philosoph, der Lehrer der Weisheit durch Lehre und Beispiel, ist der eigentliche Philosoph. *Immanuel Kant*

Durch wahre Philosophie wird die Seele still, zuletzt andächtig.
Friedrich Heinrich Jacobi

Alles Philosophieren ist nur ein weiteres Ergründen der Spracherfindung. *Friedrich Heinrich Jacobi*

Was für eine Philosophie man wähle, hängt davon ab, was für ein Mensch man ist. *Johann Gottlieb Fichte*

Die Bibel enthält diese alte, ehrwürdige Urkunde, die tiefsinnigste und erhabenste Weisheit und stellt Resultate auf, zu denen alle Philosophie am Ende doch wieder zurück muss.
Johann Gottlieb Fichte

Nicht das Historische sondern das Metaphysische macht selig.
Johann Gottlieb Fichte

Der Mut der Wahrheit ist die erste Bedingung des philosophischen Studiums. *Georg Wilhelm Friedrich Hegel*

Philosophie – die eigentliche Heimat der Ironie.
Friedrich Schlegel

Das Leben und die Kraft der Poesie besteht darin, dass sie aus sich herausgeht, ein Stück von der Religion losreißt und dann in sich zurückgeht, indem sie es sich aneignet. Ebenso ist es auch mit der Philosophie. *Friedrich Schlegel*

Wer Religion hat, wird Poesie reden. Aber um sie zu suchen und zu entdecken, ist Philosophie das Werkzeug.
Friedrich Schlegel

Man kann nur Philosoph werden, nicht es sein. Sobald man es zu sein glaubt, hört man auf, es zu werden. *Friedrich Schlegel*

In der Philosophie geht der Weg zur Wissenschaft nur durch die Kunst. *Friedrich Schlegel*

Die Philosophie behandelt weder allein die Wahrheit noch bloß die Sittlichkeit, noch bloß die Schönheit, sondern das Gemeinsame aller leitet sie aus einem Urquell her.
Friedrich Wilhelm Joseph Schelling

Das ganze Wesen der Welt abstrakt, allgemein und deutlich in Begriffen zu wiederholen und so als reflektiertes Abbild in bleibenden Begriffen der Vernunft niederzulegen: Dieses und nichts anderes ist Philosophie. *Arthur Schopenhauer*

Eine Philosophie, in der man zwischen den Seiten nicht die Tränen, das Heulen und Zähneklappern und das furchtbare Getöse des gegenseitigen allgemeinen Mordens hört, ist keine Philosophie. *Arthur Schopenhauer*

So hat z. B. mir meine Philosophie nie etwas eingebracht; aber sie hat mir sehr viel erspart. *Arthur Schopenhauer*

Der Philosoph vergesse nie, dass er eine Kunst treibt und keine Wissenschaft. *Arthur Schopenhauer*

Der Tod ist der eigentlich inspirierende Genius der Philosophie. Schwerlich würde ohne den Tod philosophiert werden.
Arthur Schopenhauer

Der Materialismus ist die Philosophie des bei seiner Rechnung sich selbst vergessenden Subjekts. *Arthur Schopenhauer*

Der Materialismus … leitet das Erkennen aus der Materie ab und vergisst, dass diese selbe Materie schon das Erkennen voraussetzt … Daher gleicht der Materialist dem Baron von Münchhausen, der sich selbst am Zopf aus dem Wasser zieht.
Arthur Schopenhauer

Philosophie: der Geist gibt sich Rechenschaft über die Verfassung der Welt. *Ralph Waldo Emerson*

Der Religion ist nur das Heilige wahr, der Philosophie nur das Wahre heilig. *Ludwig Feuerbach*

Die Philosophie muss sich wieder mit der Naturwissenschaft, die Naturwissenschaft mit der Philosophie verbinden.
Ludwig Feuerbach

Die Philosophie ist die Erkenntnis dessen, was ist … Dies ist das höchste Gesetz, die höchste Aufgabe der Philosophie.
Ludwig Feuerbach

Philosophie und Geschichte beweisen, dass es tausendmal leichter, menschlicher, gerechter ist, die Ideen umzuwandeln, als ihnen einen Damm entgegenzusetzen.
Pierre Joseph Proudhon

Die Philosophen haben die Welt nur verschieden interpretiert, es kömmt drauf an, sie zu verändern. *Karl Marx*

Wissen ist die niederste Art nicht vereinigten Wissens; Wissenschaft ist teilweise vereinigtes, Philosophie völlig vereinigtes Wissen.
Herbert Spencer

Die Philosophie ist eine Art Rache an der Wirklichkeit.
Friedrich Nietzsche

Jede große Philosophie sagt immer: Lerne aus dem Bild deines Lebens den Sinn deines Lebens.
Friedrich Nietzsche

Ich schätze einen Philosophen nur in dem Maß, in dem er ein Vorbild sein kann.
Friedrich Nietzsche

Vorausgesetzt, dass die Wahrheit ein Weib ist – wie? Ist der Verdacht nicht gegründet, dass alle Philosophen, sofern sie Dogmatiker waren, sich schlecht auf Weiber verstanden?
Friedrich Nietzsche

Ein Philosoph ist ein Mensch, der beständig außerordentliche Dinge erlebt, argwöhnt und hofft.
Friedrich Nietzsche

Die Aufgabe der wahren Philosophen ist es, auf die Verbesserung der als veränderlich erkannten Seite der Welt loszugehen.
Friedrich Nietzsche

Meine Philosophie: den Menschen aus dem Schein herausziehen auf jede Gefahr hin! Auch keine Furcht vor dem Zugrundegehen des Lebens.
Friedrich Nietzsche

Mutig, unbekümmert, spöttisch, gewalttätig – so will uns die Weisheit.
Friedrich Nietzsche

Was die Philosophie beseitigen muss, ist die Gewissheit, sei es nun die des Wissens oder des Nichtwissens.
Bertrand Russell

Metaphysik ist der Versuch, in einem verdunkelten Zimmer eine schwarze Katze zu fangen, die sich gar nicht darin befindet.
Bertrand Russell

Zur Aneignung jeder Tugend gibt es eine eigene Disziplin. Die beste Disziplin, um sich Zurückhaltung im Urteil anzueignen, ist die Philosophie. *Bertrand Russell*

Philosophie, die Liebe zur Weisheit, ist im tiefsten Grunde die Abwehr des Unbegreiflichen. *Oswald Spengler*

Die Philosophie ist die erschreckende, trostlose, einsame Wahrheit der Dinge. *José Ortega y Gasset*

An erster Stelle müsste gesagt werden, dass sich die Philosophie als Erkenntnis des Universums definieren lässt.
José Ortega y Gasset

Philosophie ist das denkende Vergewissern eigentlichen Seins.
Karl Jaspers

Wer meint alles zu durchschauen, philosophiert nicht mehr.
Karl Jaspers

Ein wunderbares Zeichen dafür, dass der Mensch als solcher ursprünglich philosophiert, sind die Fragen der Kinder. Gar nicht selten hört man aus Kindermund, was dem Sinne nach unmittelbar in die Tiefe des Philosophierens geht. *Karl Jaspers*

Das Grundthema der Philosophie, die bleibt und ist, indem sie wird, ist die noch ungewordene, noch ungelungene Heimat.
Ernst Bloch

So ist der Satz Thomas Manns, dass Schriftsteller Leute seien, denen das Schreiben schwerer fällt als anderen, auch dahin variierbar, dass Philosophen das Denken schwerer fällt als anderen.
Ernst Bloch

Wer heute Philosophie lehrt, gibt dem anderen Speisen, nicht, weil sie ihm schmecken, sondern um seinen Geschmack zu ändern.
Ludwig Wittgenstein

Die Philosophie ist ein Kampf gegen die Verhexung unseres Verstandes durch die Mittel der Sprache. *Ludwig Wittgenstein*

Philosophie dürfte man eigentlich nur dichten …
Ludwig Wittgenstein

Die Geburt des Philosophierens ist das Sich-Wundern.
Ludwig Marcuse

Philosophie ist die Annäherung an eine Offenbarung, die nie stattfindet. Der Weg dahin ist voll von den scharfsinnigsten Weisheiten.
Ludwig Marcuse

Die Geschichte der Denker ist unter anderem auch eine Geschichte der Überholten. Von Platon bis Schopenhauer: lauter Überholte. Wenn aber jemand 50 Jahre überholt worden ist und dann noch kräftig lebt, hat er auch alle überholt, die ihn überholt haben.
Ludwig Marcuse

Ein Philosoph ist, unter anderem, auch ein Mann, der nie um Argumente verlegen ist.
Ludwig Marcuse

Während die Philosophen noch streiten, ob die Welt überhaupt existiert, geht um uns herum die Natur zugrunde.
Karl Raimund Popper

Philosophie zeichnet sich dadurch aus, dass sie die Widersprüchlichkeit des Menschen uneingeschränkt zur Darstellung bringt.
Theodor W. Adorno

Kunst und Philosophie konvergieren in deren Wahrheitsgehalt
Theodor W. Adorno

Philosophie ist die Wissenschaft, über die man nicht reden kann, ohne sie selbst zu betreiben. *Carl Friedrich v. Weizsäcker*

Die Philosophien sind so viel wert wie die Philosophen. Je größer der Mensch, desto wahrer seine Philosophie.
Albert Camus

Religion

Religion, Glaube

Ein Mensch ohne Glauben: ich weiß nicht, was mit einem solchen zu machen ist. Ein großer Wagen ohne Joch, ein kleiner Wagen ohne Kummet, wie kann man den voranbringen?
Konfuzius

So viel Unheil hat die Religion anzuraten vermocht. *Lukrez*

Wo Vorteil ist, da ist auch Frömmigkeit. *Epiktet*

Ich glaube, weil ich es nicht begreife. *Aurelius Augustinus*

Glaube: nichts anderes als für wahr halten, was man nicht sieht. *Aurelius Augustinus*

Wo der Verstand versagt, dort besteht das Glaubensgebäude.
Aurelius Augustinus

Der Lohn für unseren Glauben wird sein, dass wir schauen, was wir glauben. *Aurelius Augustinus*

Ich glaube, um zu verstehen. *Anselm v. Canterbury*

Wer nicht glaubt, der wird nicht erleben, und wer nicht erlebt hat, der wird nicht erkennen. *Anselm v. Canterbury*

Wohin die Seele mit all ihren Sinnen und Kräften nicht zu reichen vermag, dorthin trägt sie der Glaube. *Meister Eckhard*

Gedenket nicht Heiligkeit zu setzen auf ein Tun. Heiligkeit soll man setzen auf ein Sein; denn nicht die Werke heiligen uns, sondern wir sollen die Werke heiligen. *Meister Eckhard*

Furcht vor einer unsichtbaren Gewalt, die vom Geist erdichtet oder auf Grund öffentlicher Erzählungen eingebildet ist, ist Religion, sind sie nicht zugelassen, Aberglaube. *Thomas Hobbes*

Jede Religion ist falsch, die in ihrem Glauben nicht einen Gott als Grund aller Dinge verehrt. *Blaise Pascal*

Die wahre Religion müsste die Größe und das Elend lehren, müsste den Mensch dazu bringen, sich selbst zu achten und zu verachten, zu hassen und zu lieben. *Blaise Pascal*

Es gibt sehr viele Leute, die glauben – aber aus Aberglauben. *Blaise Pascal*

Brich mit deiner Leidenschaft, und du wirst gläubig. *Blaise Pascal*

Der Glaube sagt wohl, was die Sinne nicht sagen, aber er sagt nicht das Gegenteil dessen, was sie wahrnehmen; er ist darüber, nicht dagegen. *Blaise Pascal*

Es ist aber das Herz, das Gott spürt, und nicht die Vernunft. Das aber ist der Glaube: Gott im Herzen spüren und nicht in der Vernunft. *Blaise Pascal*

Die Frömmigkeit ist vom Aberglauben verschieden. Sie bis zum Aberglauben treiben, heißt sie zerstören. *Blaise Pascal*

Atheismus, Zeichen eines starken Geistes – aber nur bis zu einem gewissen Grade. *Blaise Pascal*

Das Ziel der Philosophie ist einzig und allein die Wahrheit, das Ziel des Glaubens einzig und allein Gehorsam und Frömmigkeit. *Benedictus de Spinoza*

Der Zweck der wahren Religion soll sein, die Grundsätze der Sittlichkeit tief in die Seele einzudrücken.
Gottfried Wilhelm Leibniz

Wer die ungeheure Bedeutung der Religion unterschätzt, arbeitet trotz aller Aufklärung nur dem Aberglauben in die Hände.
Gottfried Wilhelm Leibniz

Nur eine Religion, die alle anderen duldet und so deren Wohlwollen würdig ist, kann aus der Menschheit ein Volk von Brüdern machen.
Voltaire

Atheismus kann als das Laster der weniger intelligenten Menschen gelten, der Aberglaube aber als das Laster der Toren.
Voltaire

Der Fanatismus ist für den Aberglauben, was das Delirium für das Fieber, was die Raserei für den Zorn.
Voltaire

Kurz, je weniger Aberglaube, desto weniger Fanatismus, und je weniger Fanatismus, desto weniger Unheil.
Voltaire

Jede falsche Religion steht mit der Natur im Konflikt.
Jean-Jacques Rousseau

Die Missachtung der Religion führt zur Missachtung der menschlichen Pflichten.
Jean-Jacques Rousseau

Um sich ein richtiges Urteil über eine Religion zu bilden, muss man sie nicht aus den Büchern ihrer Bekenner studieren, sondern sie aus dem Verkehre mit denselben lernen.
Jean-Jacques Rousseau

Der Glaube der Kinder sowie der vieler Erwachsener ist lediglich eine Sache der Geographie. Soll ihnen etwa dafür ein Lohn werden, dass sie in Rom und nicht in Mekka geboren wurden?

Jean-Jacques Rousseau

Jede religiöse Körperschaft ist nach Reichtum und Macht begierig.

Claude Adrien Helvétius

Die Macht des Priesters ist an den Aberglauben und an die stumpfsinnige Leichtgläubigkeit der Völker gebunden.

Claude Adrien Helvétius

Religion ist die Erkenntnis aller unserer Pflichten als göttliche Gebote.

Immanuel Kant

Es ist nur eine (wahre) Religion; aber es kann vielerlei Arten des Glaubens geben.

Immanuel Kant

Auch sind die sogenannten Religionsstreitigkeiten, welche die Welt so oft erschüttert und mit Blut bespritzt haben, nie etwas anderes als Zänkereien um den Kirchenglauben gewesen.

Immanuel Kant

Die Religion, die nur auf Theologie gebaut ist, kann niemals etwas Moralisches enthalten.

Immanuel Kant

Verbindet man Religion nicht mit Moralität, so wird Religion nur zur Gunstbewerbung.

Immanuel Kant

Eine Religion, die den Menschen finster macht, ist falsch; denn er muss Gott mit frohem Herzen und nicht aus Zwang dienen.

Immanuel Kant

Eine Religion, die der Vernunft unbedenklich den Krieg ankündigt, wird es auf die Dauer gegen sie nicht aushalten.

Immanuel Kant

Religion, Glaube

Der Instinkt harmonisiert das Innere der Tiere, Religion das Innere des Menschen. *Friedrich Heinrich Jacobi*

Religion ist Sinn und Geschmack fürs Unendliche.
Friedrich Ernst Schleiermacher

Die Religion ist das Gefühl der schlechthinnigen Abhängigkeit.
Friedrich Ernst Schleiermacher

Der Glaube ist die unbefriedigte Sehnsucht der Vernunft nach der Phantasie. *Friedrich Ernst Schleiermacher*

Meinungen, Lehrsätze, Gebräuche, in denen jede Religion sich darstellt, sind nicht die Religion selbst, sie ist ein Inneres, Ursprüngliches. *Friedrich Ernst Schleiermacher*

Die Religion ist die Wurzel des menschlichen Daseins.
Friedrich Schlegel

Lasst die Religion frei, und es wird eine neue Menschheit beginnen. *Friedrich Schlegel*

Die Religion ist die allbelebende Weltseele der Bildung.
Friedrich Schlegel

Wer Religion hat, wird Poesie reden. Aber um sie zu suchen und zu entdecken, ist Philosophie das Werkzeug.
Friedrich Schlegel

Religion ist höher als Ahndung und Gefühl. Die erste Bedeutung dieses oft mißbrauchten Worts ist Gewissenhaftigkeit, es ist Ausdruck der höchsten Einheit des Wissens und des Handelns, welche unmöglich macht, seinem Wissen im Handeln zu widersprechen. *Friedrich Wilhelm Joseph Schelling*

Die Religion ist eine Krücke für schlechte Staatsverfassungen.
Arthur Schopenhauer

Die Religionen sind wie Leuchtwürmer; sie bedürfen der Dunkelheit, um zu leuchten. *Arthur Schopenhauer*

Religion ist die Metaphysik des Volkes. *Arthur Schopenhauer*

Religionen sind Kinder der Unwissenheit, die ihre Mutter nicht lange überleben. *Arthur Schopenhauer*

Ich weiß mir kein schöneres Gebet als das, womit die altindischen Schauspiele schließen. Es lautet: „Mögen alle lebenden Wesen von Schmerzen frei bleiben." *Arthur Schopenhauer*

Der Arzt sieht den Menschen in seiner ganzen Schwäche; der Advokat in seiner ganzen Schlechtigkeit; der Priester in seiner ganzen Dummheit. *Arthur Schopenhauer*

Gegen den Pantheismus habe ich hauptsächlich nur dieses, dass er nichts besagt. Der Mythos von der Seelenwanderung ist so sehr der gehaltreichste, bedeutendste, der philosophischen Wahrheit am nächsten stehende …, dass ich ihn für das non plus ultra der mythischen Darstellung halte.
Arthur Schopenhauer

Wenn die Sterne nur in einer Nacht in tausend Jahren scheinen würden, wie würden doch die Menschen glauben und bewundern. *Ralph Waldo Emerson*

Der Mensch ist der Anfang der Religion, der Mensch der Mittelpunkt der Religion, der Mensch das Ende der Religion.
Ludwig Feuerbach

Religion, Glaube

Die Religion beruht auf dem wesentlichen Unterschiede der Menschen vom Tiere; die Tiere haben keine Religion.
Ludwig Feuerbach

Berge versetzt der Glaube. Jawohl! Die schweren Probleme löset der Glaube nicht auf, sondern verschiebet sie nur.
Ludwig Feuerbach

Der Glaube ist in sich selbst befangen. *Ludwig Feuerbach*

Der Religion ist nur das Heilige wahr, der Philosophie nur das Wahre heilig. *Ludwig Feuerbach*

Das Gegenteil der Sünde ist nicht die Tugend, sondern der Glaube. *Sören Kierkegaard*

Glaube ist, dass das Ich, während es Ich ist und Ich sein will, sich transparent in Gott gründet. *Sören Kierkegaard*

Man kommt nicht zum Glauben außer von der Wirklichkeit des Ärgernisses her. *Sören Kierkegaard*

Religion ist Opium für das Volk. *Karl Marx*

Glaube ist Gewissheit ohne Beweis. *Henri Frédéric Amiel*

In der Tat besteht zwischen der Religion und der wirklichen Wissenschaft nicht Verwandtschaft, noch Freundschaft, noch selbst Feindschaft: sie leben auf verschiedenen Sternen.
Friedrich Nietzsche

Zwar hat der Glaube bisher noch keine wirklichen Berge versetzen können, obschon dies, ich weiß nicht wer, behauptet hat; aber er vermag Berge dorthin zu setzen, wo keine sind.
Friedrich Nietzsche

Der Glaube an Autoritäten ist die Quelle des Gewissens: es ist also nicht die Stimme Gottes in der Brust des Menschen, sondern die Stimme einiger Menschen im Menschen.
Friedrich Nietzsche

Aberglaube ist die Freigeisterei zweiten Ranges.
Friedrich Nietzsche

Naturwissenschaft geht auf die mögliche Notwendigkeit, Religion auf die notwendige Möglichkeit. *Georg Simmel*

Es kommt nicht darauf an, was man glaubt, sondern wie man es glaubt. *Bertrand Russell*

Glaube ist die Fähigkeit, in Gottes Tempo zu gehen.
Martin Buber

Humor ist der Milchbruder des Glaubens. *Martin Buber*

Glauben heißt, das Geheimnis in Gestalt lassen, nicht enträtseln wollen. Der Glaube hat Ehrfurcht, nicht Neugier. Er ist gleichgültig gegen Widersprüche. *Oswald Spengler*

Es ist nicht möglich, dass ein Glaube stirbt; es sei denn, dass ein neuer geboren würde. *José Ortega y Gasset*

Der Verlust der Religion verwandelt alles. Es erlischt die Autorität wie die Ausnahme. Es gibt keine Unbedingtheit mehr, wenn der Schluss gezogen wird: Nichts ist wahr, alles ist erlaubt.
Karl Jaspers

Im ganz entscheidenden Augenblick des Dialogs weichen Theologen nur allzu rasch auf die Position des Bekennens aus, oder sie sprechen hebräisch. *Karl Jaspers*

Im Unglauben lebt der Glaube als Rest einer Positivität, als aggressive Negativität. *Karl Jaspers*

Religion als Wahnsinn ist Wahnsinn aus Irreligiosität.
Ludwig Wittgenstein

An Gott glauben heißt sehen, dass das Leben einen Sinn hat
Ludwig Wittgenstein

Religion ist Bindung, Atheismus eine höchst fragwürdige Ungebundenheit. *Ludwig Marcuse*

Atheismus ist ein Zeichen, dass man die Religion ernst nimmt.
Karl Raimund Popper

Der Atheismus ist ein grausames und langwieriges Unterfangen, ich glaube ihn bis zum Ende betrieben zu haben.
Jean-Paul Sartre

Oft spüren Häretiker zuerst die Zeichen der Zeit, und manchmal waren verurteilte Ketzer, die manifest unrecht hatten, die innigsten Freunde Gottes. *Carl Friedrich v. Weizsäcker*

Christentum

Nur große Menschen haben Ketzereien hervorgebracht.
Aurelius Augustinus

Für den Christen ist es ein Ding zum Glauben, wenn ihm etwas Unglaubliches vorkommt. *Michel de Montaigne*

Keine Religion als die christliche hat gelehrt, dass der Mensch als Sünder geboren wird. *Blaise Pascal*

Das Christentum ist befremdend. Es fordert vom Menschen, dass er sich selbst als erbärmlich, ja verächtlich erkenne, und es fordert von ihm, dass er wünsche, Gott ähnlich zu sein.

Blaise Pascal

Es gibt wenig wahre Christen, sogar, behaupte ich, was den Glauben angeht. *Blaise Pascal*

Ein schöner Zustand der Kirche, wenn sie nur noch von Gott verteidigt wird. *Blaise Pascal*

Die Schrift hat Stellen genug, um alle Stände zu trösten und um alle Stände zu erschrecken. *Blaise Pascal*

Man darf der Bibel keine Lehre zuschreiben, die sich nicht klar und deutlich aus der Geschichte der Bibel ergibt.

Benedictus de Spinoza

Die Juden – ein Beweis für die Wahrheit des Christentums.

Voltaire

Die Inquisition ist bekanntlich eine bewunderungswürdige und wahrhaft christliche Erfindung, um den Papst und die Mönche mächtiger zu machen und ein ganzes Reich zur Heuchelei zu zwingen. *Voltaire*

Der Himmel ist weiter nichts als der große Schlafsaal der Erde, der allen Menschen offensteht. *Voltaire*

Im Himmel werden wir uns über dreierlei wundern: Menschen zu treffen, die wir dort nie vermutet hätten, Menschen nicht zu treffen, die wir dort erwartet hätten – und uns selbst dort zu treffen. *Voltaire*

Das Christentum predigt nur Knechtschaft und Unterwerfung. Sein Geist ist der Tyrannei nur zu günstig, als dass sie nicht immer Gewinn daraus geschlagen hätte. Die wahren Christen sind zu Sklaven geschaffen.
Jean-Jacques Rousseau

Die Protestanten sind im allgemeinen viel unterrichteter als die Katholiken, und das erklärt sich dadurch, dass die Lehre der einen die kritische Besprechung verlangt, die Lehre der anderen hingegen blinde Unterwerfung fordert.
Jean-Jacques Rousseau

Dadurch, dass das Christentum alle Pflichten so hoch spannt, macht es sich selbst unausführbar und nutzlos.
Jean-Jacques Rousseau

Nehmt einem Christen die Furcht vor der Hölle, und ihr nehmt ihm seinen Glauben.
Denis Diderot

Gibt es denn Christen? Ich habe noch nie welche gesehen.
Denis Diderot

Den Geist des Christentums machen Freundlichkeit, Güte, Nächstenliebe und vor allem Redlichkeit aus.
Claude Henri de Saint-Simon

Es ist eine abgeschmackte Verleumdung der menschlichen Natur, dass der Mensch als Sünder geboren werde.
Johann Gottlieb Fichte

Die Bibel enthält diese alte, ehrwürdige Urkunde, die tiefsinnigste und erhabenste Weisheit und stellt Resultate auf, zu denen alle Philosophie am Ende doch wieder zurück muss.
Johann Gottlieb Fichte

Die christliche Religion ist die Religion der absoluten Freiheit.
Georg Wilhelm Friedrich Hegel

Bei keiner Sache hat man so sehr Kern und Schale zu unterscheiden, wie beim Christentum. Eben weil ich den Kern liebe, zerbreche ich zuweilen die Schale. *Arthur Schopenhauer*

Der Protestantismus hat, indem er die Askese und deren Zentralpunkt die Verdienstlichkeit des Zölibats eliminierte, eigentlich schon den innersten Kern des Christentums aufgegeben und ist insofern als ein Abfall anzusehen. *Arthur Schopenhauer*

Die katholische Religion ist eine Anweisung, den Himmel zu erbetteln, welchen zu verdienen zu unbequem wäre. Die Pfaffen sind die Vermittler dieser Bettelei. *Arthur Schopenhauer*

Je erhabener eine Lehre ist, desto mehr steht sie, der im ganzen niedrig- und schlechtgesinnten Menschennatur gegenüber, dem Missbrauch offen: Darum sind im Katholizismus der Missbräuche so viel mehr und größere als im Protestantismus.
Arthur Schopenhauer

Das Christentum ist das Mittelalter der Menschheit.
Ludwig Feuerbach

Es gehört kein Mut, kein Charakter, keine Anstrengung, kein Opfer dazu, Christ zu sein. Christentum und weltlicher Vorteil sind identisch. *Ludwig Feuerbach*

Wo ein Christ werden soll, da muss Unruhe sein; und wo einer Christ geworden ist, da wird Unruhe. *Sören Kierkegaard*

Wenn das Christentum so leicht und gemütlich wäre, wozu hätte Gott in seiner Schrift Himmel und Erde in Bewegung gesetzt, mit ewigen Strafen gedroht? *Sören Kierkegaard*

Geist ist Feuer, das Christentum ist Brandstiftung, und vor dieser Feuersbrunst bangt natürlich den Menschen mehr als vor irgendeiner anderen. *Sören Kierkegaard*

Christentum

Jesus Christus will nicht Bewunderer, sondern Nachfolger. Der Bewunderer ist die billige Volksausgabe des Nachfolgers.
Sören Kierkegaard

Christentum ist Platonismus fürs „Volk". *Friedrich Nietzsche*

Im Grunde gab es nur einen Christen, und der starb am Kreuz.
Friedrich Nietzsche

Vor dem Stifter des Christentums hat Sokrates die fröhliche Art des Ernstes und jene Weisheit voller Schelmenstreiche voraus, welche den besten Seelenzustand des Menschen ausmacht. Überdies hatte er den größeren Verstand. *Friedrich Nietzsche*

Nicht ihre Menschenliebe, sondern die Ohnmacht ihrer Menschenliebe hindert die Christen von heute, uns – zu verbrennen.
Friedrich Nietzsche

Die ganze christliche Lehre … ist … genau das Gegenstück von dem, was den Anfang der christlichen Bewegung gegeben hat.
Friedrich Nietzsche

Der christliche Entschluss, die Welt hässlich und schlecht zu finden, hat die Welt hässlich und schlecht gemacht.
Friedrich Nietzsche

Es ist unanständig, heute Christ zu sein. *Friedrich Nietzsche*

Der Christ ist nur ein Jude „freieren" Bekenntnisses.
Friedrich Nietzsche

Luther, dies Verhängnis von Mönch, hat die Kirche, und, was tausendmal schlimmer ist, das Christentum wiederhergestellt, im Augenblick, als es unterlag. *Friedrich Nietzsche*

Definition des Protestantismus: die halbseitige Lähmung des Christentums und der Vernunft. *Friedrich Nietzsche*

Das Weib liegt heute noch auf den Knien vor einem Irrtum, weil man ihm gesagt hat, dass jemand dafür am Kreuze starb. Ist denn das Kreuz ein Argument? *Friedrich Nietzsche*

Als Christus die Menschen lehrte, einander zu lieben, erregte er eine solche Empörung, dass die Menge schrie: „Kreuzige ihn!" Von jeher sind die Christen eher der Masse gefolgt als dem Stifter ihrer Religion. *Bertrand Russell*

Der Wunsch nach dem Geständnis war die Grundlage für die Foltern der Inquisition. *Bertrand Russell*

Durch die Betonung der sexuellen Tugendhaftigkeit trug die christliche Ethik zweifellos wesentlich dazu bei, die Stellung der Frau zu erniedrigen. *Bertrand Russell*

Das Schlimmste an der christlichen Religion ist ihre krankhafte und unnatürliche Einstellung zur Sexualität. *Bertrand Russell*

Das Ende Christi – es war immerhin sein Anfang. *Ernst Bloch*

Zweifellos ist das Weltliche der Kirche seit der Konstantinischen Schenkung mit dem Ausbeutertum verhaftet. *Ernst Bloch*

Im Christentum sagt der liebe Gott gleichsam zu den Menschen: Spielt nicht Tragödie, das heißt Himmel und Hölle auf Erden. Himmel und Hölle habe ich mir vorbehalten.
Ludwig Wittgenstein

Die Bergpredigt verstehen kann nur ein Mensch, der den Mut hat, sich selbst radikal in Frage zu stellen – sich selbst, nicht die anderen, nicht nur dies und das an sich selbst. *Karl Rahner*

Die Kirche hat nicht den Auftrag, die Welt zu verändern. Wenn sie aber ihren Auftrag erfüllt, verändert sich die Welt.
Carl Friedrich v. Weizsäcker

Die Gefahr der Kirche ist die Gesetzlichkeit.
Carl Friedrich v. Weizsäcker

Das revolutionärste Buch, das wir besitzen, das Neue Testament, ist nicht erschöpft. *Carl Friedrich v. Weizsäcker*

Die Bibel ist inmitten der Steine entstanden. *Albert Camus*

Gott

Göttlich ist, was weder Anfang noch Ende hat. *Thales*

Der Gott ist Tag-Nacht, Winter-Sommer, Krieg-Frieden, Sättigung-Hunger – alle Gegensätze, das ist die Bedeutung.
Heraklit

Denn in einem nur besteht die Weisheit: Den göttlichen Ratschluss erkennen, der alles in allem durchwaltend lenkt.
Heraklit

Vor Gott ist alles schön, gut und gerecht, die Menschen aber halten das eine für gerecht, das andere für ungerecht. *Heraklit*

Von den Göttern weiß ich nichts, weder dass sie sind, noch dass sie nicht sind. *Protagoras*

Gott ist entweder Geist oder ein Wesen, das noch jenseits des Geistes steht. *Aristoteles*

Die Vorstellung der Menschen von Göttern entspringt einer doppelten Quelle: den Erlebnissen der Seele und der Anschauung der Gestirne. *Aristoteles*

Mach dir deine eigenen Götter, und unterlasse es, dich mit einer schnöden Religion zu beflecken. *Epikur*

Es ist sinnlos, von den Göttern zu erbitten, was man sich aus eigener Kraft verschaffen kann. *Epikur*

Einer nur entscheidet über Leben und Tod. Wer an seiner Statt richtet und tötet, gleicht einem Blinden, der statt des Zimmermanns die Axt führt und sich selbst verletzt. *Laotse*

Es ist eine Gewohnheit und ein Vorurteil des Menschen seit jeher, dass er an Gott nicht denken kann, ohne dass er sich ihn in menschlicher Form dächte. *Marcus Tullius Cicero*

Die Menschen kommen durch nichts den Göttern näher, als wenn sie Menschen glücklich machen. *Marcus Tullius Cicero*

Im rechten Lebenswandel liegt die einzig würdige Gottesverehrung. *Seneca*

Der Atheist glaubt, der Abergläubische wünscht, dass es keine Götter gibt. *Aurelius Plutarch*

Der kennt Gott besser, der ihn nicht zu kennen bekennt. *Aurelius Augustinus*

Ich möchte lieber alles verlieren und dich finden, Gott, als alles gewinnen und dich nicht finden. *Aurelius Augustinus*

Gott hat ein größeres Verlangen, dir Wohltaten zu erweisen, als du, sie zu empfangen. *Aurelius Augustinus*

Man kann zu allen Zeiten Gott dienen und auf diese Weise sein Heil wirken. *Aurelius Augustinus*

Wer Gott sucht, der findet Freude. *Aurelius Augustinus*

Gott ist das, wovon etwas Größeres nicht gedacht werden kann. *Anselm v. Canterbury*

Ewig ist, wessen Sein das Ganze zugleich ist. *Thomas v. Aquin*

Einzig dann erkennen wir Gott in Wahrheit, wenn wir glauben, dass er über alles hinaus liegt, was Menschen über Gott zu denken vermögen. *Thomas v. Aquin*

Die Offenbarung Gottes zeigt uns mehr, was er nicht ist, als was er ist. *Thomas v. Aquin*

Nichts hindert die Seele so sehr, Gott zu erkennen, als Zeit und Raum! Zeit und Raum sind immer Stückwerk, Gott aber ist Eins! *Meister Eckhard*

Kein Ding ist Gott so sehr entgegengesetzt wie die Zeit.
Meister Eckhard

Das Gebet ist der sicherste Weg zu Gott. *Meister Eckhard*

Soll die Seele Gott erkennen, so muss sie sich selbst vergessen und muss sich verlieren; denn solange sie sich selber sieht und kennt, so sieht und erkennt sie nicht Gott. *Meister Eckhard*

Im tätigen Leben gibt man so viel Liebe her, als man im Gotterleben empfangen hat. *Meister Eckhard*

Es gibt wenig Menschen, die es wagen dürften, ihre geheimen Bitten und Gebete öffentlich hören zu lassen.
Michel de Montaigne

Wer das Dasein Gottes leugnet, zerstört den Adel der Menschheit. *Francis Bacon*

Wir wissen, dass es ein Unendliches gibt, aber wir sind unwissend über sein Wesen. *Blaise Pascal*

Wir erkennen weder die Existenz noch die Natur Gottes, weil er weder Ausdehnung noch Grenzen hat. *Blaise Pascal*

Menschen und menschliche Dinge muss man kennen, um sie zu lieben. Gott und göttliche Dinge muss man lieben, um sie zu kennen. *Blaise Pascal*

Es ist nicht auszudenken, was Gott aus den Bruchstücken unseres Lebens machen kann, wenn wir sie ihm ganz überlassen.
Blaise Pascal

Die metaphysischen Gottesbeweise übersteigen die Urteilskraft der Menschen so sehr und sind so widerspruchsvoll, dass sie nur wenig Eindruck machen. *Blaise Pascal*

Es ist erstaunlich, dass noch nie ein kanonischer Autor sich der Natur bedient hat, um Gott zu beweisen. Alle gehen darauf aus, den Glauben an ihn zu wecken. *Blaise Pascal*

Wer Gott recht liebt, darf nicht verlangen, dass Gott ihn wieder liebe. *Benedictus de Spinoza*

Es gibt nur Eine, alle Determination und Negation von sich ausschließende, unendliche Substanz, welche Gott genannt wird und das Eine Sein in allem Dasein ist. *Benedictus de Spinoza*

Weder der Rechtschaffene noch der Dieb kann Vergnügen oder Verdruss in Gott bewirken. *Benedictus de Spinoza*

Wer in göttlichen Dingen nichts glaubt, als was er mit seinem Verstande ausmessen kann, verkleinert die Idee von Gott.
Gottfried Wilhelm Leibniz

Gäbe es keinen Gott, so müsste man einen erfinden. *Voltaire*

Gott

Gott bitten heißt, sich mit der Hoffnung schmeicheln, durch Worte könne man die ganze Natur ändern. *Voltaire*

Ich will mir Gott nicht als Gladiator vorstellen, der sich ewig mit einem bösen Tier herumschlägt. *Voltaire*

Die Götter sind gut, die Priester grausam. *Voltaire*

Die Reue macht Gott zur Tugend der Sterblichen. *Voltaire*

Wer mit offenen Augen durchs Leben gegangen ist, hat erkannt, dass das Wissen von einem Gott, seiner Gegenwart und seiner Gerechtigkeit nicht den geringsten Einfluss hat auf Kriege und Verträge, auf die Ziele des Ehrgeizes, des Eigennutzes und der Begierden, die immer obsiegen … *Voltaire*

Es ist höchste Weisheit, an einen Gott zu glauben, der straft und belohnt. *Voltaire*

Wenn Gott nicht in uns ist, hat er nie existiert. *Voltaire*

Seitdem sich die Menschen herausgenommen haben, Gott eine Sprache zu verleihen, hat ihn jeder auf seine Weise sprechen und sich von ihm sagen lassen, was er gewollt hat.
Jean-Jacques Rousseau

Den Gott, den ich anbete, ist nicht ein Gott der Finsternis; er hat mir den Verstand nicht gegeben, um mir den Gebrauch desselben zu untersagen. Von mir verlangen, meine Vernunft gefangen zu geben, heißt ihren Schöpfer beleidigen.
Jean-Jacques Rousseau

Alles, was außer dem guten Lebenswandel der Mensch noch tun zu können vermeint, um Gott wohlgefällig zu werden, ist bloßer Religionswahn und Afterdienst Gottes.
Immanuel Kant

Es ist durchaus nötig, dass man sich vom Dasein Gottes überzeuge; es ist aber nicht ebenso nötig, dass man es demonstriere.
Immanuel Kant

Wo will der angebliche Freigeist seine Beweise hernehmen, dass es kein höchstes Wesen gebe?
Immanuel Kant

Das Gebet kann keinen objektiven Erfolg, sondern nur eine subjektive Rückwirkung haben, nämlich Beruhigung und Aufrichtung des Gemüts.
Immanuel Kant

Die Quelle des Ideals ist der heiße Durst nach Ewigkeit, die Sehnsucht nach Gott, also das Edelste unserer Natur.
Friedrich Schlegel

Bei jeder menschlichen Unternehmung ist etwas, das nicht in unserer Macht steht und nicht in unsere Berechnung fällt: der Wunsch, dieses für sich zu gewinnen, ist der Ursprung der Götter.
Arthur Schopenhauer

Wenn ein Gott diese Welt gemacht hat, so möchte ich nicht der Gott sein; ihr Jammer würde mir das Herz zerreißen.
Arthur Schopenhauer

Gott, Freiheit und Unsterblichkeit werden meistens als Hauptzwecke der Metaphysik angegeben: das erstere würde aber die zwei letzteren unmöglich machen.
Arthur Schopenhauer

Die Zeit wird kommen, wo man die Annahme eines Gottschöpfers in der Metaphysik ebenso ansehen wird, wie jetzt die Epicyklen in der Astromonie.
Arthur Schopenhauer

Das Wort Zufall ist Gotteslästerung.
Arthur Schopenhauer

Die Welt Gott nennen, heißt nicht, sie erklären, sondern nur die Sprache mit einem überflüssigen Synonym des Wortes Welt bereichern. *Arthur Schopenhauer*

Die Macht, welche uns ins Dasein rief, muss eine blinde sein. Denn eine sehende, wenn eine äußerliche, hätte ein boshafter Dämon sein müssen; und eine innerliche, also wir selbst, hätten sehend uns nie in eine so peinliche Lage begeben.
Arthur Schopenhauer

Gott ist in der neuen Philosophie, was die letzten fränkischen Könige unter den Majores Domus … *Arthur Schopenhauer*

Gott, – wenn Du bist –, errette aus dem Grabe meine Seele, – wenn ich eine habe –. *Arthur Schopenhauer*

Was der Mensch sein möchte, aber nicht ist, dazu macht er seinen Gott. *Arthur Schopenhauer*

Gegenwärtig ist Gott das Himmelreich, in Zukunft der Himmel Gott. *Ludwig Feuerbach*

Hätte der Mensch keine Wünsche, so hätte er auch keine Götter. *Ludwig Feuerbach*

Die Einheit von Ich und Du ist Gott. *Ludwig Feuerbach*

Gottes bedürfen ist des Menschen höchste Vollkommenheit.
Sören Kierkegaard

Mit der Liebe zu Gott und der Liebe zu den Menschen verhält es sich wie mit zwei Türen, die sich nur gleichzeitig öffnen und schließen lassen. *Sören Kierkegaard*

Beten heißt nicht, sich selbst reden hören. Beten heißt: Stillewerden und Stillesein und Hören, bis der Betende Gott hört.
Sören Kierkegaard

Wahrer Gottesdienst besteht ganz einfach darin, dass man Gottes Willen tut. *Sören Kierkegaard*

Gott ist tot. *Friedrich Nietzsche*

Tod sind alle Götter: nun wollen wir, dass der Übermensch lebe. *Friedrich Nietzsche*

Gott ist tot; an seinem Mitleiden mit den Menschen ist Gott gestorben. *Friedrich Nietzsche*

„Gut und Böse sind die Vorurteile Gottes" – sagte die Schlange. *Friedrich Nietzsche*

Ich würde nur an einen Gott glauben, der zu tanzen verstünde. *Friedrich Nietzsche*

Wer das Große nicht mehr in Gott findet, findet es überhaupt nicht mehr – er muss es leugnen oder schaffen.
Friedrich Nietzsche

Wer nicht an einen Kreisprozess des Alls glaubt, muss an den willkürlichen Gott glauben. *Friedrich Nietzsche*

Gott ist widerlegt, der Teufel nicht. *Friedrich Nietzsche*

Wie? ist der Mensch nur ein Fehlgriff Gottes? oder Gott ein Fehlgriff des Menschen? *Friedrich Nietzsche*

„Liebe mich!" – ein Gott, der so zu den Menschen redet, ist toll geworden – vor Eifersucht. *Friedrich Nietzsche*

Wenn Götter sterben, sterben sie immer viele Arten Todes.
Friedrich Nietzsche

Einer der interessantesten und verhängnisvollsten Irrtümer, dem Menschen und ganze Völker erliegen können, ist es, sich für das besondere Werkzeug des göttlichen Willens zu halten.
Bertrand Russell

Gott wohnt dort, wo man ihn einlässt. *Martin Buber*

Alle Menschen haben Zugang zu Gott, aber jeder einen anderen. *Martin Buber*

Der Erfolg ist keiner der Namen Gottes. *Martin Buber*

Es ist nicht leicht, mit Gott Schritt zu halten. *Martin Buber*

Gott gibt uns die Situation und erwartet dann unsere Antwort.
Martin Buber

Wer Gott definiert, ist schon Atheist. *Oswald Spengler*

Gott und Auschwitz lassen sich nicht vereinigen. *Karl Jaspers*

Gott dienen und das Dasein genießen, ist nicht voneinander zu trennen. Frömmigkeit und Glück gehören zusammen.
Ludwig Marcuse

Gott will sich selbst mitteilen, seine Liebe, die er selbst ist, verschwenden. ... Alles andere ist, damit dieses eine sein könne: das ewige Wunder der unendlichen Liebe. *Karl Rahner*

Im Lande Gottes wohnt keine Resignation. *Karl Rahner*

Gott ist tot, er sprach zu uns, und nun schweigt er. Wir berühren nur noch seinen Leichnam. *Jean-Paul Sartre*

Mein Lieber, für jemanden, der allein ist, ohne Gott, ist das Gewicht der Tage schrecklich. *Albert Camus*

Gott wendet man sich nur zu, um das Unmögliche zu erreichen. Für das Mögliche genügen die Menschen.   *Albert Camus*

Ich weigere mich nicht, dem höchsten Wesen entgegenzugehen, aber ich lehne einen Weg ab, der von den Menschen wegführt.   *Albert Camus*

Politisches Leben

Gesellschaft

Das Band der Gesellschaft sind Vernunft und Sprache.
Marcus Tullius Cicero

Nicht Tatsachen, sondern Meinungen über Tatsachen bestimmen das Zusammenleben.
Epiktet

Wir sind zur gemeinschaftlichen Wirksamkeit geschaffen, wie die Füße, die Hände, die Augenlider, wie die obere und untere Kinnlade. Darum ist die Feindschaft der Menschen wider die Natur.
Mark Aurel

Eine Menge ist noch keine Gesellschaft.
Francis Bacon

Man kann nicht leugnen, dass der natürliche Zustand der Menschen, bevor sie zur Gesellschaft zusammentraten, der Krieg gewesen ist, und zwar nicht der Krieg schlechthin, sondern der Krieg aller gegen alle.
Thomas Hobbes

Warum folgt man der Mehrheit? Etwa, weil sie mehr Vernunft besitzt? Nein – weil sie stärker ist.
Blaise Pascal

Gerechtigkeit und Treue sind die Bindeglieder der Gesellschaft.
John Locke

Die Indianer, die wir als Barbaren schelten, beachten in ihren Gesprächen und Unterhaltungen weit mehr Anstand und Höflichkeit als wir: Man hört einander stillschweigend an, bis der eine ausgeredet hat, und dann antwortet der andere gelassen, ohne Lärm und Leidenschaft.
John Locke

So lehrt man uns wie unseren Körper, so auch unseren Geist nach der landesüblichen Mode zu kleiden, und das nicht zu tun, gilt für Sonderbarkeit oder noch etwas Schlimmeres.

John Locke

Der Atheismus und der Fanatismus sind zwei Ungeheuer, die die Gesellschaft verschlingen und zerreißen können. *Voltaire*

Das Bestehen völliger Gleichheit oder Gemeinschaft der Güter setzt immer ein Sklavenvolk voraus. *Voltaire*

Was ist Vaterlandsliebe? Ein Gemisch von Eigenliebe und Vorurteilen. *Voltaire*

Gesellschaftlich ist kaum etwas so erfolgreich wie Dummheit mit guten Manieren. *Voltaire*

Der erste, welcher ein Stück Landes umzäunte, sich in den Sinn kommen ließ zu sagen: dieses ist mein, und einfältige Leute antraf, die es ihm glaubten, der war der wahre Stifter der bürgerlichen Gesellschaft. *Jean-Jacques Rousseau*

Der Einzelwille strebt von Natur aus nach Auszeichnung und der Gemeinwille nach Gleichheit. *Jean-Jacques Rousseau*

Die Gewalt hat die ersten Sklaven geschaffen; ihre Feigheit ließ dies zum Dauerzustand werden. *Jean-Jacques Rousseau*

Alle Völker, die Gesittung hatten, haben die Frauen geachtet.

Jean-Jacques Rousseau

Der einzige kann sich vervollkommnen. Aber die Menschheit als Ganzes wird weder besser noch schlechter. *Denis Diderot*

Künste und Wissenschaften sind der Ruhm einer Nation, sie tragen zu ihrem Glück bei. *Claude Adrien Helvétius*

Das größte Problem für die Menschengattung, zu dessen Auflösung die Natur ihn zwingt, ist die Erreichung einer allgemein das Recht verwaltenden bürgerlichen Gesellschaft.
Immanuel Kant

Frankreich ist das Modeland, England das Land der Launen, Spanien das Ahnenland, Italien das Prachtland, Deutschland das Titelland.
Immanuel Kant

Einigkeit macht stark; eine Gesellschaft, deren Mitglieder in Gegensatz zueinander geraten, geht ihrer Auflösung entgegen.
Claude Henri de Saint-Simon

Keine Gesellschaft kann ohne gemeinsame Moral bestehen.
Claude Henri de Saint-Simon

Der Patriot will, dass der Zweck des Menschengeschlechts zuerst in derjenigen Nation erreicht werde, deren Mitglied er ist.
Johann Gottlieb Fichte

Sobald man die Gesellschaft nur als Mittel für den Egoismus braucht, muss alles schief und schlecht werden.
Friedrich Ernst Schleiermacher

Die wahre Tapferkeit gebildeter Völker ist das Bereitsein zur Aufopferung im Dienste des Staates.
Georg Wilhelm Friedrich Hegel

Die öffentliche Meinung ist die unorganische Weise, wie sich das, was ein Volk will und meint, zu erkennen gibt.
Georg Wilhelm Friedrich Hegel

Während daher in der Gesellschaft Stand und Reichtum stets auf Hochachtung rechnen dürfen, haben geistige Vorzüge solche keineswegs zu erwarten.
Arthur Schopenhauer

Man kann auch die Gesellschaft einem Feuer vergleichen, an welchem der Kluge sich in gehöriger Entfernung wärmt; nicht aber hineingreift wie der Tor, der dann, nachdem er sich verbrannt hat, in die Kälte der Einsamkeit flieht und jammert, dass das Feuer brennt.
Arthur Schopenhauer

Die wohlfeilste Art des Stolzes ist der Nationalstolz.
Arthur Schopenhauer

Die öffentliche Meinung ist eine Ansicht, der es an Einsicht mangelt.
Arthur Schopenhauer

Mit Italien lebt man wie mit einer Geliebten: heute im heftigen Zank, morgen in Anbetung – mit Deutschland wie mit einer Hausfrau, ohne großen Zorn und ohne große Liebe.
Arthur Schopenhauer

Ein eigentümlicher Fehler der Deutschen ist, dass sie, was vor ihren Füßen liegt, in den Wolken suchen.
Arthur Schopenhauer

Die Gesellschaft ist ein Maskenball, bei dem jeder seinen wirklichen Charakter verbirgt und ihn durchs Verbergen bloßlegt.
Ralph Waldo Emerson

Es ist leicht, in Gemeinschaft zu leben nach den Regeln der anderen. Es ist ebenso leicht, zurückgezogen zu leben nach den eigenen Vorstellungen. Größe aber bezeugt, wer inmitten der Menge freundlich die Unabhängigkeit des Einsamen bewahrt.
Ralph Waldo Emerson

Die Geschichte aller bisherigen Gesellschaften ist die Geschichte von Klassenkämpfen.
Karl Marx

Die Gesellschaft findet nun einmal nicht ihr Gleichgewicht, bis sie sich um die Sonne der Arbeit dreht.
Karl Marx

Gesellschaft | 265

Die Gewalt ist der Geburtshelfer jeder alten Gesellschaft, die mit einer neuen schwanger geht. *Karl Marx*

Man muss das Volk vor sich selbst erschrecken lehren, um ihm Courage zu machen. *Karl Marx*

Das Volk, das ein anderes unterjocht, schmiedet seine eigenen Ketten. *Karl Marx*

Die Proletarier haben nichts zu verlieren als ihre Ketten. Sie haben dafür eine Welt zu gewinnen. *Karl Marx*

Die Arbeiter haben kein Vaterland. Man kann ihnen nicht nehmen, was sie nicht haben. *Karl Marx*

Nation: Eine Gruppe von Menschen, die eine Sprache spricht und die gleichen Zeitungen liest. *Friedrich Nietzsche*

Wahnsinn bei Individuen ist selten, aber in Gruppen, Nationen und Epochen die Regel. *Friedrich Nietzsche*

Es ist schwer mit Menschen zu leben, weil das Schweigen so schwer ist. *Friedrich Nietzsche*

Die Herde weiß nicht, was gestern, was heute ist, springt umher, frisst, ruht, verdaut, springt wieder, und so vom Morgen bis zur Nacht und von Tag zu Tag, kurz verbunden mit ihrer Lust und Unlust, nämlich an dem Pflock des Augenblicks und deshalb weder schwermütig noch überdrüssig.

Friedrich Nietzsche

„Ich bekomme mir nicht gut", sagte jemand, um seinen Hang zur Gesellschaft zu erklären. „Der Magen der Gesellschaft ist stärker als der meinige, er verträgt mich." *Friedrich Nietzsche*

Die Massen sind erstens verschwimmende Kopien der großen Männer, zweitens Widerstand gegen die Großen, drittens Werkzeug der Großen. *Friedrich Nietzsche*

Wenn die Massen zu wüten beginnen, tut man gut, stehenzubleiben. *Friedrich Nietzsche*

Der Pöbel blinzelt: wir sind alle gleich. *Friedrich Nietzsche*

Ein Volk ist der Umschweif der Natur, um zu sechs, sieben großen Männern zu kommen. – Ja: und um dann um sie herumzukommen. *Friedrich Nietzsche*

Korruption ist nur ein Schimpfwort für die Herbstzeiten des Volkes. *Friedrich Nietzsche*

Der deutsche Geist ist eine Indigestion, er wird mit nichts fertig. *Friedrich Nietzsche*

Es gibt keinen Unsinn, den man der Masse nicht durch geschickte Propaganda mundgerecht machen könnte.
Bertrand Russell

Patriotismus: die Bereitschaft, wegen unbedeutender Gründe zu töten und getötet zu werden. *Bertrand Russell*

Die Masse ist das Ende, das radikale Nichts. *Oswald Spengler*

Unsere Zeit krankt daran, dass es zu wenige Menschen gibt und zu viele Leute. *José Ortega y Gasset*

Ihrem eigenen Trieb überlassen, neigt die Masse immer dazu, aus Lebensbegierde die Grundlagen ihres Lebens zu zerstören.
José Ortega y Gasset

Die Gesellschaft ist immer eine dynamische Einheit zweier Faktoren, der Eliten und der Massen. *José Ortega y Gasset*

… alle Nationalismen sind Sackgassen. Sie führen nirgendwo hin.
José Ortega y Gasset

Masse und Kollektiv können in der Tat ohne Wahrheit leben: sie sind ihrer weder bedürftig noch fähig.
José Ortega y Gasset

Erhebt die Masse Anspruch auf selbständiges Handeln, so steht sie gegen ihr eigenes Schicksal auf.
José Ortega y Gasset

Alle Niedertracht der Öffentlichkeit ist gerade durch die Öffentlichkeit und allein durch sie korrigierbar.
Karl Jaspers

Die totalitäre Welt ist schwach nach innen und stark nach außen … Die freie Welt ist stark nach innen und schwach nach außen.
Karl Jaspers

Die Menschen haben keinen aufrechten Gang, wenn das gesellschaftliche Leben noch schiefliegt.
Ernst Bloch

Die Sowjetunion kennt keine Frauenfrage mehr, weil sie die Arbeiterfrage gelöst hat; wo Herr und Knecht aufhören, verschwindet auch die Unterschicht: Weib.
Ernst Bloch

Es gibt kein Leid, das dem jüdischen zu vergleichen wäre.
Ernst Bloch

Von den Pazifisten geht viel Unfrieden aus.
Ludwig Marcuse

Ein Friedlicher ist einer, der sich totschießen lässt, um zu beweisen, dass der andere ein Aggressor gewesen ist.
Ludwig Marcuse

Der Macht, die diese Gesellschaft über den Menschen gewonnen hat, wird durch ihre Leistungsfähigkeit und Produktivität täglich Absolution erteilt.
Herbert Marcuse

Die Weltverbesserer sind die eigentlichen Feinde einer offenen Gesellschaft. *Karl Raimund Popper*

Ein Deutscher ist ein Mensch, der keine Lüge aussprechen kann, ohne sie selbst zu glauben. *Theodor W. Adorno*

Minderheiten – die Mehrheiten der nächsten Generation. *Jean-Paul Sartre*

Ich halte die Gesellschaft für eine strikte Hierarchie aus Verdienst und Macht. *Jean-Paul Sartre*

Kultur, Fortschritt, Geschichte

Erzähle mir die Vergangenheit, und ich werde die Zukunft erkennen. *Konfuzius*

Ich ziehe den ungerechtesten Frieden dem gerechtesten Krieg vor. *Marcus Tullius Cicero*

Krieg darf nur unter der Bedingung unternommen werden, dass man dabei offenbar nichts anderes als die Sicherung des Friedens im Auge hat. *Marcus Tullius Cicero*

Schlimmer als der Krieg ist die Furcht vor dem Krieg. *Seneca*

Nicht Phillip, sondern Phillips Gold besiegte die Städte Griechenlands. *Plutarch*

Friede ist nicht Abwesenheit von Krieg. Friede ist eine Tugend, eine Geisteshaltung, eine Neigung zur Güte, Vertrauen, Gerechtigkeit. *Benedictus de Spinoza*

Alles, was man von der Geschichte sagt, kommt aufs Schlachten und Morden hinaus.
John Locke

Der ewige Friede passt als Aufschrift über Kirchhofspforten; denn nur die Toten schlagen sich nicht mehr.
Gottfried Wilhelm Leibniz

Die Moral ist dieselbe bei allen Menschen; also kommt sie von Gott. Die Kultur ist verschieden, also ist es Menschenwerk.
Voltaire

Gewohnheit, Sitte und Brauch sind stärker als die Wahrheit.
Voltaire

Um die Geschichte seines Landes zu beschreiben, muss man außer Landes sein.
Voltaire

Alle Jahrhunderte ähneln sich durch die Bosheit des Menschen.
Voltaire

In der Tat, die Geschichte ist nur ein Gemälde von Verbrechen und Drangsalen.
Voltaire

Es gibt doch bei dem Menschengeschlecht keinen wahren Fortschritt der Vernunft, weil alles, was auf der einen Seite als Gewinn angesehen werden kann, durch Verluste auf der anderen Seite wieder aufgewogen wird.
Jean-Jacques Rousseau

Vom Fanatismus zur Barbarei ist es nur ein Schritt.
Denis Diderot

Die wahre Aufklärung ist diejenige, die den Menschen lehrt, dass er sich selbst ein Gesetz ist; die wahre Kultur ist diejenige, die ihn gewöhnt, diesem Gesetz ohne Rücksicht auf Belohnung und Strafe zu folgen.
Friedrich Heinrich Jacobi

Die Weltgeschichte ist der Fortschritt im Bewusstsein der Freiheit. *Georg Wilhelm Friedrich Hegel*

Die Weltgeschichte ist die Zucht von der Unabhängigkeit des natürlichen Willens zum Allgemeinen …
Georg Wilhelm Friedrich Hegel

Aus der Geschichte der Völker können wir lernen, dass die Völker aus der Geschichte nichts gelernt haben.
Georg Wilhelm Friedrich Hegel

Die Geschichte ist die Schlachtbank, auf welcher das Glück der Völker, die Weisheit der Staaten und die Tugend der Individuen zum Opfer gebracht werden. *Georg Wilhelm Friedrich Hegel*

Geschichte ist nur das, was in der Entwicklung des Geistes eine wesentliche Epoche ausmacht. *Georg Wilhelm Friedrich Hegel*

Alle großen weltgeschichtlichen Vorgänge ereignen sich zweimal: Das eine Mal als Tragödie, das andere Mal als Farce.
Georg Wilhelm Friedrich Hegel

Die Bahn des sozialen Fortschritts ist also leicht zugänglich und bekannt, und man könnte sie sofort betreten, wenn man sich von dem Unterdrückungssystem der Philosophen gegenüber den Frauen entfernte. *Charles Fourier*

Die Maschine ist die souveräne Beherrscherin unseres gegenwärtigen Lebens. *Arthur Schopenhauer*

Der angemessenste, d.h. der wahrhaft philosophische Stil für die Geschichte ist der ironische. *Arthur Schopenhauer*

Was die Geschichte erzählt, ist in der Tat nur der lange, schwere und verworrene Traum der Menschheit. *Arthur Schopenhauer*

Kultur, Fortschritt, Geschichte

Erst durch die Geschichte wird ein Volk sich seiner selbst vollständig bewusst.
Arthur Schopenhauer

Die ganze Weltgeschichte verdichtet sich in die Lebensgeschichte weniger und ernster Menschen. *Ralph Waldo Emerson*

Die Institution ist der verlängerte Schatten des Menschen.
Ralph Waldo Emerson

Ich glaube an den heiligen Geist des Fortschritts.
Ludwig Feuerbach

Man muss in der Geschichte nicht alles erklären wollen. Dies würde eine ebenso gefährliche wie unphilosophische Prätension sein. *Pierre Joseph Proudhon*

Philosophie und Geschichte beweisen, dass es tausendmal leichter, menschlicher, gerechter ist, die Ideen umzuwandeln, als ihnen einen Damm entgegenzusetzen.
Pierre Joseph Proudhon

Die Tradition aller toten Geschlechter lastet wie ein Alp auf dem Gehirne der Lebenden. *Karl Marx*

Nicht was gemacht wird, sondern wie, mit welchen Arbeitsmitteln gemacht wird, unterscheidet die ökonomischen Epochen. *Karl Marx*

Revolutionen sind die Lokomotiven der Geschichte. *Karl Marx*

Revolution: ruckartige Nachholung verhinderter Entwicklung.
Karl Marx

Tausend Dinge bewegen sich vorwärts; neunhundertneunundneunzig zurück; das ist der Fortschritt. *Henri Frédéric Amiel*

Krieg: ein Winterschlaf der Kultur. *Friedrich Nietzsche*

Wir gehören einer Zeit an, deren Kultur in Gefahr ist, an den Mitteln der Kultur zugrunde zu gehen. *Friedrich Nietzsche*

Zivilisation ist erzwungene Tierzähmung des Menschen.
Friedrich Nietzsche

Kultur ist Einheit des künstlerischen Stils in allen Lebensäußerungen eines Volkes. *Friedrich Nietzsche*

Tradition ist die Behauptung, dass das Gesetz bereits seit uralten Zeiten bestanden habe. *Friedrich Nietzsche*

Es ist nicht der Kampf der Meinungen, welcher die Geschichte so gewalttätig gemacht hat, sondern der Kampf des Glaubens an die Meinungen, das heißt der Überzeugungen.
Friedrich Nietzsche

Elf Zwölftel aller großen Männer der Geschichte waren nur Repräsentanten einer großen Sache. *Friedrich Nietzsche*

Geschichte handelt fast nur von schlechten Menschen, die später gutgesprochen worden sind. *Friedrich Nietzsche*

Die ganze Geschichte ist ja die Experimental-Widerlegung vom Satz der sogenannten „sittlichen Weltordnung".
Friedrich Nietzsche

Geschichte ist die geistige Form, in der sich eine Kultur über ihre Vergangenheit Rechenschaft gibt. *Johan Huizinga*

Wenn die Menschen zivilisierter werden, begnügen sie sich nicht mehr mit bloßen Tabus, sondern ersetzen sie durch göttliche Gebote und Verbote. *Bertrand Russell*

Die Frage heute ist, wie man die Menschheit überreden kann, in ihr eigenes Überleben einzuwilligen. *Bertrand Russell*

Kultur, Fortschritt, Geschichte

Seit viertausend Jahren haben wir uns daran gewöhnt, Kriege zu organisieren: Jetzt müssen wir es uns abgewöhnen.
Bertrand Russell

Wenn die Welt ein paar Generationen lang ohne Krieg auskommen könnte, würde ihr schließlich der Krieg genauso absurd erscheinen, wie das Duell uns heute erscheint.
Bertrand Russell

Warum ist eine Propaganda, die an den Hass appelliert, so ungleich erfolgreicher als irgendein Versuch, freundschaftliche Gefühle zu erwecken?   *Bertrand Russell*

Mehrheiten zementieren das Bestehende; Fortschritt ist nur über Minderheiten möglich.   *Bertrand Russell*

Jeder Zuwachs an Technik bedingt, wenn damit ein Zuwachs und nicht eine Schmälerung des menschlichen Glücks verbunden sein soll, einen entsprechenden Zuwachs an Weisheit.
Bertrand Russell

Die Weltgeschichte ist die Summe dessen, was vermeidbar gewesen wäre.   *Bertrand Russell*

Der kultivierte Mensch hat seine Energie nach innen, der zivilisierte nach außen.   *Oswald Spengler*

Kulturen sind Organismen. Weltgeschichte ist ihre Gesamtbiographie.   *Oswald Spengler*

Natur soll man wissenschaftlich behandeln. Über Geschichte soll man dichten.   *Oswald Spengler*

Ich sehe in der Weltgeschichte das Bild einer ewigen Gestaltung und Umgestaltung eines wunderbaren Werdens und Vergehens organischer Formen. Der zukünftige Historiker aber sieht sie in der Gestalt eines Bandwurms, der unermüdlich Epochen „ansetzt".
Oswald Spengler

Frieden ist die Fortsetzung des Krieges mit anderen Mitteln.
Oswald Spengler

Was die Völker groß macht, sind in erster Linie nicht ihre großen Männer, es ist die Höhe der Mittelmäßigkeit.
José Ortega y Gasset

Zivilisation ist nichts weiter als der Versuch, Gewalt auf die Stufe eines letzten Zufluchtsmittels herabzudrücken.
José Ortega y Gasset

Jetzt ist es der Mensch, der scheitert, weil er mit dem Fortschritt seiner eigenen Zivilisation nicht Schritt halten kann.
José Ortega y Gasset

Fortschritt: die bekannten alten Sorgen gegen unbekannte neue, noch kompliziertere Sorgen eintauschen.
José Ortega y Gasset

Der Fortschritt besteht nicht darin, das Gestern zu zerstören, sondern seine Essenz zu bewahren, welche die Kraft hatte, das bessere Heute zu schaffen.
José Ortega y Gasset

Revolution ist nicht Barrikade, Revolution ist Geisteszustand.
José Ortega y Gasset

Die Geschichte ist ohne Gnade die Herrschaft des Mittelmäßigen.
José Ortega y Gasset

Kultur, Fortschritt, Geschichte

Historisches Wissen ist eine Technik ersten Ranges zur Erhaltung und Fortsetzung einer gereiften Zivilisation.
José Ortega y Gasset

Die Vergangenheit kann uns nicht sagen, was wir tun, wohl aber, was wir lassen müssen.
José Ortega y Gasset

Der Krieg ist in wachsendem Umfang kein Kampf mehr, sondern ein Ausrotten durch Technik.
Karl Jaspers

Die Frage des Friedens ist nicht zuerst eine Frage an die Welt, sondern für jeden an sich selbst.
Karl Jaspers

Krieg: die Furcht, welche Sicherheit will und sie nur in der Übermacht über alle andern findet.
Karl Jaspers

Friede ist niemals durch Koexistenz, sondern nur in Kooperation.
Karl Jaspers

Der Fortschrittsgedanke der Zivilisation hat sich als ein Übermut des Menschen entschleiert; der Fortschritt beschränkt sich heute auch für unser Bewusstsein auf rationale Wissenschaft und Technik, die zweideutig im Dienste des Guten wie des Bösen stehen.
Karl Jaspers

Die geschichtlichen Kulturen lösen sich von ihrer Wurzel und stürzen in die technisch wirtschaftliche Welt und eine leere Intellektualität.
Karl Jaspers

Der Kapitalismus ist ungesund – sogar für Kapitalisten.
Ernst Bloch

Auf tausend Kriege kommen nicht zehn Revolutionen; und selbst wo sie gelungen waren, zeigten sich in der Regel die Bedrücker mehr ausgewechselt als abgeschafft.
Ernst Bloch

In der Tat ist die Geschichte weder der Bewegungs-Zusammenhang von Veränderung der Objekte noch die frischwebende Erlebnisfrage der „Subjekte".   *Martin Heidegger*

Die Zeit, welche die Technik erspart, kostet der Bürokrat, der sie organisiert.   *Ludwig Marcuse*

Neu – das ist in der Regel nur, was einer Generation neu vorkommt.   *Ludwig Marcuse*

In allen Revolutionen war die Utopie, die Phantasie von einer glücklichen Gesellschaft, immer die stärkste Kraft.

Ludwig Marcuse

Man macht sich nie genug klar, mit wie geringem Personal die Weltgeschichte arbeitet, wenn ihr Geist in Bewegung ist.

Ludwig Marcuse

Der Krieg entstand meist aus der falschen Hoffnung, das Begehrte „friedlich" grapschen zu können.   *Ludwig Marcuse*

Friede – das ist vielleicht der stärkste Köder, mit dem ein Angreifer sein auserkorenes Opfer fangen kann.

Ludwig Marcuse

Man kann nicht den Schrecken abschaffen und die Zivilisation übrigbehalten.   *Max Horkheimer*

Das Fortschreiten der technischen Mittel ist von einem Prozess der Entmenschlichung begleitet. Der Fortschritt droht das Ziel zunichte zu machen, das er verwirklichen soll – die Idee des Menschen.   *Max Horkheimer*

Es geht nicht darum, den technischen Fortschritt aufzuhalten oder zu drosseln, sondern darum, diejenigen seiner Züge zu beseitigen, welche die Unterwerfung des Menschen unter den Apparat und die Steigerung des Kampfes ums Dasein verewigen.
Herbert Marcuse

Die Geschichte ist das Reich der Notwendigkeit.
Herbert Marcuse

Das Problem unserer Zeit liegt darin, dass wir zu gut sind und zu dumm.
Karl Raimund Popper

Ich halte das Buch für das wichtigste Kulturgut Europas und vielleicht der ganzen Welt.
Karl Raimund Popper

Fortschritt ist ambivalent. Er entwickelt zugleich das Potential der Freiheit und die Wirklichkeit der Unterdrückung.
Theodor W. Adorno

Der Ausdruck des Geschichtlichen an Dingen ist nichts anderes als der vergangener Qual.
Theodor W. Adorno

Fortschritt: der Übergang von Situationen, deren Nachteile man kennt, zu Situationen, deren Nachteile man noch nicht kennt.
Arnold Gehlen

Zwar können heute schon Menschen auf dem Mond landen, aber die Zahl und der Umfang der sozialen Mondlandschaften auf unserer Erde wurde noch nicht verringert.
Jean-Paul Sartre

Tradition ist bewahrter Fortschritt, Fortschritt ist weitergeführte Tradition.
Carl Friedrich v. Weizsäcker

Im Grunde ist der Mensch nicht ganz schuldig, da er die Geschichte nicht begann; er ist aber auch nicht ganz unschuldig, da er sie fortführt.
Albert Camus

Die Verantwortung gegenüber der Geschichte entbindet von der Verantwortung gegenüber den Menschen. Darin liegt ihre Bequemlichkeit. *Albert Camus*

Gesetz, Recht und Ordnung

Der Zweck der Strafen ist, die Anwendung der Strafen überflüssig zu machen. *Konfuzius*

Die Gesetze sind Früchte menschlichen Sinnens im Gegensatz zu den Dingen der Natur. *Demokrit*

Denn häufig sind diese beiden, die Natur und das Gesetz, in Widerspruch. *Platon*

Die Gesetze, glaube ich, sind von den schwachen Menschen und von der großen Masse gemacht. Zu ihren Gunsten und zu ihrem eigenen Nutzen stellen diese die Gesetze auf, sprechen sie Lob und Tadel aus! Die Stärkeren unter den Menschen und diejenigen, die imstande sind, ein Übergewicht zu erlangen, wollen sie einschüchtern. *Platon*

Jeder wird für jedes Verbrechen, das er begangen hat, und zwar an jedem einzelnen Menschen, der Reihe nach bestraft, für jedes Verbrechen zehnmal. *Platon*

Die Gesetze müssen sich nach den Verfassungen richten, nicht aber die Verfassungen nach den Gesetzen. *Aristoteles*

Wenn auf Erden die Liebe herrschte, wären alle Gesetze zu entbehren. *Aristoteles*

Denn das Recht ist nichts anderes als die in der staatlichen Gemeinschaft herrschende Ordnung, und eben dieses Recht ist es auch, das darüber entscheidet, was gerecht ist. *Aristoteles*

In Hinsicht auf die Weisen bestehen die Gesetze nicht, damit sie kein Unrecht tun, sondern damit ihnen kein Unrecht geschieht. *Epikur*

Je mehr Gesetze, desto mehr Diebe. *Laotse*

Wenn die Liebe verlorengeht, entstehen Rechte und Pflichten. Wenn die Staaten ins Verderben stürzen, entstehen Beamte, die nur ihre Pflicht tun. *Laotse*

Inmitten der Waffen schweigen nämlich die Gesetze.
Marcus Tullius Cicero

Den Gesetzen gehorchen wir alle nur deswegen, um frei sein zu können. *Marcus Tullius Cicero*

Höchst töricht ist die Meinung, dass alles gerecht sei, was Einrichtungen und Gesetze der Völker dafür erklären.
Marcus Tullius Cicero

Das höchste Recht ist zugleich das höchste Unrecht.
Marcus Tullius Cicero

Wir Menschen haben immer die Gleichheit der Rechte vor dem Recht gesucht. Wenn die Rechte nicht allen zugänglich wären, gäbe es keine Rechte. *Marcus Tullius Cicero*

Was das Gesetz nicht verbietet, verbietet der Anstand. *Seneca*

Kleine Verbrechen werden bestraft, große in Triumphzügen gefeiert. *Seneca*

Ein Verbrechen muss durch ein Verbrechen vertuscht werden.
Seneca

Wer das Unrecht nicht verbietet, wenn er kann, der befiehlt es.
Mark Aurel

Wer wird Liebenden Gesetze auflegen? Ein höheres Gesetz ist die Liebe sich selbst. *Boethius*

Niemand ist so rechtschaffen, dass er, wenn er alle seine Handlungen und Gedanken dem Gesetz unterwürfe, nicht zehnmal hängen müsste. *Michel de Montaigne*

Ich will dem Betruge seinen Rang nicht nehmen, das hieße die Welt schlecht verstehen; ich weiß, dass er oft sehr nützliche Dienste geleistet hat und dass er die meisten Stände der Menschen nährt und erhält. *Michel de Montaigne*

Die Not führt die Menschen zusammen und vereinigt sie. Dieses zufällige Flickwerk nimmt dann gesetzliche Formen an.
Michel de Montaigne

Es gibt nichts Schlimmeres als die Folter der Gesetze.
Francis Bacon

Rache ist eine Art wilder Justiz, je mehr des Menschen Natur ihr zuneigt, desto mehr sie vom Gesetz ausgerottet werden sollte. *Francis Bacon*

Jeder einzelne Bürger hat das Recht, zu entscheiden, was gute und böse Handlungen sind. Das Gewissen eines jeden Bürgers ist sein Gesetz. *Thomas Hobbes*

Das Gesetz verpflichtet zu dem, was es selbst nicht gab.
Blaise Pascal

Gesetz, Recht und Ordnung

Das Recht ohne Macht ist machtlos; die Macht ohne Recht ist tyrannisch … Also muss man dafür sorgen, dass das, was Recht ist, mächtig und das, was mächtig ist, gerecht sei. *Blaise Pascal*

Wer alles durch Gesetze bestimmen will, wird die Laster mehr aufstacheln als bessern. *Spinoza*

Das natürliche Recht eines jeden wird bloß durch seine Macht bestimmt. *Spinoza*

Jedes Gesetz soll klar, einheitlich und genau sein; es auslegen heißt fast immer, es verderben. *Voltaire*

Die Gesetzgebung ist die Kunst, die Völker glücklich zu machen und zu schützen; Gesetze, die dem entgegenwirken, stehen im Widerspruch mit ihrem Zweck und müssen daher abgeschafft werden. *Voltaire*

Sollen Friedensverträge aufgesetzt werden, so sind es die Säbel, mit denen man die Federn schneidet. *Voltaire*

Überall sieht man Verbrechen durch andere Verbrechen bestraft. *Voltaire*

Besser, man riskiert, einen Schuldigen zu retten, als einen Unschuldigen zu verurteilen. *Voltaire*

Jedes Gesetz, das das Volk nicht als Person bestätigt hat, ist null und nichtig; es ist kein Gesetz. *Jean-Jacques Rousseau*

Der allgemeine Geist der Gesetze aller Länder hat sich unverkennbar die Aufgabe gestellt, stets den Starken gegen den Schwachen und den Besitzenden gegen den Nichtbesitzenden zu begünstigen. Dieser Übelstand ist unvermeidlich und ohne Ausnahme. *Jean-Jacques Rousseau*

Von Natur hat jeder Mensch ein Recht auf alles, was er notwendig braucht.
Jean-Jacques Rousseau

Die soziale Ordnung kommt nicht von der Natur. Sie gründet sich auf Verträge.
Jean-Jacques Rousseau

Maßstab für die Gerechtigkeit oder Ungerechtigkeit eines Gesetzes ist das mehr oder weniger große Glück des Volkes.
Claude Adrien Helvétius

Das Gesetz muss auch für ein Volk von Teufeln passen, sofern sie nur Verstand haben.
Immanuel Kant

Ohne irgendein Gesetz kann gar nichts, selbst nicht der größte Unsinn, sein Spiel lange treiben.
Immanuel Kant

Die Sitten sind die Menschen, aber das Gesetz ist die Vernunft eines Landes.
Immanuel Kant

Pflicht ist die Notwendigkeit einer Handlung aus Achtung fürs Gesetz.
Immanuel Kant

Das Recht ist der Inbegriff der Bedingungen, unter denen die Willkür des einen mit der Willkür des anderen nach einem allgemeinen Gesetz der Freiheit in Einklang gebracht werden kann.
Immanuel Kant

Es soll kein Friedensschluss für einen solchen gelten, der mit dem geheimen Vorbehalt des Stoffs zu einem künftigen Kriege gemacht worden ist.
Immanuel Kant

Ordnung ist die Verbindung des Vielen nach einer Regel.
Immanuel Kant

Die Gesetze sind die Bestimmungen des der Welt selber innewohnenden Verstandes.
Georg Wilhelm Friedrich Hegel

Gesetz, Recht und Ordnung

Das Gesetz ist der abstrakte Ausdruck des allgemeinen an und für sich seienden Willens. *Georg Wilhelm Friedrich Hegel*

Das natürliche Recht aber ist die Freiheit, und die weitere Bestimmung derselben ist die Gleichheit in den Rechten vor dem Gesetz. *Georg Wilhelm Friedrich Hegel*

Ehre ist die Mystik der Rechtlichkeit. *Friedrich Schlegel*

Orden sind Wechselbriefe, gezogen auf die öffentliche Meinung. *Arthur Schopenhauer*

Der Mensch ist nicht der Gerechtigkeit oder Justiz wegen, sondern diese Justiz ist des Menschen wegen. *Ludwig Feuerbach*

Das Gesetz erzeugt nicht die Gerechtigkeit. Das Gesetz ist nichts als die Erklärung und Anwendung dessen, was bereits gerecht ist. *Pierre Joseph Proudhon*

Ordnung ist Macht. *Henri Frédéric Amiel*

Gesetzgeber ist eine sublimierte Form des Tyrannentums. *Friedrich Nietzsche*

Gesetze verraten nicht das, was ein Volk ist, sondern das, was ihm fremd erscheint. *Friedrich Nietzsche*

Man denkt sich den moralischen Unterschied zwischen einem ehrlichen Mann und einem Spitzbuben viel zu groß. Die Gesetze gegen Diebe und Mörder sind zugunsten der Gebildeten und Reichen gemacht. *Friedrich Nietzsche*

Recht: der Wille, ein jeweiliges Machtverhältnis zu verewigen. *Friedrich Nietzsche*

Meine Rechte: das ist jener Teil meiner Macht, in welchem die anderen mich erhalten wollen. *Friedrich Nietzsche*

An die dumme Stirne gehört als Argument von Rechts wegen die geballte Faust. *Friedrich Nietzsche*

Konvention heißt Übereinkommen in Worten und Handlungen ohne Übereinkommen des Gefühls. *Friedrich Nietzsche*

Der Sinn der Strafe ist: jemanden in der gesellschaftlichen Ordnung niedriger zu setzen. *Friedrich Nietzsche*

Man sagt oft, dass es wichtiger sei, den Unschuldigen freizusprechen als den Schuldigen zu verurteilen, aber überall obliegt es der Polizei, den Beweis für die Schuld, nicht für die Unschuld zu finden. *Bertrand Russell*

Recht ist das Ergebnis von Pflichten; Pflicht ist das Recht anderer auf uns. *Oswald Spengler*

Politik

Wer kein Amt im Staate hat, soll über seine Politik nicht mitreden. *Konfuzius*

Wer gescheit ist, treibt keine Politik. *Epikur*

Die Krone des Seelenfriedens ist unvergleichbar wertvoller als leitende Stellungen im Staate. *Epikur*

Vornehmstes Gebot sei des Volkes Wohl. *Marcus Tullius Cicero*

Man soll politische Machtsysteme nicht zu ernst nehmen, dafür aber stets bereit sein, dem Nächsten zu helfen. *Seneca*

Politik ist keine Wissenschaft, sondern eine Kunst. *Francis Bacon*

Die Macht ist die Königin der Welt, und nicht die Meinung der Leute. Aber die Meinung ist es, die die Macht gebraucht. Und es ist die Macht, welche die Meinung macht. *Blaise Pascal*

Die erhabenste Versammlung, sobald sie sich vom Parteigeist hinreißen lässt, begeht immer mehr Fehler als ein einzelner Mann. *Voltaire*

Bei der Geburt der Gesellschaften schaffen die Führer der Republiken die Institution, und alsbald bildet die Institution die Führer der Republiken. *Jean-Jacques Rousseau*

Nichts ist gefährlicher als der Einfluss der Privatinteressen in den öffentlichen Angelegenheiten. *Jean-Jacques Rousseau*

Die Politik sagt: Seid klug wie die Schlangen! Die Moral setzt hinzu: Und ohne Falsch wie die Tauben! *Immanuel Kant*

Alle Politik muss ihre Knie vor dem Recht beugen.
Immanuel Kant

Die Politik ergibt sich in der Tat zwangsläufig aus der Moral.
Claude Henri de Saint-Simon

Alle Parteien sind, wenn sie nach Macht streben, ausnahmslos Abarten des Absolutismus. *Pierre Joseph Proudhon*

Die politische Gewalt im eigentlichen Sinne ist die organisierte Gewalt einer Klasse zur Unterdrückung einer anderen.
Karl Marx

In der Politik darf man sich, um ein bestimmtes Ziel zu erreichen, mit dem Teufel selbst verbünden – nur muss man die Gewissheit haben, dass man den Teufel betrügt und nicht umgekehrt. *Karl Marx*

Jeder Schritt wirklicher Bewegung ist wichtiger als ein Dutzend Programme. *Karl Marx*

Der christliche Sozialismus ist nur das Weihwasser, womit der Pfaffe den Ärger der Aristokraten einsegnet. *Karl Marx*

Alles was ich weiß: Ich bin kein Marxist! *Karl Marx*

Große Politiker können ganz leere Menschen sein.
Friedrich Nietzsche

Gelehrten, welche Politiker werden, wird gewöhnlich die komische Rolle zuteil, das gute Gewissen einer Politik sein zu müssen. *Friedrich Nietzsche*

Ein Politiker teilt die Menschheit in zwei Klassen ein: in Werkzeuge und Feinde. Das bedeutet, dass er nur eine Klasse kennt: Feinde. *Friedrich Nietzsche*

Alles Politisieren, auch bei den größten Staatsmännern, ist Improvisieren auf gut Glück. *Friedrich Nietzsche*

Das Bedürfnis des Machtgefühls treibt die große Politik vorwärts. *Friedrich Nietzsche*

Die Politik ist so zu ordnen, dass mäßige Intellekte ihr genügen.
Friedrich Nietzsche

Die Zeit für kleine Politik ist vorbei, schon das nächste Jahrhundert bringt den Kampf um die Erdherrschaft, den Zwang zur großen Politik. *Friedrich Nietzsche*

Der demagogische Charakter ist gegenwärtig allen politischen Parteien gemeinsam. *Friedrich Nietzsche*

Wer viel denkt, eignet sich nicht zum Parteimann; er denkt sich durch die Partei hindurch. *Friedrich Nietzsche*

Der echte Parteimann lernt nicht mehr, er erfährt und richtet nur noch. *Friedrich Nietzsche*

In jeder Partei ist einer, der durch sein gar zu gläubiges Aussprechen der Parteigrundsätze die übrigen zum Abfall reizt.
Friedrich Nietzsche

Der Sozialismus ist eine Reaktion gegen das Individuellwerden.
Friedrich Nietzsche

Der Sozialismus ist die zu Ende gedachte Herdentiermoral.
Friedrich Nietzsche

Ein Bündnis ist fester, wenn die Verbündeten aneinander glauben, als wenn sie voneinander wissen. *Friedrich Nietzsche*

Die Wissenschaftler bemühen sich, das Unmögliche möglich zu machen. Die Politiker bemühen sich oft, das Mögliche unmöglich zu machen. *Bertrand Russell*

Das Hauptproblem von Ethik und Politik besteht darin, auf irgendeine Weise die Erfordernisse des Gemeinschaftsleben mit den Wünschen und Begierden des Individuums in Einklang zu bringen. *Bertrand Russell*

Die besondere Fertigkeit des Politikers besteht darin, dass er weiß, welche Leidenschaften am leichtesten zu erregen sind und wie sich, sobald sie erregt sind, verhindern lässt, dass sie ihm und seinen Anhängern schaden. *Bertrand Russell*

Kommunismus und Kapitalismus sind nur Wege, auf denen die Menschen dazu gebracht werden, einander umzubringen.
Bertrand Russell

Unter politischer Entscheidung versteht man heute im allgemeinen den Anschluss an eine Gruppe. *Martin Buber*

Die Debatten der Staatenvertreter von heute haben mit einem Menschengespräch nichts mehr gemeinsam: man redet nicht zueinander. *Martin Buber*

Politik im höchsten Sinne ist Leben, und Leben ist Politik. Jeder Mensch, er mag wollen oder nicht, ist Glied dieses kämpfenden Geschehens, als Subjekt oder Objekt; etwas drittes gibt es nicht.
Oswald Spengler

Politik ist der verzweifelte Versuch, mit den Problemen der Masse fertig zu werden. *Eduard Spranger*

Das Gesetz der öffentlichen Meinung ist das allgemeine Gravitationsgesetz der politischen Geschichte. *José Ortega y Gasset*

Zusehen in der Politik bedeutet nicht existieren. *Karl Jaspers*

Politik ist das Handeln, das orientiert ist an der Macht und an der Möglichkeit der Gewalt. *Karl Jaspers*

Die Politik zwingt in das Mitdenken dessen, was der andere denkt. *Karl Jaspers*

Der „sozialistische Realismus" ist die Ästhetik, die verfügt: Wo Sozialismus, wie man ihn will, und Realität in Konflikt geraten, muss der Realismus weichen. *Ludwig Marcuse*

Politik ist ein Kompromiss oder eine Schriftstellerei.
Herbert Marcuse

Lasst Theorien sterben und nicht Menschen.
Karl Raimund Popper

Aber von allen politischen Idealen ist der Wunsch, die Menschen glücklich zu machen, vielleicht der gefährlichste.
Karl Raimund Popper

Noch niemals hat sich die Politik mit dem Schicksal der Enkel befasst. Davon kenne ich nur eine Ausnahme: Bismarck lagerte ein Fass Kognak ein, damit seine Enkelkinder etwas Anständiges zu trinken hätten. *Arnold Gehlen*

Eine Partei kann immer nur ein Mittel sein. Und immer gibt es nur einen einzigen Zweck: die Macht. *Jean-Paul Sartre*

Aber grade weil der Mensch frei ist, ist der Sieg des Sozialismus durchaus nicht gesichert. *Jean-Paul Sartre*

Der Politik ist eine bestimmte Form der Lüge fast zwangsläufig zugeordnet: das Ausgeben des für eine Partei Nützlichen als das Gerechte. *Carl Friedrich v. Weizsäcker*

Wer nicht diese Anstrengung macht, gleichzeitig die Sicherheit im Handeln zu zeigen und die Unsicherheit im Denken als die wahre Sicherheit des bewussten Menschen zu praktizieren, der wird nicht sinnvoll Politik treiben können.

Carl Friedrich v. Weizsäcker

Es gibt genug Politiker, die gerne das Richtige täten, wenn sie nicht wüssten, dass sie, gerade weil sie das Richtige tun, die nächste Wahl verlieren werden. Also muss die öffentliche Meinung aufgeweckt werden. *Carl Friedrich v. Weizsäcker*

Aber ohne Freiheit auch kein Sozialismus, es sei denn der Sozialismus der Galgen. *Albert Camus*

Staat

Siehst du also irgendwo in einem Staat Bettler, so steht es fest, dass sich dort auch Diebe, Beutelschneider, Tempelräuber und Meister in allen anderen Schandtaten versteckt halten. *Platon*

In der Chronik vom Aufgang und Niedergang der Staaten sind keine gerechten Kriege verzeichnet, wenn auch der eine gerechtfertigter war als der andere. *Megntse*

Die vollkommenste politische Gemeinschaft ist die, in der eine Mittelklasse herrscht, die den beiden anderen Klassen zahlenmäßig überlegen ist. *Aristoteles*

Der Zweck des Staates ist die Verschönerung des Lebens. *Aristoteles*

Des Staates höchstes Gut ist die Gerechtigkeit ... *Aristoteles*

In dem Staat, wo die Guten nichts voraus haben wollen und die Schlechten nichts voraus haben können, sind Friede und Eintracht. *Aristoteles*

Keine Staatsform bietet ein Bild hässlicherer Entartung, als wenn die Wohlhabendsten für die Besten gehalten werden. *Marcus Tullius Cicero*

Die Steuern sind die Nerven des Staates. *Marcus Tullius Cicero*

Und wenn ihr die Geschichte fremder Völker lesen und hören wollt, so werdet ihr finden, dass die größten Staaten von jungen Männern erschüttert, von alten hingegen aufrecht erhalten und wiederhergestellt worden sind. *Marcus Tullius Cicero*

Diejenige Staatsform ist die beste, in welcher die Gesetze am meisten und die Redner der Parteien am wenigsten Gehör finden.
Plutarch

Wenn eine der vier Säulen des Reiches, die da sind die Religion, die Justiz, der Rat und der Wohlstand, erschüttert wird und ins Wanken kommt, so ist es Zeit, durch Gebet um gut Wetter anzuhalten.
Francis Bacon

Der Wert des Geldes ist der Pulsschlag des Staates.
Voltaire

Wenn einmal eine Nation zu denken beginnt, ist es unmöglich, sie daran zu hindern.
Voltaire

Staaten verliert man nur durch Schüchternheit.
Voltaire

Sobald einer über die Staatsangelegenheiten sagt: „Was geht's mich an?", muss man damit rechnen, dass der Staat verloren ist.
Jean-Jacques Rousseau

Freilich ist es für den Staat bedeutsam, dass jeder Staatsbürger eine Religion habe, die ihn seine Pflichten lieben lässt.
Jean-Jacques Rousseau

Die Familie ist also, wenn man so will, das erste Muster der staatlichen Gebilde.
Jean-Jacques Rousseau

Der Despotismus ist gleichsam das Alter und die letzte Krankheit eines Reiches.
Claude Adrien Helvétius

Staat – ein Volk, das sich selbst beherrscht.
Immanuel Kant

Die bürgerliche Verfassung in jedem Staat soll republikanisch sein.
Immanuel Kant

Der einzig und allein gerechte und einzig und allein zu rechtfertigende Endzweck des Staates ist: Das größte Glück der größten Zahl.
Jeremy Bentham

Die höheren Zweige der Vernunftkultur, Religion, Wissenschaft, Tugend können nie Zwecke des Staates werden.
Johann Gottlieb Fichte

Der Staat ist die Wirklichkeit der sittlichen Idee.
Georg Wilhelm Friedrich Hegel

Der Staat ist die Wirklichkeit der konkreten Freiheit.
Georg Wilhelm Friedrich Hegel

Das Volk, insofern mit diesem Worte ein besonderer Teil der Mitglieder eines Staates bezeichnet ist, drückt den Teil aus, der nicht weiß, was er will.
Georg Wilhelm Friedrich Hegel

Sonst war die Religion, ich gesteh`s, die Stütze des Staates, aber jetzt ist der Staat Stütze der Religion.
Ludwig Feuerbach

Kommunismus: die Ausbeutung der Starken durch die Schwachen.
Pierre Joseph Proudhon

Die freiesten Nationen sind diejenigen, bei denen die Staatsgewalt am wenigsten Einfluss und Macht besitzt, oder bei denen ihre Aufgabe am meisten beschränkt ist.
Pierre Joseph Proudhon

Staat: eine kluge Veranstaltung zum Schutze der Individuen gegeneinander.
Friedrich Nietzsche

Dort, wo der Staat aufhört, da beginnt erst der Mensch, der nicht überflüssig ist.
Friedrich Nietzsche

Der Staat heißt das kälteste aller kalten Ungeheuer. Kalt lügt es auch; und diese Lüge kriecht aus seinem Munde: „Ich, der Staat, bin das Volk."
Friedrich Nietzsche

Die allgemeinste Bildung, d. h. die Barbarei, ist eben die Voraussetzung des Kommunismus.
Friedrich Nietzsche

Die herrschende Klasse in einem kommunistischen Staat ist sogar noch mächtiger als die kapitalistische Klasse in einem demokratischen Staat.
Bertrand Russell

Man kann den einzelnen Menschen betrachten a. als kleinen Mann, b. als Helden und c. als Rädchen einer Maschine. Der erste Weg führt zur altmodischen Demokratie, der zweite zum Faschismus, der dritte zum Kommunismus.
Bertrand Russell

Nicht was wir gestern waren, sondern was wir morgen zusammen sein werden, vereinigt uns zum Staat.
José Ortega y Gasset

Die Ausbürgerung ist ein Ehrenzeichen geworden – das einzige, das die Nazis zu verleihen imstande sind.
Ernst Bloch

Der Staat ist eben auch nur ein Mensch und kann verlangen, dass wir ein bisschen nachsichtig mit ihm sind.
Ludwig Marcuse

Ein politisches System, das dem Untergang geweiht ist, tut instinktiv vieles, was diesen Untergang beschleunigt.
Jean-Paul Sartre

Demokratie

Aus der Demokratie entwickelt sich, wenn Freiheit im Übermaß bewilligt wird, die Tyrannei. *Platon*

Demokratie entsteht, wenn man nach Freiheit und Gleichheit aller Bürger strebt und die Zahl der Bürger, nicht aber ihre Art berücksichtigt. *Aristoteles*

Wo Handwerker und Taglöhner die große Masse des Volkes bilden, da wird leicht die äußerste und ausgelassenste Demokratie sich erzeugen. *Aristoteles*

Wenn die gesamte politische Handlungsbefugnis in der Hand des Volkes liegt, so ist gerade die Gleichheit eine Ungleichheit, da sie keine Abstufungen nach dem wahren Wert der einzelnen Persönlichkeit zulässt. *Marcus Tullius Cicero*

Die Demokratie ist in Wirklichkeit nicht mehr als die Aristokratie der Redner, die durch die zeitweilige Monarchie eines Redners unterbrochen wird. *Thomas Hobbes*

Nur ein Volk von Göttern könnte demokratisch regiert werden. *Jean-Jacques Rousseau*

Unter den drei Staatsformen ist die der Demokratie im eigentlichen Verstande des Worts notwendig ein Despotismus, weil sie eine exekutive Gewalt gründet, da alle über und allenfalls auch wider einen (der also nicht mit einstimmt) mithin alle, die doch nicht alle sind, beschließen. *Immanuel Kant*

In der demokratischen Verfassung ist überhaupt der Entwicklung großer politischer Charaktere am meisten Raum gegeben. *Georg Wilhelm Friedrich Hegel*

Demokratie

Der Demokrat ist ein junger Konservativer, der Konservative ein alter Demokrat. *Ralph Waldo Emerson*

Die Demokratie ist die Abschaffung aller Gewalten, der geistlichen und weltlichen, der legislativen, exekutiven und richterlichen, und der Gewalt des Eigentums. *Pierre Joseph Proudhon*

Die Demokratie repräsentiert den Unglauben an große Menschen und an Elite-Gesellschaft … *Friedrich Nietzsche*

Demokratie ist die Verfallsform des Staates. *Friedrich Nietzsche*

Die demokratischen Einrichtungen sind Quarantäneanstalten gegen tyrannenhafte Gelüste. *Friedrich Nietzsche*

Die Solitärperson kann sich am leichtesten in einer demokratischen Gesellschaft entwickeln. *Friedrich Nietzsche*

Die Dressierbarkeit der Menschen ist in diesem demokratischen Europa sehr groß geworden. *Friedrich Nietzsche*

Neid ist die Grundlage der Demokratie. Die demokratische Bewegung in den griechischen Staaten ist sicher fast vollständig auf diese Leidenschaft zurückzuführen, und dasselbe trifft auf die moderne Demokratie zu. *Bertrand Russell*

Die Verdienste der Demokratie sind negativer Natur: Sie sichert keine gute Regierung, sondern verhindert bestimmte Übel.
Bertrand Russell

Ein Demokrat braucht nicht zu glauben, dass eine Mehrheit immer eine weise Entscheidung treffen wird. Woran er glauben soll, ist die Notwendigkeit, dass der Mehrheitsbeschluss, ob klug oder unklug, angenommen werden muss, bis die Mehrheit einen anderen Beschluss fasst. *Bertrand Russell*

Demokratie ist die politische Form, in welcher vom Bauern die Weltanschauung des Stadtmenschen verlangt wird.
Oswald Spengler

Die Demokratie hat das Buch aus dem Geistesleben der Volksmassen vollständig durch die Zeitung verdrängt.
Oswald Spengler

In Gestalt der Demokratie hat das Geld triumphiert. Es gab eine Zeit, wo es allein oder fast allein Politik machte.
Oswald Spengler

Demokratie und Plutokratie sind gleichbedeutend. Sie verhalten sich wie der Wunsch zur Wirklichkeit, wie Theorie zur Praxis, wie Erkenntnis zum Erfolg.
Oswald Spengler

Die Demokratie ist das Paradies der Schreier und Schwätzer, Phraseure, Schmeichler und Schmarotzer, die jedem sachlichen Talent und Verdienst den Weg weit mehr verlegen, als dies in irgendeiner anderen Verfassungsform vorkommt.
Nicolai Hartmann

Demokratie ist tolerant gegen alle Möglichkeiten, muss aber gegen Intoleranz selber intolerant werden können.
Karl Jaspers

Demokratie wächst mit dem Denken des Volkes. Ohne dieses ist sie eine entsetzliche Täuschung. Dass die Entwicklung dieser Urteilskraft möglich ist, ist die Idee der Demokratie.
Karl Jaspers

Demokratie bedeutet zur Geltungkommen eines jeden nach seinem Können und Verdienst.
Karl Jaspers

Demokratie setzt Vernunft voraus, die ihr folgen soll.
Karl Jaspers

Demokratie heißt Selbsterziehung und Information des Volkes. Es lernt nachdenken. Es weiß, was geschieht. Es urteilt. Die Demokratie fördert ständig den Prozess der Aufklärung.
Karl Jaspers

Die Idee der Demokratie verlangt die Fühlung der Staatsmänner mit dem Volke. Ohne das ist Demokratie nur als parteiliche Vorbereitung und als Manipulation der Abstimmungen da.
Karl Jaspers

Demokratie heißt Entscheidung durch die Betroffenen.
Carl Friedrich v. Weizsäcker

Das demokratische System … beruht auf der Überzeugung, dass man den Menschen die Wahrheit sagen kann.
Carl Friedrich v. Weizsäcker

Regieren

Das Seltenste, was ich gesehen: Ein alter Tyrann. *Thales*

Wer sich selbst nicht zügeln kann, ist zum Regieren unfähig.
Konfuzius

Wenn ein Herrscher das Rechte tut, wird er Einfluss auf die Menschen haben, ohne zu befehlen. *Konfuzius*

Wer aufrichtig ist, dem vertraut das Volk. *Konfuzius*

Wenn ein Staat gut regiert wird, so sind Armut und niederer Stand beschämend; wenn ein Staat schändlich regiert wird, so sind Reichtum und hohe Ehren beschämend. *Konfuzius*

König ist nur, wer seine eigenen Leidenschaften beherrscht.
Sokrates

Manche herrschen über Städte und sind Sklaven von Frauen.
Demokrit

Drei Schätze haben die Herrscher: ihr Land, ihr Volk, ihre gesetzliche Ordnung. Wer aber Gold und Edelsteine für seine Schätze hält, dem ist der Untergang sicher. *Mengtse*

Die meisten Tyrannen sind aus Demagogen hervorgegangen.
Aristoteles

Deshalb ist es auch ein vortrefflicher Spruch, dass man nicht gut befehlen kann, wenn man nicht gehorcht hat. *Aristoteles*

Es soll aber der König ein Wächter darüber sein, dass sowohl die Besitzenden kein Unrecht erleiden, als auch andererseits das Volk nicht übermütig und gewalttätig behandelt wird.
Aristoteles

Wir alle geben zu, dass der Tüchtigste und von Natur Trefflichste herrschen sollte und dass allein das Gesetz herrsche und der aus der Vernunft entspringende Gedanke. *Aristoteles*

Die guten Herrscher bringen den Menschen eine Ordnung, die sie fröhlicher macht. *Chuangtse*

Herrscht ein ganz Großer, so weiß das Volk kaum, dass er da ist. *Laotse*

Durch einen glücklichen Zufall kann ein Mann die Welt eine Zeitlang, aber dank der Liebe kann er sie für immer beherrschen. *Laotse*

Das Volk ist schwer zu regieren, wenn es allzu klug ist. *Laotse*

Wer gut herrscht, muss einst gehorcht haben.
Marcus Tullius Cicero

Wer aber einen Teil der Bürger begünstigt und einen andern vernachlässigt, schleppt das verderblichste Übel in das Gemeinwesen ein.
Marcus Tullius Cicero

Dem König gehört nicht der Staat, sondern dem Staat der König.
Seneca

Ungerechte Herrschaft ist niemals dauerhaft.
Seneca

Die wichtigste Kunst der Königsherrschaft: Neid ertragen zu können.
Seneca

Wer Hass allzu sehr fürchtet, versteht nicht zu herrschen.
Seneca

Wer geliebt werden will, regiert mit nachsichtiger Hand.
Seneca

Den guten Steuermann lernt man im Sturme kennen.
Seneca

Unzählige Menschen haben Völker und Städte beherrscht, ganz wenige nur sich selbst.
Seneca

Ein Fürst ist am glücklichsten, wenn er es dahin bringt, dass die Untertanen nicht ihn, sondern für ihn fürchten.
Plutarch

Wie macht's am sichersten des Staates Oberhaupt, dass unerschütterlich er seine Herrschaft stützt? Wenn Redefreiheit er erlaubt und seine Bürger vor dem Unrecht schützt.
Plutarch

Gehorsamkeit ist eine Kunst, die der Regent selbst lehren muss, und wer gut leitet, dem folgt man gern.
Plutarch

Ein Fürst erlangt am meisten Ruhm bei seinen Bürgern, wenn er die Alleinherrschaft in eine Volksherrschaft verwandelt.
Plutarch

Der König ist das lebendige Gesetz. *Mark Aurel*

Nichts, was gegen die Wünsche der Mehrheit ist, kann sich auf die Dauer behaupten. So wird es sich also kaum ereignen, dass sich die Herrschaft eines Tyrannen auf lange Zeit erstreckt.
Thomas v. Aquin

Fürsten sind Himmelskörpern zu vergleichen, die gute und böse Zeiten verursachen, große Verehrung genießen, aber keine Ruhe haben. *Francis Bacon*

Ohne Zweifel sind die besten und für das Gemeinwohl verdienstvollsten Werke von ledigen oder kinderlosen Männern vollbracht worden. *Francis Bacon*

Es muss verschiedene Rangstufen geben, da alle Menschen herrschen wollen und nicht alle es können. *Blaise Pascal*

Die Macht der Könige ist auf die Vernunft und auf die Torheit des Volkes gegründet. Vielmehr auf die Torheit. *Blaise Pascal*

Die Tyrannei besteht in dem universellen, seine Ordnung sprengenden Verlangen nach Herrschaft. *Blaise Pascal*

Diejenige Regierung wird die gewaltsamste sein, wo einem jeden die Freiheit, zu sagen und zu lehren, was er denkt, verweigert wird. *Benedictus de Spinoza*

Es kann keine vollkommene Regierung geben, weil die Menschen Leidenschaften haben; hätten sie aber keine, dann wäre eine Regierung unnötig. *Voltaire*

Regieren

Jedes Land, in dem Betteln ein Beruf ist, wird schlecht regiert.
Voltaire

Die Regierungskunst besteht darin, so viel Geld wie möglich einer Klasse von Bürgern zu nehmen und es einer anderen zu geben.
Voltaire

Es ist ebenso gefährlich, wenn der Souverän in die Ämter der Regierung wie wenn die Regierung in die der Souveränität eingreift.
Jean-Jacques Rousseau

Erobern ist leichter als regieren.
Jean-Jacques Rousseau

So habe ich denn bewiesen, dass die Regierung umso schlaffer wird, je mehr die Behörden zunehmen.
Jean-Jacques Rousseau

Wäre ich Fürst oder Gesetzgeber, so würde ich meine Zeit nicht damit vergeuden, zu sagen, was man tun muss; ich würde es tun oder schweigen.
Jean-Jacques Rousseau

Übrigens ist die Häufigkeit der Hinrichtungen stets ein Zeichen der Schwäche oder Saumseligkeit innerhalb der Regierung.
Jean-Jacques Rousseau

Die besten Könige wollen böse sein dürfen, wenn es ihnen beliebt.
Jean-Jacques Rousseau

Das Volk lässt sich nie bestechen, wohl aber oft hinter das Licht führen.
Jean-Jacques Rousseau

Die durch Schmeichelei verderbten Herrscher sind wie verwöhnte Kinder.
Claude Adrien Helvétius

Macht: ein Vermögen, welches großen Hindernissen überlegen ist. Eben dieselbe heißt Gewalt, wenn sie auch dem Widerstande dessen, was selbst Macht besitzt, überlegen ist.
Immanuel Kant

Despotismus nimmt niemals eine schlimmere Gestalt an, als wenn er unter dem Deckmantel des Wohlwollens einherkommt.
Jeremy Bentham

Die Regierung ist ein notwendiges Übel, sie ist in der Hinsicht eine Wohltat, dass sie das größte Übel aller Übel, die Anarchie, verhindert.
Claude Henri de Saint-Simon

Regierungen sind die Segel, das Volk ist der Wind.
Georg Wilhelm Friedrich Hegel

Ist es nicht allgemein bekannt, dass auf acht freie und unvermählte Herrscherinnen sieben kamen, die ruhmvoll regiert haben, während auf acht Könige in der Regel sieben schwache Herrscher entfallen!
Charles Fourier

Die Würde und der Wert der Herrschaft richtet sich nach der Würde und dem Wert des Beherrschten.
Ludwig Feuerbach

Die Regierung des Menschen über den Menschen ist die Sklaverei.
Pierre Joseph Proudhon

Die politische Gewalt im eigentlichen Sinne ist die organisierte Gewalt einer Klasse zur Unterdrückung einer anderen.
Karl Marx

Proletarier aller Länder, vereinigt euch!
Karl Marx

Der Blick der Menschheit war bisher zu stumpf, zu erkennen, dass die mächtigsten Menschen große Schauspieler waren.
Friedrich Nietzsche

Herrschen ist: das Gegengewicht der schwächeren Kraft ertragen – also eine Art Fortsetzung des Kampfes.
Friedrich Nietzsche

Das schlechte Gewissen der Unterdrücker ... rührt sich erst, wenn ihre Macht nicht mehr gesichert ist. *Bertrand Russell*

Regierung kann auch ohne Recht bestehen, nicht aber Recht ohne Regierung. *Bertrand Russell*

Die meisten Politiker kommen zu ihrer Führerstellung, weil sie den Leuten weismachen, Führer seien von uneigennützigen Wünschen beseelt. *Bertrand Russell*

Allen Formen der Herrschaft ist dies gemeinsam: jede besitzt mehr Macht als die gegebenen Bedingungen es erfordern.
Martin Buber

Noch kein Herrscher hat seine Herrschaft im wesentlichen auf etwas anderes gestützt als auf die öffentliche Meinung.
José Ortega y Gasset

Macht hat Legitimität nur im Dienst der Vernunft. Allein von hier bezieht sie ihren Sinn. An sich ist sie böse. *Karl Jaspers*

Ein Führer entsteht nur, wenn eine Gefolgschaft bereits da ist.
Ludwig Marcuse

Kein Mensch besitzt so viel Festigkeit, dass man ihm die absolute Macht zubilligen könnte. *Albert Camus*

Es ist keine Tyrannei möglich, sobald der Tyrann merkt, dass man ihn nicht fürchtet. *Albert Camus*

Moral

Moral und Ethik

Ich habe noch keinen gesehen, der moralischen Wert liebt ebenso, wie er die Frauenschönheit liebt. *Konfuzius*

Das, von dem ich nicht will, dass andere mir es tun, tue ich auch anderen nicht. *Konfuzius*

Du hast übel gesät und bös geerntet. *Gorgias*

Durch Belehrung wird nie ein böser Mensch zu einem guten gemacht. *Platon*

Aber ach, die Moral jedoch, sie widerspricht der Natur des Menschen, denen sie große Schmerzen macht. *Chuangtse*

Wer in sich selbst beruhigt ist, der beunruhigt auch den anderen nicht. *Epikur*

Der Himmel scheint uns schön, weil es Hässliches gibt. Das Gute scheint uns gut, weil es Böses gibt. *Laotse*

Die Sitte ist nur Schein des Sittlichen und Zeichen vom Zerfall. *Laotse*

Wie du gesät, so wirst du ernten. *Marcus Tullius Cicero*

Kein besonnener Mensch straft, weil gefehlt worden ist, sondern damit nicht (wieder) gefehlt werde. *Seneca*

Eine Hand wäscht die andere. *Seneca*

Niemand wird es müde, sich helfen zu lassen. Helfen aber ist eine Handlung gemäß der Natur. Werde daher nicht müde, dir helfen zu lassen, indem du anderen hilfst. *Mark Aurel*

Besser auf dem rechten Weg hinken, als festen Schrittes abseits wandeln. *Aurelius Augustinus*

Tugend ist, was man mit Leidenschaft tut; Laster ist, was man aus Leidenschaft tut. *Aurelius Augustinus*

Gutes ohne Böses kann es geben; Böses ohne Gutes aber kann es nicht geben. *Thomas v. Aquin*

Die nur ganz langsam gehen, aber immer den rechten Weg verfolgen, können viel weiter kommen als die, welche laufen und auf Abwege geraten. *René Descartes*

Es gibt bereits alle guten Grundsätze. Wir brauchen sie nur anzuwenden. *Blaise Pascal*

Man bessert sich oft gründlicher durch den Anblick des Bösen als durch das Vorbild des Guten. *Blaise Pascal*

Der Mensch lebt, um zu denken, und seine Pflicht ist es, gut zu denken: Der erste Grundsatz der Moral. *Blaise Pascal*

Es gibt nur eine Moral, genau wie es nur eine Geometrie gibt. *Voltaire*

Wie das größte physische Übel der Tod ist, so ist das größte moralische Übel zweifellos der Krieg. *Voltaire*

Die Moral ist dieselbe bei allen Menschen; also kommt sie von Gott. Die Kultur ist verschieden, also ist es Menschenwerk. *Voltaire*

Man kann nicht über die Sitten nachdenken, ohne daran Gefallen zu finden, sich an das Bild der Einfachheit der Vorzeit zu erinnern. *Jean-Jacques Rousseau*

Es ist die Aufgabe der Frauen, gewissermaßen die praktische Moral zu finden; unsere ist es, sie in ein System zu bringen.
Jean-Jacques Rousseau

Rückt die Meinungen des Volkes zurecht und seine Sitten werden sich von selbst bessern. *Jean-Jacques Rousseau*

Der Reiz des Familienlebens ist das beste Gegengift gegen den Verfall der Sitten. *Jean-Jacques Rousseau*

Wollen wir in Frieden leben, muss der Friede aus uns selbst kommen. *Jean-Jacques Rousseau*

Das Böse ist das, was mehr Nachteile als Vorteile, und das Gute, was mehr Vorteile als Nachteile hat. *Denis Diderot*

Die Leidenschaften sind in der moralischen Welt, was in der physischen Welt die Bewegung ist. *Claude Adrien Helvétius*

Der Grenzgott der Moral weicht nicht dem Jupiter.
Immanuel Kant

Nur das fröhliche Herz allein ist fähig, Wohlgefallen an dem Guten zu finden. *Immanuel Kant*

Handle nur nach derjenigen Maxime, durch die du zugleich wollen kannst, dass sie ein allgemeines Gesetz werde.
Immanuel Kant

Handle so, dass du die Menschheit, sowohl in deiner Person, als in der Person eines jeden andern, jederzeit zugleich als Zweck, niemals bloß als Mittel brauchtest. *Immanuel Kant*

Maxime: eine Regel, die die Willkür sich selbst für den Gebrauch der Freiheit macht.
Immanuel Kant

Tue das, wodurch du würdig wirst, glücklich zu sein.
Immanuel Kant

Die Moral ist ein steter Angriff auf das Recht des Stärkeren.
Jeremy Bentham

Die Moral ist nichts als die Regulierung des Egoismus.
Jeremy Bentham

Die Wurzel aller Sittlichkeit ist die Selbstbeherrschung.
Johann Gottlieb Fichte

Moral heißt, dass das Subjekt aus sich in seiner Freiheit die Bestimmungen des Guten, Sittlichen, Rechtlichen setzt, und, indem es diese Bestimmungen aus sich setzt, diese Bestimmungen des Aussichsetzens aufhebt, so dass sie ewig, an und für sich seiend sind.
Georg Wilhelm Friedrich Hegel

Moralität ohne Sinn für Paradoxie ist gemein. *Friedrich Schlegel*

Es ist unmöglich, jemandem ein Ärgernis zu geben, wenn er es nicht nehmen will.
Friedrich Schlegel

Maximen beim Handeln sind notwendig, um der Schwäche des Augenblicks Widerstand leisten zu können.
Arthur Schopenhauer

Moral predigen ist leicht, Moral begründen schwer.
Arthur Schopenhauer

Die höchste intellektuelle Eminenz kann zusammenbestehen mit der ärgsten moralischen Verworfenheit.
Arthur Schopenhauer

Echte Moral und Moralität ist von keiner Religion abhängig, wiewohl jede sie sanktioniert und ihr dadurch eine Stütze gewährt.
Arthur Schopenhauer

Jedes Süße hat sein Bitteres, jedes Bittere sein Süßes, jedes Böse sein Gutes.
Ralph Waldo Emerson

Reinheit des Herzens ist, in Wahrheit eines zu wollen, und zwar das Gute, das seinen Lohn in sich selber trägt.
Ralph Waldo Kierkegaard

Es gibt Herren-Moral und Sklaven-Moral. *Friedrich Nietzsche*

Moral ist eine Wichtigtuerei des Menschen vor der Natur.
Friedrich Nietzsche

Die Furcht ist die Mutter der Moral. *Friedrich Nietzsche*

Lieber sich bestehlen lassen, als Vogelscheuchen um sich haben – das ist mein Geschmack. *Friedrich Nietzsche*

Nicht an den anderen denken, alles strengstens um seiner selber willen tun, ist auch eine hohe Moralität.
Friedrich Nietzsche

Bereuen heißt sich selbst im Stich lassen. *Friedrich Nietzsche*

Hatte der Geber nicht zu danken, dass der Nehmende nahm? Ist Schenken nicht eine Notdurft? Ist Nehmen nicht – Erbarmen?
Friedrich Nietzsche

„Du sollst!" klingt den meisten angenehmer als „ich will"; in ihren Ohren sitzt immer noch der Herdeninstinkt.
Friedrich Nietzsche

„Die Erkenntnis um ihrer selbst willen" – das ist der letzte Fallstrick, den die Moral legt: damit verwickelt man sich noch einmal völlig in sie.
Friedrich Nietzsche

Der Wille zum System ist ein Mangel an Rechtschaffenheit.
Friedrich Nietzsche

Das Schlechte gewinnt durch Nachahmung an Ansehen, das Gute verliert dabei.
Friedrich Nietzsche

Moralisten: Menschen, die sich jedes Vergnügen versagen, außer jenem, sich in das Vergnügen anderer Menschen einzumischen.
Bertrand Russell

Der Moralist pflegt gern die Ansprüche der menschlichen Natur zu übersehen; in solchen Fällen wird aber wahrscheinlich die Natur des Menschen von den Ansprüchen des Moralisten keine Notiz nehmen.
Bertrand Russell

Die moderne Menschheit hat zwei Arten von Moral; eine, die sie predigt, und eine andere, die sie anwendet, aber nicht predigt.
Bertrand Russell

Es ist wohl klar, dass wir nie auf die Gegenüberstellung von „gut" und „schlecht" gekommen wären, wenn wir keine Wünsche hätten.
Bertrand Russell

Wer das helfende Wort in sich aufruft, erfährt das Wort. Wer Halt gewährt, verstärkt in sich den Halt. Wer Trost spendet, vertieft in sich den Trost. Wer Heil wirkt, dem offenbart sich das Heil.
Martin Buber

Das Böse kann nicht mit der ganzen Seele getan werden; das Gute kann nur mit der ganzen Seele getan werden.
Martin Buber

Die Moral des modernen Zeitalters hat eine windige Sentimentalität gezüchtet, die als der Übel größtes den Tod hinstellt. Warum das, wenn das Leben so schlecht ist?

José Ortega y Gasset

Zynismus kann ein Präludium echter Moral sein.

Ludwig Marcuse

Eigentlich war der Mensch nie besser – aber in einfacheren Verhältnissen weniger raffiniert schlecht. *Ludwig Marcuse*

Intelligente Feindesliebe geht davon aus, dass der Friede nur zusammen mit dem Gegner erhalten werden kann.

Carl Friedrich v. Weizsäcker

Man muss seine Prinzipien für die großen Sachen einsetzen. Für die kleinen genügt das Erbarmen. *Albert Camus*

Verantwortung, Gewissen

Hast überschritten du eine Pflicht, so scheue den Rückweg nicht. *Konfuzius*

Verantwortlich ist man nicht nur für das, was man tut, sondern auch für das, was man nicht tut. *Laotse*

Ohne Gewissen ist alles verloren. *Marcus Tullius Cicero*

Die wahre Ruhe ist die des guten Gewissens. *Seneca*

Was nützt es dir, keinen Mitwisser zu haben, da du ein Gewissen hast? *Seneca*

Verantwortung, Gewissen

Wenn einer in der Trunkenheit etwas Sträfliches begeht, so muss er doppelte Strafe leiden, als wenn er es in der Nüchternheit begangen hätte.
Plutarch

Alles, was gegen das Gewissen geschieht, ist Sünde.
Thomas v. Aquin

Das Gewissen ist das beste Moralbuch, dasjenige, welches man stets befragen sollte.
Blaise Pascal

Die wahre Unschuld schämt sich nicht.
Jean-Jacques Rousseau

Das Gewissen ist die Stimme der Seele, die Leidenschaften sind die Stimme des Leibes. Ist es zu verwundern, dass diese beiden Sprachen sich oft widersprechen?
Jean-Jacques Rousseau

Es liegt tief in unserer Seele ein angeborenes Prinzip der Gerechtigkeit und der Tugend, nach dem wir unsere Handlungen und die anderer beurteilen, ob sie gut oder böse sind. Und diesem Prinzip gebe ich den Namen Gewissen.
Jean-Jacques Rousseau

Ich bin durch meine Laster Sklave und frei durch meine Gewissensbisse.
Jean-Jacques Rousseau

Gewissensbisse sind nur die Erwartung des physischen Leidens, dem uns das Verbrechen aussetzt.
Claude Adrien Helvétius

Die Pflicht gegen sich selbst besteht darin, dass der Mensch die Würde der Menschheit in seiner eigenen Person bewahre.
Immanuel Kant

Pflicht ist die Notwendigkeit einer Handlung aus Achtung fürs Gesetz.
Immanuel Kant

Gewissenlosigkeit ist nicht Mangel des Gewissens, sondern der Hang, sich an dessen Urteil nicht zu kehren.
Immanuel Kant

Gewissen ist das Bewusstsein eines inneren Gerichtshofes im Menschen. *Immanuel Kant*

Die Menschen sind mit ihrem Gewissen gerne passiv.
Immanuel Kant

Die Reue ist das Gefühl der Nichtübereinstimmung meines Tuns mit meiner Pflicht oder nur mit meinem Vorteil – in jedem Fall also mit etwas An-und-für-sich-Bestimmtem.
Georg Wilhelm Friedrich Hegel

Das wahrhafte Gewissen ist die Gesinnung, das, was an und für sich gut ist, zu wollen. *Georg Wilhelm Friedrich Hegel*

Die Unschuld ist wesentlich dumm. *Arthur Schopenhauer*

Die Ehre ist das äußere Gewissen und das Gewissen die innere Ehre. *Arthur Schopenhauer*

Prinzipien sind lächerlich geworden; niemand erlaubt sich ohne Ironie mehr von seiner „Pflicht" zu reden.
Friedrich Nietzsche

Man vergisst seine Schuld, wenn man sie einem andern gebeichtet hat, aber gewöhnlich vergisst der andre sie nicht.
Friedrich Nietzsche

Es gibt einen Grafen von eingefleischter Verlogenheit, den nennt man „das gute Gewissen". *Friedrich Nietzsche*

Was sagt dein Gewissen? – Du sollst der werden, der du bist.
Friedrich Nietzsche

Was man nicht hat, aber nötig hat, das soll man sich nehmen: so nahm ich mir das gute Gewissen. *Friedrich Nietzsche*

Mein Gedächtnis sagt mir: „Du hast es getan." Mein Stolz sagt mir: „Du hast es nicht getan." Schließlich gibt mein Gedächtnis nach.
Friedrich Nietzsche

Kein Gebot, das Gehorsam gegenüber einer irdischen Autorität anbefiehlt, ist absolut oder bindend, wenn das Gewissen es nicht gutheißt.
Bertrand Russell

Das persönliche Nein ist unangreifbar, solange es ein reiner Gewissensakt ist.
Karl Jaspers

Die große Schuld des Menschen sind nicht die Sünden, die er begeht – die Versuchung ist mächtig und seine Kraft gering. Die große Schuld des Menschen ist, dass er in jedem Augenblick die Umkehr tun kann und nicht tut.
Martin Buber

Die Sünde ist eben dies, was man seiner Art nach nicht mit dem ganzen Wesen tun kann: Es ist möglich, den Widerspruch in der Seele zum Schweigen zu bringen, aber es ist nicht möglich, ihn auszutilgen.
Martin Buber

Echte Verantwortung gibt es nur da, wo es wirklich Antworten gibt.
Martin Buber

Wer bereut, hat die Chance, dass er eine Gegenwart haben wird, deren er sich in Zukunft nicht ganz so sehr zu schämen braucht.
Ludwig Marcuse

Schuld wird nicht getilgt, wenn man sich nicht zu ihr als der eigenen Schuld bekennt.
Carl Friedrich v. Weizsäcker

Das Gute: Tugend im Allgemeinen

Die Tugend ist weiblichen Geschlechts, damit wir sie desto liebenswürdiger finden sollen. *Pythagoras*

Gut ist nicht, wenn man kein Unrecht tut, sondern es überhaupt nicht wollen. *Demokrit*

Der rechte Weg ist in der Nähe, viele suchen ihn in der Ferne. *Mengtse*

Die größten Tugenden müssen diejenigen sein, welche den Nebenmenschen am nützlichsten sind. *Aristoteles*

Der tugendhafte Mensch wählt die Mitte und entfernt sich von den beiden Extremen, dem Zuviel und dem Zuwenig. *Aristoteles*

Man ehre die Tugend, wenn sie zum Glück beiträgt; wenn nicht, gebe man ihr den Abschied. *Epikur*

Wohltun bringt mehr Lust, als sich wohltun zu lassen. *Epikur*

Nicht in dem Großen liegt das Gute, sondern in dem Guten das Große. *Zenon*

Der Lohn der Tugend liegt im Bewusstsein der guten Tat selbst. *Marcus Tullius Cicero*

Nichts ist liebenswürdiger als die Tugend. *Marcus Tullius Cicero*

Die Ehre ist der Tugend Lohn. *Marcus Tullius Cicero*

Niemals kann nicht der rechte Ort für Tugend gegeben sein. *Seneca*

Das Gute: Tugend im Allgemeinen

Tugend hat mir den Weg zu den Sternen und selbst zu den Göttern geöffnet.
Seneca

Niemand ist zufällig gut, die Tugend muss man lernen. *Seneca*

Die Tugend ist sich selbst ihr Lohn. *Seneca*

Das einzige Gut ist die Tugend, die zwischen Glück und Unglück einherwandelt und beide verachtet. *Seneca*

Vieles wirst du geben, wenn du auch gar nichts gibst als nur das gute Beispiel. *Seneca*

Habe ich eine gute Tat vollbracht, so soll die mein Denkmal sein; und wenn nicht, so helfen alle Bildsäulen nichts. *Seneca*

Man kann die Tugend nach meiner Ansicht kurz und gut definieren als die rechte Ordnung der Liebe. *Aurelius Augustinus*

Tugend ist wie ein kostbarer Stein – am besten in einfacher Fassung. *Francis Bacon*

Glückliche Verhältnisse lassen zumeist den Fehler, ungünstige aber die Tugenden der Menschen an den Tag kommen.
Francis Bacon

Die Tugend ist ein gar eitles und nichtiges Ding, wenn sie ihre Veranlassung im Ruhme sucht. *Michel de Montaigne*

Wessen die Tugend eines Menschen fähig ist, soll nicht an der Spitze, sondern am Alltag gemessen werden. *Blaise Pascal*

Wir behaupten uns nicht aus eigener Kraft in der Tugend, sondern durch das Gegengewicht zweier entgegengesetzter Laster, so wie wir uns zwischen zwei entgegengesetzten Winden aufrecht erhalten: Nehmt eines der beiden Laster weg, und wir fallen in das andere. *Blaise Pascal*

Die wahre Tugend ist das Leben unter der Leitung der Vernunft.
Benedictus de Spinoza

Die Gelegenheit, Unheil anzurichten, bietet sich hundertmal am Tag, und Gutes zu tun, nur einmal im Jahr.
Voltaire

Ich liebe die guten Taten nicht, die aus Interesse geschehen.
Voltaire

Sowie man etwas Gutes tun will, kann man sicher sein, Feinde zu finden.
Voltaire

Die Tugend, sagt man, ist Liebe zur Ordnung.
Jean-Jacques Rousseau

Indem man Gutes tut, wird man selbst gut.
Jean-Jacques Rousseau

Die Tugend ist nur das Verlangen nach dem Glück der Menschen.
Claude Adrien Helvétius

Tugend ist die moralische Stärke in Befolgung seiner Pflicht, die niemals zur Gewohnheit werden, sondern immer ganz neu und ursprünglich aus der Denkungsart hervorgehen soll.
Immanuel Kant

Ich kann niemand besser machen als durch den Rest des Guten, das in ihm ist.
Immanuel Kant

Alles Gute, das nicht auf moralisch gute Gesinnung gepfropft ist, ist nichts als Schein und schimmerndes Elend.
Immanuel Kant

Nur das fröhliche Herz allein ist fähig, Wohlgefallen am Guten zu empfinden.
Immanuel Kant

Das Gute: Tugend im Allgemeinen

Es ist überhaupt nichts in der Welt, ja überhaupt auch außer derselben zu denken möglich, was ohne Einschränkung für gut könnte gehalten werden, als allein ein guter Wille.

Immanuel Kant

Tugend ist zur Energie gewordene Vernunft. *Friedrich Schlegel*

Unsere moralischen Tugenden kommen hauptsächlich andern zugute, hingegen die intellektuellen zunächst uns selber; darum machen jene uns allgemein beliebt, diese verhasst.

Arthur Schopenhauer

Das Geheimnis der Tugend ist die – Gewohnheit.

Ludwig Feuerbach

Das Gute ist dadurch, dass ich es will, und sonst ist es gar nicht: es ist der Ausdruck der Freiheit. *Sören Kierkegaard*

Ich liebe den, welcher seine Tugend liebt: denn Tugend ist Wille zum Untergang und ein Pfeil der Sehnsucht.

Friedrich Nietzsche

Wenn die Tugend geschlafen hat, wird sie frischer aufstehen.

Friedrich Nietzsche

Wir legen nicht eher besonderen Wert auf den Besitz einer Tugend, bis wir deren völlige Abwesenheit an unserem Gegner wahrnehmen. *Friedrich Nietzsche*

Man bleibt nur gut, wenn man vergisst. *Friedrich Nietzsche*

Das Gute: Einzelne Tugenden

Fünferlei zu tun, das ist Sittlichkeit. Würde, Güte, Wahrhaftigkeit, Eifer, Freundlichkeit. Mit Würde erlangt man Achtung. Mit Güte gewinnt man die Massen. Mit Wahrhaftigkeit erreicht man Vertrauen. Mit Eifer erwirbt man Erfolg. Mit Freundlichkeit leitet man andere.
Konfuzius

Wer wirklich gütig ist, kann nie unglücklich sein; wer wirklich weise ist, kann nie verwirrt werden; wer wirklich tapfer ist, fürchtet sich nie.
Konfuzius

Eine größere Gabe als die Fähigkeit zum Maßhalten kann der Himmel keinem schenken.
Konfuzius

Es schadet nichts, wenn einem Unrecht geschieht. Man muss es nur vergessen können.
Konfuzius

Ruhm liegt nicht darin, niemals zu fallen, sondern jedes Mal wieder aufzustehen, wenn wir gescheitert sind.
Konfuzius

Auf Vernunft gegründeter Anstand lehrt Mäßigung im Übermaß der Freude.
Konfuzius

Die Rede ist der Schatten der Tat.
Demokrit

Die Wahrheit soll man sagen und dabei nicht viel Worte machen.
Demokrit

Kleine Wohltaten zur richtigen Zeit sind für die Empfänger die größten.
Demokrit

Dass es eine größere Tugend als die Frömmigkeit für das Menschengeschlecht gebe, wird uns keiner jemals überreden.
Platon

Ich schätze den als tapferer, der sein Verlangen überwindet, als jenen, der seine Feinde besiegt. Denn der schwerste Sieg ist der Sieg über sich selbst. *Aristoteles*

Bescheidenheit kann schwerlich als Tugend bezeichnet werden. Sie ist mehr ein Gefühl als eine Neigung. Sie ist eine Art Furcht, dem üblen Ruf zu verfallen. *Aristoteles*

Das Lob der anderen muss von selbst folgen. Wir müssen uns nur mit unserer eigenen Heilung befassen. *Epikur*

Güte in den Worten erzeugt Vertrauen; Güte beim Denken erzeugt Tiefe; Güte beim Verschenken erzeugt Liebe. *Laotse*

Die höchste Güte ist wie Wasser. Die Güte des Wassers ist, allem nützlich zu sein ohne Zwist. *Laotse*

Es gibt nichts besseres als Selbstbeherrschung. Wer andere besiegt, ist stark. Wer sich selbst besiegt, ist mächtig. *Laotse*

Wer anderer Not löst, ist der Erlöste. *Laotse*

Ein guter Mensch erringt einen Sieg und belässt es dabei. Er geht nicht zu Gewalttaten über. *Laotse*

Der Gewalt auszuweichen ist Stärke. *Laotse*

Nur wer sich in Genügsamkeit genügt, hat stets genug. *Laotse*

Frömmigkeit (gegenüber den Eltern) ist das Fundament aller Tugend. *Marcus Tullius Cicero*

Hätte ich gewiss alle Tugenden gerne zu eigen, so will ich doch vor allem dankbar sein und scheinen, denn diese Tugend ist, wie die größte, so die Mutter aller übrigen Tugenden.

Marcus Tullius Cicero

Man verdient kein Lob für Ehrlichkeit, wenn niemand versucht, einen zu bestechen. *Marcus Tullius Cicero*

Die Tugend liegt ganz im (rechten) Maß. *Seneca*

Wir wollen reden, wie wir empfinden, und empfinden, wie wir reden. Rede und Leben sollen zusammenstimmen. *Seneca*

Tapferkeit ohne Widerpart erlahmt. *Seneca*

Sich selbst zu beherrschen, ist die größte Herrschaft. *Seneca*

Erleide eher ein Verbrechen, als selbst eines zu begehen. *Seneca*

Die Liebe hat selbst Götter (schon) besiegt. *Seneca*

Tüchtigkeit bleibt nie verborgen, auch wenn sie sich zurückzieht; sie hat ihre Erkennungszeichen, die Würdigen finden ihre Spur. *Seneca*

Besser kannst du wohl diesen oder jenen machen, wenn du dich in ihn schickst; durch Vorwürfe wird er in jedem Falle schlechter. *Seneca*

Zur rechten Zeit zu schweigen ist ein Zeichen von Weisheit und oft besser als jede Rede. *Plutarch*

Die Wahrheit siegt durch sich selbst. Eine Lüge braucht stets einen Komplizen. *Epiktet*

Das Lob macht einen Gegenstand weder schlechter noch besser. *Mark Aurel*

Man soll die Feinde lieben, nicht weil sie schon Brüder sind, sondern damit sie Brüder werden. *Aurelius Augustinus*

Der Gehorsam ist ein erhabener Vorzug, dessen nur die vernünftige Kreatur fähig ist. *Aurelius Augustinus*

Das heißt wirklich lieben: Jemanden beleidigen und verwunden, um ihn zu bessern. *Michel de Montaigne*

Zusammenfassung des Benehmens: die eigene Würde bewahren, ohne die Freiheit anderer zu stören. *Francis Bacon*

Wie schwierig ist es, dem Urteil eines anderen etwas zu unterbreiten, ohne sein Urteil durch die Weise, wie man es ihm unterbreitet, zu verderben! *Blaise Pascal*

Eifer ist Begeisterung, gemildert durch Vernunft. *Blaise Pascal*

Mitleid widerspricht nicht dem Egoismus. Im Gegenteil …
Blaise Pascal

Die Freiheit oder die Stärke des Geistes ist die Tugend der einzelnen, die Sicherheit aber ist die Tugend der Staaten.
Benedictus de Spinoza

Demut ist, wenn jemand ohne Verlangen, hochgeachtet zu werden, seine Unvollkommenheit erkennt.
Benedictus de Spinoza

Demut ist keine Tugend, das heißt, sie entspricht nicht der Vernunft. *Benedictus de Spinoza*

Die Höflichkeit ist eigentlich weiter nichts als ein vorsichtiges Bestreben, gegen niemand Verachtung und Geringschätzung im Umgange blicken zu lassen. *John Locke*

Unseren Feinden ihre Tugenden verzeihen, das ist ein wahres Wunder. *Voltaire*

Demut ist das Gegengift des Stolzes. *Voltaire*

Mit der Kunst des Lobens begann die Kunst des Erfreuens.
Voltaire

Geduld ist bitter, aber sie trägt süße Früchte.
Jean-Jacques Rousseau

Dankbarkeit ist eine Pflicht, die erfüllt werden sollte, die aber zu erwarten keiner das Recht hat. *Jean-Jacques Rousseau*

Wie angenehm ließe es sich unter uns leben, wenn die äußere Haltung immer die Beschaffenheit des Herzens widerspiegeln würde. *Jean-Jacques Rousseau*

Gutes Benehmen setzt nur Kenntnis der Umgangsformen voraus, echte Höflichkeit dagegen ein feines, zartes und gewohntes Gefühl des Wohlwollens gegenüber den Menschen.
Claude Adrien Helvétius

Man muss nicht handeln aus Gehorsam gegen einen Menschen, wo man es aus einem inneren Bewegungsgrunde tun könnte.
Immanuel Kant

Es kann sein, dass nicht alles wahr ist, was ein Mensch dafür hält; aber in allem, was er sagt, muss er wahrhaft sein.
Immanuel Kant

Demut ist eigentlich nichts anderes als eine Vergleichung seines Wertes mit der moralischen Vollkommenheit. *Immanuel Kant*

Frömmigkeit ist das Mittel des Kompliments der moralischen Bonität zur Heiligkeit. *Immanuel Kant*

Herzhaftigkeit ist bloß eine Temperamentseigenschaft. Der Mut dagegen beruht auf Grundsätzen und ist eine Tugend.
Immanuel Kant

Geduld: die Kunst zu hoffen.   *Friedrich Ernst Schleiermacher*

Demut ist, alle Ausgezeichnetheit, alle Eigentümlichkeit bei Seite zu setzen und sich in die Sache des Allgemeinen zu vertiefen.
Georg Wilhelm Friedrich Hegel

Vergeben und vergessen heißt gemachte kostbare Erfahrungen zum Fenster hinauswerfen.   *Arthur Schopenhauer*

Höflichkeit ist wie ein Luftkissen; es mag wohl nichts drin sein, aber es mildert die Stöße des Lebens.
Arthur Schopenhauer

Sonach ist die Höflichkeit dem Menschen, was die Wärme dem Wachs.   *Arthur Schopenhauer*

Ganz ehrlich meint ein jeder es am Ende doch nur mit sich selbst und höchstens noch mit seinem Kinde.
Arthur Schopenhauer

Das Festhalten und Befolgen der Grundsätze, den ihnen entgegengesetzten Motiven zum Trotz, ist Selbstbeherrschung.
Arthur Schopenhauer

Selbstaufopferung ist das wirkliche Wunder, aus dem alle anderen Wunder entspringen.   *Ralph Waldo Emerson*

Ahme den Gang der Natur nach. Ihr Geheimnis ist Geduld.
Ralph Waldo Emerson

Gute Manieren bestehen aus lauter Opfern.
Ralph Waldo Emerson

Größe besitzt, wer uns nie an andere erinnert.
Ralph Waldo Emerson

Tadeln ist leicht: deshalb versuchen sich so viele darin. Mit Verstand loben ist schwer: darum tun es so wenige.
Ludwig Feuerbach

Liebe, aber wahrhaft! Und es fallen dir alle anderen Tugenden von selbst zu. *Ludwig Feuerbach*

Soll man den Nächsten lieben wie sich selbst, so dreht das Gebot wie mit einem Dietrich das Schloss der Selbstliebe auf und entreißt sie dem Menschen. *Sören Kierkegaard*

Selbstlosigkeit: ausgereifter Egoismus. *Herbert Spencer*

Was aus Liebe getan wird, geschieht immer jenseits von Gut und Böse. *Friedrich Nietzsche*

Wo man nicht mehr lieben kann, da soll man vorübergehen.
Friedrich Nietzsche

Nächstenliebe ist Drang nach neuem Eigentum.
Friedrich Nietzsche

Befehlen ist schwerer als gehorchen. *Friedrich Nietzsche*

Ich liebe den, welcher goldne Worte seinen Taten voraus wirft und immer noch mehr hält, als er verspricht.
Friedrich Nietzsche

Steht uns eine leidende Person sehr nahe, so nehmen wir durch Ausübung mitleidvoller Handlungen uns selbst ein Leid ab.
Friedrich Nietzsche

Was macht heroisch? – Zugleich seinem höchsten Leide und seiner höchsten Hoffnung entgegengehen. *Friedrich Nietzsche*

Der, welcher etwas Großes schenkt, findet keine Dankbarkeit; denn der Beschenkte hat schon durch das Annehmen zu viel Last. *Friedrich Nietzsche*

Was ist dir das Menschlichste? – Jemandem Scham ersparen.
Friedrich Nietzsche

Im Lob ist mehr Zudringlichkeit als im Tadel.
Friedrich Nietzsche

Einen anderen nicht beurteilen zu wollen, ist oft ein Zeichen von Humanität. *Friedrich Nietzsche*

Toleranz ist ein Beweis des Misstrauens gegen ein eigenes Ideal. *Friedrich Nietzsche*

Der getretene Wurm krümmt sich. So ist es klug. Er verringert damit die Wahrscheinlichkeit, von neuem getreten zu werden. In der Sprache der Moral: Demut. *Friedrich Nietzsche*

Besserung ist: Etwas sichtbar werden lassen von dem, was den guten Menschen gefällt, nicht mehr! *Friedrich Nietzsche*

Wenn alle Almosen nur aus Mitleid gegeben würden, so wären die Bettler allesamt verhungert. *Friedrich Nietzsche*

Die größte Almosenspenderin ist die Feigheit.
Friedrich Nietzsche

In der Art, wie und was man ehrt, zieht man eine Distanz um sich. *Friedrich Nietzsche*

Freigebigkeit ist bei Reichen oft nur eine Art Schüchternheit.
Friedrich Nietzsche

Wir können dem Nächsten immer nur helfen, indem wir ihn in eine Gattung (Kranke, Gefangene, Bettler, Künstler, Kinder) einordnen und dergestalt erniedrigen; dem Individuum ist nicht zu helfen. *Friedrich Nietzsche*

Die guten Vier – redlich gegen uns und was sonst uns Freund ist; tapfer gegen den Feind; großmütig gegen den Besiegten; höflich – immer; so wollen uns die vier Kardinaltugenden.
Friedrich Nietzsche

Wer wirkliche Autorität hat, wird sich nicht scheuen, Fehler zuzugeben. *Bertrand Russell*

Die Ehre verlieren, heißt, für das Leben, die Zeit, die Geschichte vernichtet sein. *Oswald Spengler*

Gehorsam heißt nicht, dass man eine Herrschaft duldet – Dulden ist Erniedrigung – sondern, dass man sie bejaht und ihr folgt, weil man sich eins mit ihr fühlt. *José Ortega y Gasset*

Demut soll nie etwas anderes sein als die Verneinung von Hochmut. Sonst wird sie Kleinmut. *Ludwig Marcuse*

Mut ist nur daran zu messen: wen man und wen man nicht auf seiner Seite hat. *Ludwig Marcuse*

Wie mutig man ist, weiß man immer erst nachher.
Ludwig Marcuse

Bescheidenheit ist mehr eine Konsequenz des Denkens als des guten Willens. *Ludwig Marcuse*

Ich glaube nicht an das Heldentum. Ich weiß, dass es leicht ist, und ich habe gelernt, dass es mörderisch ist. *Albert Camus*

Das Böse: Untugend im Allgemeinen

Wer einen Fehler gemacht hat und ihn nicht korrigiert, begeht einen zweiten. *Konfuzius*

Wer Böses tut, sollte sich vor allem vor sich selbst schämen. *Demokrit*

Auch wenn du allein bist, solltest du nichts Böses weder tun noch sagen. Lerne dich mehr vor dir selbst als vor andern zu schämen. *Demokrit*

Es ist wie eine Krankheit der Menschen, dass sie ihre eigenen Fehler vernachlässigen, dafür aber auf den Feldern anderer nach Unkraut suchen; dass sie von anderen Schweres verlangen, doch selbst nur Leichtes auf sich zu nehmen bereit sind. *Mengtse*

Die Menschen fangen immer erst mit Fehlern an, bevor sie sich bessern können. *Mengtse*

Schon in der Überlegung liegt die böse Tat, selbst wenn sie nicht zur Ausführung gelangt. *Marcus Tullius Cicero*

Fremde Fehler sehen wir, die unsrigen aber nicht. *Seneca*

Ein jeder leidet unter dem, was er getan; das Verbrechen kommt wieder auf seinen Urheber zurück. *Seneca*

Jegliches Laster kann man nur durch die Tugend, keineswegs durch das entgegengesetzte Laster vermeiden. *Plutarch*

Es ist lächerlich, die eigene Schlechtigkeit nicht zu fliehen, was doch möglich ist, dagegen die seiner Mitmenschen zu fliehen, was doch unmöglich ist! *Mark Aurel*

Unrecht tut oft derjenige, der etwas nicht tut, nicht nur der, der etwas tut.
Mark Aurel

Ich finde, dass unsere größten Laster ihren Ursprung aus der zartesten Kindheit ableiten.
Michel de Montaigne

Die Achtung vor deinem eigenen Selbst ist nächst der Religion der stärkste Damm gegen alle Laster.
Francis Bacon

Wir finden drei Gründe für den Streit in der menschlichen Natur: erstens Konkurrenz, zweitens Mangel an Selbstvertrauen, drittens Ruhmsucht.
Thomas Hobbes

Es gibt Laster, die uns nur durch ihre Verbindung mit anderen Lastern anhaften; wenn man den Stamm beseitigt, lassen sie sich wegnehmen wie Zweige.
Blaise Pascal

Niemals tut man so vollständig und so gut das Böse, als wenn man es mit gutem Gewissen tut.
Blaise Pascal

Der Mensch wird nicht schlecht geboren. Er wird es, wie er krank wird.
Voltaire

Ich bin durch meine Laster Sklave und frei durch meine Gewissensbisse.
Jean-Jacques Rousseau

Alles Böse stammt von der Schwäche.
Jean-Jacques Rousseau

Die Menschen sind keineswegs böse, sondern nur ihren Interessen unterworfen.
Claude Adrien Helvétius

Eine vergangene Torheit klärt die Menschen nur selten über ihre gegenwärtige auf.
Claude Adrien Helvétius

Man nennt einen Menschen nicht böse darum, weil er Handlungen ausübt, die böse sind, sondern weil diese so beschaffen sind, dass sie auf böse Maximen in ihm schließen lassen.

Immanuel Kant

Der Despotismus ist bequemer als die Freiheit, wie das Laster bequemer als die Tugend ist. *Friedrich Heinrich Jacobi*

Der Mensch möchte vor den Folgen seiner Laster bewahrt werden, aber nicht vor den Lastern selbst. *Ralph Waldo Emerson*

Unsere Meinung ist vielmehr, dass Laster und Tugend keine Ursachen, sondern nur Folgen sind.

Friedrich Nietzsche

Langeweile ist ein schweres Problem. Mindestens die Hälfte aller menschlichen Sünden erwächst aus der Furcht vor Langeweile.

Bertrand Russell

Je mehr Erfahrungen ich sammle, umso klarer wird mir, dass so gut wie alles Böse, das in unserer Gesellschaft getan wird – und es wird nicht viel anderes getan –, aus Schwäche geschieht.

José Ortega y Gasset

Das Böse in der Welt rührt fast immer von der Ungewissheit her, und der gute Wille kann soviel Schaden anrichten wie die Bosheit, wenn er nicht aufgeklärt ist. *Albert Camus*

Das Böse: Einzelne Untugenden

Ein Mensch ohne Aufrichtigkeit ist ein Gefährt ohne Achsen, unbeweglich und unverwendbar. *Konfuzius*

Das Rechte erkennen und nicht tun, ist Mangel an Mut.
Konfuzius

Wer bei seinen Handlungen immer auf Vorteil bedacht ist, wird sich viele Feinde machen. *Konfuzius*

Wer nur nach Zweckmäßigkeit handelt, wird immerzu Unzufriedenheit erregen. *Konfuzius*

Hass kann nie durch Hass besiegt werden – nur durch Liebe.
Konfuzius

Glatte Worte und schmeichelnde Mienen vereinen sich selten mit einem anständigen Charakter. *Konfuzius*

Allzu gern schenken ist krankhaft. *Epicharm*

Reinigung von Blutschuld suchen sie vergebens, indem sie sich mit Blut besudeln; wie wenn einer, der in Kot getreten, sich mit Kot reinigen wollte. *Heraklit*

Eigendünkel ist Rückschritt des Fortschrittes. *Heraklit*

Hybris (Übermut) soll man noch viel mehr löschen als ein Großfeuer. *Heraklit*

Wir tun unrecht und handeln gottlos, wenn wir Tiere töten und uns von ihrem Fleisch nähren, da wir dann unsere Verwandten morden. *Empedokles*

Jede Streitlust ist unvernünftig; denn weil sie das für den sFeind Schädliche im Auge hat, sieht sie den eigenen Vorteil nicht.
Demokrit

Falsch und scheinheilig sind die Menschen, die alles nur mit Worten und nichts mit der Tat ausrichten. *Demokrit*

Überschreitet man das rechte Maß, kann das Angenehmste zum Unangenehmsten werden.
Demokrit

Unersättlichkeit in der Freiheit und Gleichgültigkeit gegen alles andere verwandelt sie und macht Menschen für die Gewaltherrschaft bereit.
Platon

Jedermann kann zornig werden. Das geht leicht. Aber der richtigen Person gegenüber zornig werden, im richtigen Maß, zur rechten Zeit, zum rechten Zweck und auf die richtige Weise – das liegt nicht in der Macht des einzelnen.
Aristoteles

Die neidischen Menschen sind doppelt schlimm daran: Sie ärgern sich nicht nur über das eigene Unglück, sondern auch über das Glück anderer.
Hippias

Wer nicht ehrlich zu sich selbst ist, der kann nicht in Frieden mit den Nächsten leben.
Mengtse

Gewalt zerbricht an sich selbst.
Laotse

Wo unter den Menschen die Ehrfurcht schwindet, schwillt die Furcht.
Laotse

Wer auf den Zehen steht, steht nicht sicher. Wer große Schritte macht, kommt nicht weiter. Wer sich gern selber zeigt, den übersieht man. Wer gerne recht behält, den überhört man. Wer auf Verdienste pocht, schafft nichts Verdienstvolles. Wer sich hervorhebt, verwirkt den Vorrang.
Laotse

Es gibt keine größere Sünde als viele Wünsche. Es gibt kein größeres Übel als kein Genüge kennen. Es gibt keinen größeren Fehler als haben wollen.
Laotse

Wohltat am falschen Orte ist gleich einer Übeltat.
Marcus Tullius Cicero

Einem Lügner glaubt man nicht, wenn er auch die Wahrheit spricht. *Marcus Tullius Cicero*

Zorn ist gleichsam der Tugend Wetzstein.

Marcus Tullius Cicero

Dem Neide wirst du entgehen, wenn du verstehst, dich im Stillen zu freuen. *Seneca*

Wer nicht zu schweigen weiß, der weiß auch nicht zu reden.

Seneca

Rache bedeutet das Eingeständnis einer Kränkung. *Seneca*

Oft hat Rache geschadet. *Seneca*

Das größte Gegenmittel gegen den Zorn ist der Aufschub.

Seneca

Jede Rohheit hat ihren Ursprung in einer Schwäche. *Seneca*

Treue, die durch Bestechung zustande kam, wird durch Bestechung (wieder) aufgelöst. *Seneca*

Es ist schändlich, etwas anderes zu sagen, als man denkt.

Seneca

Wer nicht zu sündigen verbietet, obwohl er es könnte, befiehlt es. *Seneca*

Die schreckliche Lust besiegt (selbst) Tugendhafte. *Seneca*

Nichtwollen ist der Grund, Nichtkönnen der Vorwand. *Seneca*

Die Rache hat zwei Zwecke: entweder gibt sie dem Genugtuung, der Unrecht erlitt, oder sie gewährt ihm Sicherheit für die Zukunft. *Seneca*

Wer etwas beschließt, ohne die andere Partei gehört zu haben, handelt nicht billig, selbst wenn er Billiges beschlossen haben sollte.
Seneca

Es sind nicht viele, bei denen die Dankbarkeit länger dauert als das Geschenk.
Seneca

Es ist ein Unterschied, ob einer nicht sündigen will oder nicht kann.
Seneca

Zu spät gibt, wer erst dem Bittenden gibt.
Seneca

Was einmal über das Maß hinausgeht, findet keine Grenzen mehr.
Epiktet

Die beste Art, sich zu rächen, ist die, nicht Gleiches mit Gleichem zu vergelten.
Mark Aurel

Wer sündigt, versündigt sich gegen sich selbst; begangenes Unrecht kehrt sich gegen den Urheber selbst, indem er sich selbst verschlechtert.
Mark Aurel

Denn der Hochmut, der sich Demut brüstet, ist der allerunerträglichste.
Mark Aurel

Eigensinn und halsstarriges Behaupten sind gewöhnliche Zeichen von Dummheit und Unwissenheit.
Michel de Montaigne

Ich habe oft Menschen gesehen, die aus lauter Höflichkeit grob waren und aus zu großer Verbindlichkeit lästig.
Michel de Montaigne

Die Feigheit ist unauslöschlich; wer einmal mit diesem Makel behaftet ist, ist es für immer; die Strafe ist mehr als das Verbrechen selbst.
Michel de Montaigne

Für eines Mannes Handeln ist das eigene Ich ein dürftiger Ausgangspunkt. *Francis Bacon*

Wer auf Rache sinnt, der reißt seine eigenen Wunden auf. Sie würden heilen, wenn er es nicht täte. *Francis Bacon*

Heuchelei ist weiter nichts als die Lebensweisheit der Kleinmütigen. *Francis Bacon*

Der Neid folgt immer dem Vergleichen mit sich selbst.
Francis Bacon

Kein Laster bedeckt den Mann so mit Schande, als falsch und treulos befunden zu sein. *Francis Bacon*

Ein Mensch, der selbst keine guten Eigenschaften besitzt, beneidet die Tugenden anderer; denn das menschliche Herz weidet sich gern an den eigenen Vorzügen oder an der Schlechtigkeit der anderen. *Francis Bacon*

Selbstsucht ist der Anfang vom Ende. *Blaise Pascal*

Neugierde ist nur Eitelkeit. Meistens will man nur etwas erfahren, um davon sprechen zu können. *Blaise Pascal*

Wer die Eitelkeit der Welt nicht sieht, ist selbst sehr eitel.
Blaise Pascal

Der Eigenwille wird niemals befriedigt, wenn er auch alles hätte, was er wünscht; man ist aber befriedigt, wenn man entsagen kann. *Blaise Pascal*

Denn es gibt Leute, welche lügen, einfach nur um zu lügen.
Blaise Pascal

Hochmut ist, wenn ein Mensch sich eine Vollkommenheit beimisst, die bei ihm nicht zu finden ist. *Benedictus de Spinoza*

Stolz ist Freude, die dem Mann entspringt, der zu viel von sich hält. *Benedictus de Spinoza*

Der erste Ehrgeiz hat die Welt vergiftet. *Voltaire*

Heuchelei ist die Tugend des Feiglings. *Voltaire*

Wer dem Verbrechen Nachsicht übt, wird sein Komplice. *Voltaire*

Die Verleumdung ist schnell und die Wahrheit langsam. *Voltaire*

Die Scham liegt im Verbrechen, nicht in der Strafe. *Voltaire*

Die höchste Arroganz besteht darin, sie gar nicht zu zeigen. *Voltaire*

Der Hochmut der Kleinen besteht darin, immer, der Großen, nie von sich selbst zu sprechen. *Voltaire*

Die Beleidigungen sind die Argumente jener, die über keine Argumente verfügen. *Jean-Jacques Rousseau*

Bei anderen bemitleiden wir nur die Übel, die wir selbst erfahren haben. *Jean-Jacques Rousseau*

Wenn die Eitelkeit jemals jemand glücklich gemacht hat, so war dieser Jemand sicherlich ein Dummkopf. *Jean-Jacques Rousseau*

Wer die Intoleranten duldet, macht sich an ihren Verbrechen mitschuldig. *Claude Adrien Helvétius*

Solange das Dogma der Intoleranz besteht, trägt die moralische Welt den Keim neuen Unglücks in sich.

Claude Adrien Helvétius

Der Hochmütige ist immer von tiefer Verehrung für sich selbst erfüllt.
Claude Adrien Helvétius

Wir lieben die Achtung nicht um der Achtung willen, sondern einzig und allein nur wegen der Vorteile, die sie uns bringt.
Claude Adrien Helvétius

Die Weichlichkeit rottet mehr die Tugend aus, als die Liederlichkeit.
Immanuel Kant

Unter den drei Lastern: Faulheit, Feigheit und Falschheit scheint das erstere das verächtlichste zu sein.
Immanuel Kant

Der moralische Egoist ist der, welcher allen Zweck auf sich selbst einschränkt, der keinen Nutzen worin sieht, als in dem, was ihm nützt.
Immanuel Kant

Der Hochmut ist ein Ansinnen an andere, sich selbst im Vergleich mit uns gering zu schätzen.
Immanuel Kant

Zorn: ein Schreck, der zugleich die Kräfte zum Widerstand gegen das Übel schnell rege macht.
Immanuel Kant

Die Lüge ist der eigentliche faule Fleck in der menschlichen Natur.
Immanuel Kant

Naivität ist ein Betragen, wo man nicht acht darauf hat, ob man von andern beurteilt wird.
Immanuel Kant

Echte Natur ist niemals, Affektation hingegen überall lächerlich.
Friedrich Heinrich Jacobi

Die Lüge ist immer ein Selbstmord des Geistes.
Johann Gottlieb Fichte

Die Selbstsucht ist die Wurzel aller andern Verderbtheit.
Johann Gottlieb Fichte

Jeder ernstliche Kampf findet seine Versöhnung. Nur die Lüge, die innere Unwahrheit, ist zur ewigen Qual verdammt.
Friedrich Wilhelm Joseph Schelling

Bescheidenheit bei mittelmäßigen Fähigkeiten ist bloße Ehrlichkeit: bei großen Talenten ist sie Heuchelei.
Arthur Schopenhauer

Jedoch ist Neid zu empfinden, menschlich; Schadenfreude zu genießen, teuflisch. *Arthur Schopenhauer*

Der Neid des Menschen zeigt an, wie unglücklich sie sich fühlen, und ihre beständige Aufmerksamkeit auf fremdes Tun und Lassen, wie sehr sie sich langweilen. *Arthur Schopenhauer*

Aller Eigensinn beruht darauf, dass der Wille sich an die Stelle der Erkenntnis gedrängt hat. *Arthur Schopenhauer*

Die Menschen sind zu Tadeln aufgelegt, weil sie sich durch diese indirekt selbst loben. *Arthur Schopenhauer*

Wir betrügen und schmeicheln niemanden durch so feine Kunstgriffe als uns selbst. *Arthur Schopenhauer*

Hoffnung ist die Verwechslung des Wunsches einer Begebenheit mit ihrer Wahrscheinlichkeit. *Arthur Schopenhauer*

Ist einer dumm, so entschuldigt man ihn damit, dass er nichts dafür kann; aber wollte man den, der schlecht ist, eben damit entschuldigen, so würde man ausgelacht werden. Und doch ist das eine, wie das andere, angeboren. *Arthur Schopenhauer*

Eigensinn ist Wille, der sich bestätigt, ohne sich rechtfertigen zu können. *Henri Frédéric Amiel*

Wenn die Selbstsucht erst einmal größer, klüger, feiner, erfinderischer geworden ist, wird die Welt selbstloser aussehen.
Friedrich Nietzsche

Sich mitten unter die Feinde werfen, kann das Merkmal der Feigheit sein. *Friedrich Nietzsche*

Gar nicht von sich zu reden, ist eine sehr vornehme Heuchelei.
Friedrich Nietzsche

Die Mutter der Ausschweifung ist nicht die Freude, sondern die Freudlosigkeit. *Friedrich Nietzsche*

Anmaßung bei Verdiensten beleidigt noch mehr als Anmaßung von Menschen ohne Verdienst; denn schon das Verdienst beleidigt. *Friedrich Nietzsche*

Es ist weit angenehmer, zu beleidigen und später um Verzeihung zu bitten, als beleidigt zu werden und Verzeihung zu gewähren. *Friedrich Nietzsche*

Das Hauptelement des Ehrgeizes ist, zum Gefühl seiner Macht zu kommen. *Friedrich Nietzsche*

Allein-Sein pflanzt Übermut. *Friedrich Nietzsche*

Die Forderung, geliebt zu werden, ist die größte der Anmaßungen. *Friedrich Nietzsche*

Die Eitelkeit ist die unwillkürliche Neigung, sich als Individuum zu geben, während man keines ist … *Friedrich Nietzsche*

Nicht durch Zorn, sondern durch Lachen tötet man.
Friedrich Nietzsche

In der vergoldeten Scheide des Mitleids steckt mitunter der Dolch des Neides. *Friedrich Nietzsche*

Das Böse: Einzelne Untugenden

Die einen werden durch großes Lob schamhaft, die anderen frech.
Friedrich Nietzsche

Ein sicheres Mittel, die Leute aufzubringen und ihnen böse Gedanken in den Kopf setzen, ist, sie lange warten zu lassen.
Friedrich Nietzsche

Das Hauptelement des Ehrgeizes ist, zum Gefühl seiner Macht zu kommen.
Friedrich Nietzsche

Man hasst nicht, solange man noch geringschätzt, sondern erst, wenn man gleich oder höher schätzt.
Friedrich Nietzsche

Wir sind gegen andere aufrichtiger als gegen uns selber.
Friedrich Nietzsche

Die Eitelkeit anderer geht uns nur dann wider den Geschmack, wenn sie wider unsre Eitelkeit geht.
Friedrich Nietzsche

Was ist Gewalt anderes als Vernunft, die verzweifelt?
José Ortega y Gasset

Gleichgültigkeit ist die mildeste Form der Intoleranz.
Karl Jaspers

Wenn die Menschen nicht manchmal Dummheiten machten, geschähe überhaupt nichts Gescheites.
Ludwig Wittgenstein

Wir sagen und Ich meinen ist eine von den ausgesuchtesten Kränkungen.
Theodor W. Adorno

Gerechtigkeit

Gerecht leben wir, wenn wir, was wir an andern tadeln, selber nicht tun.
Thales

Gäbe es das Ungerechte nicht, so kennte man den Begriff der Gerechtigkeit nicht.
Heraklit

Das Fromme ist ein Teil des Gerechten.
Sokrates

Die Gerechtigkeit erfüllen, bedeutet: tun, was man muss; Ungerechtigkeit aber: nicht tun, was man muss, sondern sich davon drücken.
Demokrit

Gerechtigkeit wird nur dort herrschen, wo sich die vom Unrecht nicht Betroffenen genauso entrüsten wie die Beleidigten.
Platon

Ehrenwert ist der Mann, der selbst kein Unrecht tut, und doppelter und dreifacher Ehre wert, wenn er auch nicht geschehen lässt, dass andere Unrecht tun.
Platon

Der höchste Grad von Ungerechtigkeit ist geheuchelte Gerechtigkeit.
Platon

Wo man sich stark genug fühlt zur Ungerechtigkeit, da ist man ungerecht.
Platon

Wahr aber bleibt, dass die größten Ungerechtigkeiten von denen ausgehen, die das Übermaß verfolgen, nicht von denen, die die Not treibt.
Aristoteles

Wer nicht der Zeit entspricht, sich nicht der Sitte fügt, den nennt man schlecht und Usurpator gar; wer seiner Zeit sich beugt, nach alter Sitte lügt, gilt als gerecht – samt seiner Räuberschar.
Chuangtse

Gerechtigkeit

Die schönste Frucht der Gerechtigkeit ist Seelenfrieden. *Epikur*

Der Gerechtigkeit kommt an sich kein Sinn zu, vielmehr ist sie nur ein im gegenseitigen Verkehr in beliebigen Erdgegenden getroffenes Übereinkommen zur Verhütung gegenseitiger Schädigung. *Epikur*

Die Grundlage der Gerechtigkeit bildet die Treue, das heißt Zuverlässigkeit und Wahrheit in Reden und Versprechen.
Marcus Tullius Cicero

Es gibt überhaupt nur die eine Gerechtigkeit, die von der Natur stammt; leitet man sie aus dem Nutzen her, so wird sie durch diesen Nutzen auch wieder umgestoßen werden.
Marcus Tullius Cicero

Die Strafe soll nicht größer sein als die Schuld.
Marcus Tullius Cicero

Tapferkeit und Klugheit sind immer seltene Tugenden unter den Menschen, aber die seltenste ist wohl die Gerechtigkeit.
Plutarch

Wenn einer in der Trunkenheit etwas Sträfliches begeht, so muss er doppelte Strafe leiden, als wenn er es in der Nüchternheit begangen hätte. *Plutarch*

Nachsicht ist ein Teil der Gerechtigkeit. *Mark Aurel*

Strafe ist Gerechtigkeit für die Ungerechten.
Aurelius Augustinus

Die Gerechtigkeit ist jene Tugend, die jedem gibt, was ihm gehört. *Aurelius Augustinus*

Vergeltung ist eine Art wilder Gerechtigkeit. *Francis Bacon*

Es gibt nur zwei Arten von Menschen: Gerechte, die sich für Sünder halten; und die anderen Sünder, die sich für Gerechte halten.
Blaise Pascal

Die Qualität von Gerechtigkeit und Wahrheit ist zu fein, als dass man sie mit unseren klobigen menschlichen Instrumenten messen kann.
Blaise Pascal

Daraus, dass man die Menschen mit Gewalt der Gerechtigkeit unterwerfen kann, folgt durchaus nicht, dass es gerecht sei, die Menschen der Gewalt zu unterwerfen.
Blaise Pascal

Gerechtigkeit ist das, was besteht.
Blaise Pascal

Man muss also die Gerechtigkeit und die Macht vereinigen, und dazu muss man bewirken, dass das mächtig sei, was gerecht ist, oder dass das gerecht sei, was mächtig ist.
Blaise Pascal

Darum ist man auf die Macht verfallen, da man das Gerechte nicht finden konnte.
Blaise Pascal

Wie die Mode (Gewohnheit) die Anmut schafft, so schafft sie auch die Gerechtigkeit.
Blaise Pascal

Den Schuldigen zu schonen, ist Grausamkeit gegen den Unschuldigen.
John Locke

Gerechtigkeit ist die feste Gesinnung, jedem zu lassen, was ihm nach dem staatlichen Recht zukommt.
Benedictus de Spinoza

Die Gerechtigkeit ist nichts anderes als die Nächstenliebe der Weisen.
Gottfried Wilhelm Leibniz

Was man Gerechtigkeit nennt, ist also ebenso willkürlich wie die Mode.
Voltaire

Sei gerecht, und du wirst glücklich sein. *Jean-Jacques Rousseau*

Bei der Erzählung jeder ungerechten Handlung, wer auch ihr Opfer oder wo auch ihr Schauplatz sei, gerät mein Herz in Flammen, als ob die Wirkung auf mich zurückfiele.
Jean-Jacques Rousseau

Die Gerechtigkeit ist die Hüterin des Lebens und der Freiheit der Bürger. *Claude Adrien Helvétius*

Es gibt keine Mittel, die der neidische Mensch nicht unter dem Schein der Gerechtigkeit anwendet, um das Verdienst herabzusetzen. *Claude Adrien Helvétius*

Wenn die Gerechtigkeit untergeht, hat es keinen Wert mehr, dass Menschen auf Erden leben. *Immanuel Kant*

Niemals empört etwas mehr als Ungerechtigkeit.
Immanuel Kant

Die Gerechtigkeit ist die Freiheit derer, welche gleich sind; die Ungerechtigkeit ist die Freiheit derer, welche ungleich sind.
Friedrich Heinrich Jacobi

Wahrheit ist der Gipfel des Seins. Gerechtigkeit ist ihre Anwendung auf die Praxis des Lebens. *Ralph Waldo Emerson*

Lehre von der Gleichheit ist Ende der Gerechtigkeit.
Friedrich Nietzsche

Ach, wie übel ihnen das Wort „Tugend" aus dem Munde läuft! Und wenn sie sagen: „Ich bin gerecht", so klingt es immer wie: „ich bin gerächt!" *Friedrich Nietzsche*

Ich bin peinlich gerecht, weil es die Distanz aufrecht hält.
Friedrich Nietzsche

Gerechtigkeit ist die Liebe mit sehenden Augen.
Friedrich Nietzsche

Jedem das Seine geben: das wäre die Gerechtigkeit wollen und das Chaos erreichen. *Friedrich Nietzsche*

Eine über die Gleichheit der Chancen hinausgehende Gleichmachung der Menschen ist die höchste Ungerechtigkeit.
Karl Jaspers

Gerecht sein heißt: den anderen als anderen gelten lassen, es heißt: da anerkennen, wo man nicht lieben kann. *Josef Pieper*

Zuerst trachtet man nach Gerechtigkeit, und zum Schluss organisiert man eine Polizei. *Albert Camus*

Die Strafe, die züchtigt, ohne zu verhüten, heißt Rache.
Albert Camus

Es gibt keine Gerechtigkeit. Es gibt nur Grenzen. *Albert Camus*

Gerechtigkeit ohne Gnade ist nicht viel mehr als Unmenschlichkeit. *Albert Camus*

Praktische Verhaltensregeln

Fordere viel von Dir selbst und erwarte wenig von anderen.
Konfuzius

Vergiss Kränkungen, doch vergiss Freundlichkeiten nie.
Konfuzius

Bewältige eine Schwierigkeit, und du hältst hundert von dir ferne. *Konfuzius*

Praktische Verhaltensregeln

Es gibt ein Wort, das jedem als praktische Lebensregel dienen könnte: Gegenseitigkeit. *Konfuzius*

Der Mensch hat dreierlei Wege, klug zu handeln; erstens durch Nachdenken, das ist das Edelste, zweitens durch Nachahmen, das ist das Leichteste, und drittens durch Erfahrung, das ist das Bitterste. *Konfuzius*

Ich stelle täglich drei Fragen an mich selbst: War ich in dem, was ich für andere tat, auch wirklich gewissenhaft? War ich meinen Freunden gegenüber vollkommen aufrichtig? Habe ich alle Lehren, die mir zuteil wurden, auch tatsächlich befolgt?
Konfuzius

Wenn du einen Würdigen siehst, dann trachte, ihm nachzueifern. Wenn du einen Unwürdigen siehst, dann prüfe dich in deinem Innern. *Konfuzius*

Wer Menschen beurteilt, hüte sich vor billigem Tadel und vor billigem Lob. *Konfuzius*

Eine Hand wäscht die andere; gib etwas und nimm etwas.
Epicharm

Lass die Zunge nicht dem Verstande vorauseilen. *Chilon*

Heiter machen heilt! *Demokrit*

Sei, was Du scheinen willst! *Sokrates*

Was du auch tust, du wirst es bereuen. *Sokrates*

Das gute Gelingen ist zwar nichts Kleines, fange aber mit Kleinigkeiten an. *Sokrates*

Hör auf mit dem vielen Essen; dann wirst du angenehmer, billiger und gesünder leben! *Xenophon*

Lerne zuhören, und du wirst auch von denjenigen Nutzen ziehen, die dummes Zeug reden.
Platon

Nichts allzu sehr!
Platon

Werde nicht zornig! Sonst könntest du an einem einzigen Tag das Holz verbrennen, das du in vielen Wochen gesammelt hast.
Mengtse

Tue nichts im Leben, was dir Angst machen muss, wenn es dein Nächster bemerkt.
Epikur

Zieh dich vor allem dann in dich selbst zurück, wenn du gezwungen bist, dich unter den Leuten aufzuhalten.
Epikur

Wenn ich schweige, erfahre ich die Unzulänglichkeiten der anderen und verberge meine eigenen.
Zenon

Plane das Schwierige da, wo es noch leicht ist! Tue das Große da, wo es noch klein ist!
Laotse

Nach deinem Selbst beurteile andere. Nach deiner Familie beurteile andere Familien. Nach deiner Gemeinde beurteile andere Gemeinden. Nach deinem Staat beurteile andere Staaten. Nach der Welt beurteile die Welt. Wie weiß ich, wie die Welt ist? Nach meinem Selbst.
Laotse

Wenn du geliebt werden willst, liebe!
Seneca

Lebe so, dass nichts vorkommt, was nicht auch dein Feind wissen dürfte.
Seneca

Lebe so mit deinen Mitmenschen, als ob der Gott es sähe.
Seneca

Entweder ist`s ein Mächtiger, der dich beleidigt hat, oder ein Schwächerer. Ist er schwächer, so schone ihn; ist er mächtiger, schone dich.
Seneca

Bestätige deine Worte mit der Tat.
Seneca

Unser Inneres soll von der großen Menge verschieden sein; unser Äußeres passe sich ihr an.
Seneca

Erfährst du, dass jemand schlecht über dich gesprochen hat, so überlege, ob du es nicht zuerst getan hast und über wie viele du selbst sprichst!
Seneca

Konzentriere dich in deinem kurzen Leben auf wesentliche Dinge und lebe mit dir und der Welt in Frieden.
Seneca

Man muss schlechten Umgang sorgfältig meiden wie die Nähe Pestkranker.
Seneca

Hoffe nicht ohne Zweifel und zweifle nicht ohne Hoffnung.
Seneca

Wenn du gut sein willst, so nimm zuerst an, dass du schlecht bist!
Epiktet

Ermahnen ist besser als schelten … Jenes sucht die Fehlenden zu bessern, dieses nur zu überführen.
Epiktet

Mache dir selbst zuerst klar, was du sein möchtest; und dann tue, was du zu tun hast.
Epiktet

Sprich nicht davon, wie man essen soll, sondern iss, wie man soll!
Epiktet

Die Menschen sind füreinander geboren; belehre sie oder ertrage sie.
Mark Aurel

Ergib dich nicht der Stimmung dessen, der dich beleidigt, und folge nicht dem Weg, auf den er dich verführen möchte.
Mark Aurel

Was du erhältst, nimm ohne Stolz an, was du verlierst, gib ohne Trauer auf.
Mark Aurel

Führe jede Tat deines Lebens so aus, als ob sie deine letzte sei.
Mark Aurel

Blicke in dein Inneres! Da drinnen ist eine Quelle des Guten, die niemals aufhört zu sprudeln, solange du nicht aufhörst nachzugraben.
Mark Aurel

Hüte dich, gegen Unmenschen ebenso gesinnt zu sein, wie diese gegen Mitmenschen gesinnt zu sein pflegen.
Mark Aurel

Werde also nicht müde, deinen Nutzen zu suchen, indem du anderen Nutzen gewährst.
Mark Aurel

Sei wie ein Fels, an dem sich beständig die Wellen brechen!
Mark Aurel

Mache dich von der Vorurteilen los, und du bist gerettet!
Mark Aurel

Bei Anwendung deiner Grundsätze musst du dem Ringer, nicht dem Zweikämpfer ähnlich sein.
Mark Aurel

Nimm den Dünkel hinweg, und alle Menschen sind nichts anderes als Menschen.
Aurelius Augustinus

Denke nicht, dein Heil zu setzen auf ein Tun! Man muss es setzen auf ein Sein.
Meister Eckhard

Vorsicht im Reden geht über Beredsamkeit.
Francis Bacon

Verleumde frech! Irgend etwas bleibt immer hängen.
Francis Bacon

Suche deinem Handeln eine feste Richtschnur zu geben, damit man im voraus weiß, was man von dir erwarten kann …
Francis Bacon

Man muss sich selbst erkennen. Dient das nicht dazu, die Wahrheit zu finden, so dient es zumindest dazu, unser Leben zu leiten, und Richtigeres gibt es nicht.
Blaise Pascal

Wünscht du, dass die Leute gut über dich denken? Sprich nicht.
Blaise Pascal

Nicht weinen, nicht zürnen, sondern begreifen!
Benedictus Spinoza

Kinder, liebet einander, denn wer zum Teufel liebt euch sonst?
Voltaire

Man muss bis zum letzten Augenblick gegen Natur und Schicksal kämpfen und nie an etwas verzweifeln, bis man mausetot ist.
Voltaire

Sei ein Heuchler, wenn du willst; aber sprich nicht wie ein Heuchler!
Denis Diderot

Tue das, wodurch du würdig wirst, glücklich zu sein.
Immanuel Kant

Wer sich nicht mit der Löwenhaut bekleiden kann, der nehme den Fuchspelz.
Arthur Schopenhauer

Man muss denken wie die wenigsten und reden wie die meisten.
Arthur Schopenhauer

„Weder lieben noch hassen" enthält die Hälfte aller Weltklugheit, „nichts sagen und nichts glauben" die andere Hälfte.
Arthur Schopenhauer

Man bestreite keines Menschen Meinung, sondern bedenke, dass, wenn man alle Absurditäten, die er glaubt, ihm ausreden wollte, man Methusalems Alter erreichen könnte, ohne damit fertig zu werden. *Arthur Schopenhauer*

Mache das Beste aus Dir, denn das ist alles, was Du hast.
Ralph Waldo Emerson

Ahme den Gang der Natur nach. Ihr Geheimnis ist Geduld.
Ralph Waldo Emerson

Lasset also jeden und jedes gewähren, und begnügt euch damit, vor eurer Tür zu kehren. *Proudhon*

Verdächtige immer zuerst dich selbst. *Sören Kierkegaard*

Gib nie einen Menschen oder die Hoffnung auf ihn lieblos auf.
Sören Kierkegaard

In eurer Liebe sei eure Ehre! *Friedrich Nietzsche*

Lernen wir uns freuen, so verlernen wir am besten, anderen weh zu tun. *Friedrich Nietzsche*

Du musst jeden Tag auch deinen Feldzug gegen dich selber führen. *Friedrich Nietzsche*

Mit sich beginnen, aber nicht bei sich enden, bei sich anfangen, aber sich nicht selbst zum Ziel haben. *Martin Buber*

Trachte geliebt und nicht bewundert zu werden.
Ludwig Wittgenstein

Leben

Welt, Schicksal

Das Schauspiel der Welt ähnelt dem der Olympischen Spiele; die einen machen Geschäfte; andere setzen sich ein; andere begnügen sich damit zuzuschauen. *Pythagoras*

Allerwärts klagt der Mensch Natur und Schicksal an, und sein Schicksal ist doch in der Regel nur Nachklang seines Charakters, seiner Leidenschaften, Fehler und Schwächen. *Demokrit*

Das Größte und Schönste dem Zufall zuzuschreiben, wäre gar zu leichtfertig. *Aristoteles*

Man kann die Welt kennen, ohne je sein Haus zu verlassen. *Laotse*

Ebenso hält es das Schicksal: Es sucht sich die Tapfersten als gleichwertige Gegner. *Seneca*

Den Willigen führt das Schicksal, den Unwilligen reißt es mit. *Seneca*

Solange das Schicksal es erlaubt, lebt froh! *Seneca*

Das Schicksal geht seinen Weg. *Seneca*

Das Schicksal kann Reichtümer, aber nicht den Geist rauben. *Seneca*

Dem Lauf der Dinge darf man doch nicht zürnen, denn er kümmert sich um nichts. *Mark Aurel*

Die Welt ist Verwandlung, das Leben ständiger Widerspruch.
Mark Aurel

Niemandem gehört die Welt als dem, der die ganze Welt aufgegeben hat.
Meister Eckhard

Wer Weib und Kinder besitzt, hat dem Schicksal Geiseln gegeben.
Francis Bacon

Die Menschen werfen alle ihre Dummheiten auf einen Haufen, konstruieren ein Ungeheuer und nennen es Schicksal.
Thomas Hobbes

Man soll die Welt nicht belachen, nicht beweinen, sondern begreifen.
Benedictus Spinoza

Wir sind die Maschinen der Vorsehung.
Voltaire

In einer irrsinnigen Welt vernünftig sein zu wollen, ist schon wieder ein Irrsinn für sich.
Voltaire

Zufall ist ein Wort ohne Sinn. Nichts kann ohne Ursachen bestehen.
Voltaire

Was diese Welt zu einem Jammertal gemacht hat und immer wieder machen wird, das ist die unersättliche Begierde und der unbezähmbare Hochmut der Menschen.
Voltaire

Wir leben in einer Welt, worin ein Narr viele Narren, aber ein weiser Mann nur wenige Weise macht.
Immanuel Kant

Wie ein Gesicht schön wird, dadurch, dass es Seele, so die Welt dadurch, dass sie einen Gott durchscheinen lässt.
Friedrich Heinrich Jacobi

Das Beste in der Welt ist das, was der Gedanke hervorgebracht hat.
Georg Wilhelm Friedrich Hegel

Wer die Welt vernünftig ansieht, den sieht auch sie vernünftig an. *Georg Wilhelm Friedrich Hegel*

Die Welt als Musik betrachtet, ist ein ewiger Tanz aller Wesen, ein allgemeines Lied alles Lebendigen und ein rhythmischer Strom von Geistern. *Friedrich Schlegel*

Nur diejenige Verworrenheit ist ein Chaos, aus der eine Welt entstehen kann. *Friedrich Schlegel*

Nur wer einig ist mit der Welt kann einig sein mit sich selbst. *Friedrich Schlegel*

Die äußere Welt liegt vor uns aufgeschlagen, um in ihr die Geschichte unseres Geistes wiederzufinden.
Friedrich Wilhelm Joseph Schelling

Bei gleicher Umgebung lebt doch jeder in einer anderen Welt. *Arthur Schopenhauer*

Das Schicksal mischt die Karten, und wir spielen. *Arthur Schopenhauer*

Was die Leute gemeiniglich das Schicksal nennen, sind meistens nur ihre eigenen dummen Streiche. *Arthur Schopenhauer*

Auch das Zufälligste ist nur ein auf entfernterem Wege herangekommenes Notwendiges. *Arthur Schopenhauer*

Die Welt gehört dem, der in ihr mit Heiterkeit nach hohen Zielen wandert. *Ralph Waldo Emerson*

Nur für die Erbärmlichen ist die Welt erbärmlich, nur für die Leeren leer. *Ludwig Feuerbach*

Was den Glauben an die Vorsehung aufrecht erhält, ist die unwillkürliche Vermischung der Gesetze der Gesellschaft mit den Zufällen, welche sie in Szene setzen. *Pierre Joseph Proudhon*

In einem Theater brach hinter den Kulissen Feuer aus. Der Pierrot trat an die Rampe, um das Publikum davon zu unterrichten. Man glaubte, es sei ein Witz und applaudierte. Er wiederholte seine Mitteilung; man jubelte noch mehr. So, denke ich mir, wird die Welt eines Tages untergehen. *Sören Kierkegaard*

Die Welt ist tief, und tiefer als der Tag gedacht, tief ist ihr Weh, Lust tiefer noch als Herzeleid … *Friedrich Nietzsche*

Die Welt in ihrer Tiefe verstehen, heißt den Widerspruch verstehen. *Friedrich Nietzsche*

Amor fati – Liebe zum Schicksal. *Friedrich Nietzsche*

Das Schicksal der Menschen ist auf glückliche Augenblicke, aber nicht auf glückliche Zeiten eingerichtet.
Friedrich Nietzsche

Wenn die Welt erlöst werden soll, müssen die Menschen edel sein … *Bertrand Russell*

Die große Weberin, die das Gewand der Welt und aller Geschicke webt, führt den Namen „Harmonia". Justitia und aequitas gelten als eingeborene Eigenschaften des weiblichen Naturprinzips. *Ludwig Klages*

Was Schicksal ist, lässt sich nicht definieren, nur sehend erleben. *Oswald Spengler*

Alles in der Welt ist merkwürdig und wunderbar für ein paar wohlgeöffnete Augen. *José Ortega y Gasset*

Wir planen zu wenig, wenn wir Dinge, die in unserer Hand liegen, dem Zufall überlassen. Wir planen zu viel, wenn wir das Ganze der menschlichen Dinge in die Hand unserer Absicht nehmen und verändern wollen. *Karl Jaspers*

Gepriesen sei der Zufall. Er ist wenigstens nicht ungerecht. *Ludwig Marcuse*

Diese Welt ist absurd. *Albert Camus*

Elend und Größe dieser Welt: Sie bietet keine Wahrheit, sondern Liebesmöglichkeiten. *Albert Camus*

Die Welt verstehen heißt für einen Menschen: sie auf das Menschliche zurückführen, ihr ein menschliches Siegel aufdrücken. *Albert Camus*

Der Trost der Welt besteht darin, dass es keine unaufhörlichen Leiden gibt. Ein Schmerz geht, eine Freude entsteht, sie halten sich die Waage. *Albert Camus*

Meine Generation weiß, dass sie die Welt nicht neu erbauen wird. Aber vielleicht fällt ihr eine noch größere Aufgabe zu. Sie besteht darin, den Zerfall der Welt zu verhindern. *Albert Camus*

Das menschliche Herz hat eine fatale Neigung, nur etwas Niederschmetterndes Schicksal zu nennen. *Albert Camus*

Leben als solches, Lebenssinn

Was ist das Schwerste im Leben: Sich selbst erkennen! Was das Leichteste: Andere tadeln. *Bias*

Der Weg war das Ziel. *Konfuzius*

Der Mensch lebt durch Geradheit. Ohne sie lebt er von glücklichen Zufällen und vom Ausweichen. *Konfuzius*

Man kann nicht zweimal in denselben Fluss steigen. *Heraklit*

Das ewige Leben ist ein Kind, spielend wie ein Kind, die Brettsteine setzend; die Herrschaft gehört einem Kind. *Heraklit*

Alles, was lebt, wird mit Gottes Geißel auf die Weide getrieben. *Heraklit*

Man kann das Leben nicht wiederholen wie einen Zug beim Brettspiel. *Antiphon*

Wir leben nicht, um zu essen, sondern wir essen, um zu leben. *Sokrates*

Ein Leben ohne Festlichkeiten ist ein langer Weg ohne Herbergen. *Demokrit*

Nicht das Leben ist das höchste Gut, sondern das gute Leben. Gut leben ist soviel wie edel und gerecht leben. *Platon*

Der Tüchtige sucht kein langes Leben, sondern ein leuchtendes. *Platon*

Wer weiß denn, ob das Leben nicht ein Sterben ist, und Sterben Leben? *Platon*

Das Leben besteht in der Bewegung. *Aristoteles*

Nicht geboren werden ist das Allerbeste. *Aristoteles*

Wer das Leben erlangt hat, der hat das Ziel erreicht. *Chuangtse*

Leben als solches, Lebenssinn

Wir sind ein einziges Mal geboren. Zweimal geboren zu werden ist nicht möglich. Die ganze Ewigkeit werden wir nicht mehr sein. Du aber bist nicht Herr des morgigen Tages und verschiebst immerzu das Erfreuende. Das Leben geht mit Aufschieben dahin, und jeder von uns stirbt, ohne Muße gefunden zu haben.
Epikur

Einige rüsten sich ihr ganzes Leben hindurch zum Leben und bemerken nicht, dass uns allen das tödliche Gift der Geburt beigeschüttet worden ist.
Epikur

Lebe im Verborgenen!
Epikur

Erzeugen und ernähren, erzeugen und nicht besitzen, wirken und nicht behalten, mehren und nicht beherrschen: das ist geheimes Leben.
Laotse

Ist der Sinn verloren, dann das Leben. Ist das Leben verloren, dann die Liebe.
Laotse

Wer Leben hat, hält sich an seine Pflicht, wer kein Leben hat, hält sich an sein Recht.
Laotse

Geboren werden heißt, zu sterben anfangen.
Laotse

Nur jene wissen das Leben wahrlich zu schätzen, die nichts tun, es zu stören.
Laotse

Im Leben regiert das Glück, nicht die Weisheit.
Marcus Tullius Cicero

Leben ist kämpfen.
Seneca

Leben muss man das ganze Leben hindurch lernen, und was dir vielleicht noch sonderbarer klingt: all seine Lebtage muss man sterben lernen.
Seneca

Leben

Weise Lebensführung gelingt keinem Menschen durch Zufall. Man muss, solange man lebt, lernen, wie man leben soll.

Seneca

Übel lebt ein jeder, der nicht gut zu sterben weiß. *Seneca*

Nur die Menschen, die für die Weisheit Zeit haben, sind frei von Unruhe. Sie allein leben. *Seneca*

Doch man verliert am meisten von seinem Leben durch Aufschub. Der nimmt einen Tag nach dem anderen weg, der raubt uns die Gegenwart, indem er uns Hoffnung auf Künftiges macht. *Seneca*

Wer jeden Abend sagen kann: „ich habe gelebt", dem bringt jeder Morgen einen neuen Gewinn. *Seneca*

Das Leben ist wie eine Rolle auf dem Theater; es kommt nicht darauf an, dass lange, sondern dass gut gespielt wird. *Seneca*

Habe Vertrauen zum Leben – und es trägt dich lichtwärts.

Seneca

Was ist schändlicher als ein Greis, der zu leben beginnt?

Seneca

Wenn dir etwas verbietet, gut zu leben, so verbietet es dir (doch) nicht, gut zu sterben. *Seneca*

Genieße das Leben! In schnellem Lauf flieht es dahin. *Seneca*

Kein Tag ist frei von Kummer. *Seneca*

Das Leben eines jeden ist dem Morgen zugewandt. *Seneca*

Manche Leute haben schon aufgehört zu leben, bevor sie mit dem Leben begonnen haben. *Seneca*

Leben als solches, Lebenssinn

Wie töricht ist es, Pläne für das ganze Leben zu machen, da wir doch nicht einmal Herren des morgigen Tages sind. *Seneca*

Konzentriere dich in deinem kurzen Leben auf wesentliche Dinge und lebe mit dir und der Welt in Frieden. *Seneca*

Nur ein kurzer Augenblick ist unser ganzes Leben. *Plutarch*

Man darf das Schiff nicht an einen einzigen Anker und das Leben nicht an eine einzige Hoffnung binden. *Epiktet*

Hat jemand Angst vor Umwandlung? Was kann denn ohne Umwandlung geschehen? ... Du nun selbst, kannst du etwa warm baden, wenn nicht das Holz (zur Heizung) sich wandelt? Kannst du ernährt werden, wenn sich die Speisen nicht wandeln? ... Siehst du denn nicht, dass auch gerade die Umwandlung deiner eigenen Person für die Natur des Alls eine ähnliche Bedeutung hat und gleich notwendig ist? *Mark Aurel*

Betrachte einmal die Dinge von einer anderen Seite, als du sie bisher sahst; denn das heißt ein neues Leben beginnen.

Mark Aurel

Die Kunst zu leben hat mit der Fechtkunst mehr Ähnlichkeit als mit der Tanzkunst, insofern man auch auf unvorhergesehene Streiche gerüstet sein muss. *Mark Aurel*

Wie du beim Sterben gelebt zu haben wünschest, so solltest du jetzt schon leben. *Mark Aurel*

Wenn ein Mensch zu sein beginnt im Leibe: von da an ist er schon im Tode. *Aurelius Augustinus*

Die Nützlichkeit des Lebens liegt nicht in seiner Länge, sondern in seiner Anwendung. *Michel de Montaigne*

Hoffnung ist ein gutes Frühstück, aber ein schlechtes Abendbrot. *Francis Bacon*

Gewohnheit heißt die große Lenkerin des Lebens. Daher sollen wir uns auf alle Weise erstreben, gute Gewohnheiten einzuimpfen. *Francis Bacon*

Damit die Leidenschaft keinen Schaden anrichte, lasst uns handeln, wie wenn wir nur acht Tage zu leben hätten.

Blaise Pascal

Das ist ein Leben! Man verbringt es hoffend, um es mit einem Tode zu beschließen, an den man wieder Hoffnungen knüpft.

Voltaire

Das Leben ist ein Schiffbruch; rette sich wer kann! *Voltaire*

Mein Leben ist ein Streit. *Voltaire*

Wie das ewige Leben beschaffen ist, weiß ich nicht; dieses aber ist ein schlechter Spaß. *Voltaire*

Die Geburt ist offenbar ein Schwerverbrechen, denn sie wird mit dem Tod bestraft. *Voltaire*

Die Voraussicht schenkte uns Hoffnung und Schlaf als Ausgleich für die vielen Sorgen des Lebens. *Voltaire*

Wer nur weise ist, führt ein trauriges Leben. *Voltaire*

Das Leben ist kurz, weniger wegen der kurzen Zeit, die es dauert, sondern weil uns von dieser kurzen Zeit fast keine übrig bleibt, es zu genießen. *Jean-Jacques Rousseau*

Leben heißt nicht atmen, sondern – handeln.

Jean-Jacques Rousseau

Ich habe so viel in diesem Leben gelitten, um nicht auf ein anderes zu hoffen.
Jean-Jacques Rousseau

Nicht der Mensch hat am meisten gelebt, welcher die höchsten Jahre zählt, sondern derjenige, welcher sein Leben am meisten empfunden hat.
Jean-Jacques Rousseau

Wir werden sozusagen zweimal geboren, einmal zum Dasein, das andere Mal zum Leben, das eine Mal für die menschliche Gattung, dann für ein bestimmtes Geschlecht.
Jean-Jacques Rousseau

Vom ersten Augenblick des Lebens an muss man lernen, das Leben zu verdienen.
Jean-Jacques Rousseau

Der Himmel hat den Menschen als Gegengewicht gegen die Mühseligkeiten des Lebens drei Dinge gegeben: die Hoffnung, den Schlaf und das Lachen.
Immanuel Kant

Der Schmerz ist der Stachel der Tätigkeit, und in dieser fühlen wir allererst unser Leben.
Immanuel Kant

Lasst uns unser Leben wie ein Kinderspiel ansehen, in welchem nichts ernsthaft ist als Redlichkeit.
Immanuel Kant

An meinem Leben und meinen Schicksalen liegt nichts. An den Wirkungen meines Lebens liegt unendlich viel.
Johann Gottlieb Fichte

Der Widerspruch aber ist die Wurzel aller Bewegung und Lebendigkeit.
Georg Wilhelm Friedrich Hegel

Tätigkeit ist der wahre Genuss des Lebens, ja, das Leben selbst.
Friedrich Schlegel

Grundsätze sind fürs Leben, was im Kabinett geschriebene Instruktionen für den Feldherrn sind. *Friedrich Schlegel*

Alles Leben ist Leiden. *Arthur Schopenhauer*

Leben: ein Pensum zum Abarbeiten. *Arthur Schopenhauer*

Man muss alt geworden sein, also lange gelebt haben, um zu erkennen, wie kurz das Leben ist. *Arthur Schopenhauer*

Viele leben zu sehr in der Gegenwart: die Leichtsinnigen; andere zu sehr in der Zukunft: die Ängstlichen und Besorglichen. Selten wird einer genau das rechte Maß halten.
Arthur Schopenhauer

Unser praktisches, reales Leben nämlich ist, wenn nicht die Leidenschaften es bewegen, langweilig und fade, wenn sie aber es bewegen, wird es bald schmerzlich. *Arthur Schopenhauer*

Jeder Tag ist ein kleines Leben, zu welchem das Erwachen die Geburt ist und welches durch den Schlaf als Tod beschlossen wird. *Arthur Schopenhauer*

Als Zweck unseres Daseins ist … nichts anderes anzugeben als die Erkenntnis, dass wir besser nicht da wären.
Arthur Schopenhauer

Allerdings ist das Leben nicht eigentlich da, um genossen, sondern um überstanden, abgetan zu werden.
Arthur Schopenhauer

Ein guter Vorrat an Resignation ist überaus wichtig als Wegzehrung für die Lebensreise. *Arthur Schopenhauer*

Wenn nicht jeder ein so ganz übertriebenes Interesse an sich selbst nähme, so wäre das Leben so uninteressant, dass keiner es darin aushielte. *Arthur Schopenhauer*

Leben: vom Standpunkt der Jugend aus gesehen eine unendlich lange Zukunft; vom Standpunkt des Alters aus eine sehr kurze Vergangenheit. *Arthur Schopenhauer*

Das Leben unseres Leibes ist nur ein fortdauernd gehemmtes Sterben, ein immer aufgeschobener Tod …
Arthur Schopenhauer

Das Leben besteht in dem, was ein Mensch den ganzen Tag über denkt. *Ralph Waldo Emerson*

Das Leben ist kurz, aber man hat immer Zeit für Höflichkeit.
Ralph Waldo Emerson

Leben ist ewiger Unterricht in Ursache und Wirkung.
Ralph Waldo Emerson

Niemand hat vom Leben etwas Ordentliches gelernt, solange er nicht weiß, dass jeden Tag Gerichtstag ist.
Ralph Waldo Emerson

Das Leben muss wie ein kostbarer Wein mit gehörigen Unterbrechungen Schluck für Schluck genossen werden. Auch der beste Wein verliert für uns allen Reiz, wir wissen ihn nicht mehr zu schätzen, wenn wir ihn wie Wasser hinunterschütten.
Ludwig Feuerbach

Die Sorge ist das Verhältnis zum Leben. *Sören Kierkegaard*

Das Leben kann nur rückblickend verstanden werden. Es muss aber vorausschauend gelebt werden. *Sören Kierkegaard*

Viele Menschen ziehen ihre Schlüsse über das Leben wie Schulknaben: sie betrügen ihre Lehrer, indem sie die Antworten aus einem Buch abschreiben, ohne die Addition selbst ausgerechnet zu haben. *Sören Kierkegaard*

Mit dem Leben fertig werden, ehe das Leben mit einem fertig wird, heißt ja gerade, nicht mit der Aufgabe fertig werden.
Sören Kierkegaard

Das ist ja gerade der Ernst unseres Daseins, dass die Stimme, die uns auf den rechten Weg ruft, sehr leise spricht, während tausend laute Stimmen in und außer uns genau das Gegenteil behaupten. – Man muss im Leben sehr aufpassen, wenn das Stichwort kommt. *Sören Kierkegaard*

Nicht das Bewusstsein bestimmt das Leben, sondern das Leben bestimmt das Bewusstsein. *Karl Marx*

Leben ist eine ununterbrochene Anpassung der inneren Beziehungen an die äußeren Umstände. *Herbert Spencer*

Das Wesen des Lebens ist der Wille zur Macht.
Friedrich Nietzsche

Wer ein Warum zu leben hat, erträgt fast jedes Wie.
Friedrich Nietzsche

Wenn man viel hineinzustecken hat, so hat ein Tag hundert Taschen. *Friedrich Nietzsche*

Und ihr sagt mir, Freunde, dass nicht zu streiten sei über Geschmack und Schmecken? Aber alles Leben ist Streit um Geschmack und Schmecken. *Friedrich Nietzsche*

Man muss stolz sterben, wenn es nicht mehr möglich ist, stolz zu leben. *Friedrich Nietzsche*

Ein Hauptmittel, um sich das Leben zu erleichtern, ist das Idealisieren aller Vorgänge desselben. *Friedrich Nietzsche*

Drücken wir das Abbild der Ewigkeit auf unser Leben.
Friedrich Nietzsche

Leben überhaupt heißt in Gefahr sein. *Friedrich Nietzsche*

Das beste Mittel, jeden Tag gut zu beginnen, ist, beim Erwachen daran zu denken, ob man nicht wenigstens einem Menschen an diesem Tag eine Freude machen könnte.
Friedrich Nietzsche

Der Kampf ums Dasein – bezeichnet einen Ausnahmezustand. Die Regel ist vielmehr der Kampf um die Macht.
Friedrich Nietzsche

Denen, die heute nicht an dem Fragwürdigen unseres Daseins leiden, habe ich nichts zu sagen. *Friedrich Nietzsche*

Wesentliche Lebensaufgabe: das Leben jeden Tag von neuem zu beginnen, als wäre dieser Tag der erste – und doch alle Vergangenheit, mit all ihren Resultaten und unvergessenen Gewesenheiten darin zu sammeln und zur Voraussetzung zu haben.
Georg Simmel

Höchste Lebenskunst: sich anpassen, ohne Konzessionen zu machen. Unglücklichste Naturanlage: immerzu Konzessionen zu machen und doch damit keine Anpassung zu erreichen.
Georg Simmel

Das Wesen des Lebens liegt in der Bewegung, die es weiterpflanzt. *Henri Bergson*

Geburt und Grab, ein ewiges Meer, ein wechselnd Weben, ein glühend Leben. *Ludwig Klages*

Das, was die Menschen den Kampf ums Dasein nennen, ist nichts anderes als der Kampf um den Aufstieg. *Bertrand Russell*

Den meisten Menschen bedeutet das Leben ein lange währendes Zweitbestes, einen dauernden Kompromiss zwischen dem Ideal und dem Möglichen. *Bertrand Russell*

Wer es gelernt hat, sich von der Herrschaft des Ärgers zu befreien, wird das Leben viel lebenswerter finden, als es ihm schien, solange er in beständiger Gereiztheit einherging.
Bertrand Russell

Das größte Risiko auf Erden laufen Menschen, die nie das kleinste Risiko eingehen wollen. *Bertrand Russell*

Man sollte eigentlich im Leben niemals die gleiche Dummheit zweimal machen, denn die Auswahl ist ja groß genug.
Bertrand Russell

Wer sich von der Herrschaft des Ärgers befreit, wird das Leben viel lebenswerter finden. *Bertrand Russell*

Alles wirkliche Leben ist Begegnung. *Martin Buber*

Dieses brüchige Leben zwischen Geburt und Tod kann eine Erfüllung sein, wenn es eine Zwie-Sprache ist. *Martin Buber*

Erlebend sind wir Angeredete; denkend, sagend, handelnd, hervorbringend, einwirkend vermögen wir Antwortende zu werden. *Martin Buber*

Leben ist Tun und Leiden. Je wissender ein Mensch, desto tiefer sein seelisches Leid. *Oswald Spengler*

Nicht die Angst um die Dauer, sondern um den Sinn unseres individuellen Lebens führt zur Verzweiflung. *Oswald Spengler*

Alles Bedeutende im Strome des Lebens ist durch Sieg und Niederlage entstanden.
Oswald Spengler

Nicht von der Überfülle des Lebens kommt der Lebensüberdruss, sondern von der Verarmung des Lebens.
Nicolai Hartmann

Das Leben ist seinem inneren Wesen nach ein ständiger Schiffbruch.
José Ortega y Gasset

Manche Menschen richten ihr Leben so ein, dass sie von Vorspeisen und Beilagen leben. Das Hauptgericht lernen sie nie kennen.
José Ortega y Gasset

Leben heißt, es mit etwas zu tun zu haben – mit der Welt und mit sich.
José Ortega y Gasset

Leben heißt, etwas Aufgegebenes erfüllen, und in dem Maße, wie wir vermeiden, unser Leben an etwas zu setzen, entleeren wir es.
José Ortega y Gasset

Das Leben ist die Verwirklichung des Altruismus der Schöpfung; es existiert nur als ewige Wanderung des Ich zum anderen hin.
José Ortega y Gasset

Jedes Leben ist mehr oder weniger eine Ruine, unter deren Trümmern wir die eigentliche Bestimmung des Menschen entdecken müssen.
José Ortega y Gasset

Alles Leben, zumindest alles menschliche, ist unmöglich ohne Ideal, oder, anders gesagt, das Ideal ist ein organischer Bestandteil des Lebens.
José Ortega y Gasset

Das Bewusstsein des Geborgenseins tötet das Leben.
José Ortega y Gasset

Jedes menschliche Leben muss sich seine eigene Form erfinden; es gibt in Wahrheit kein Zurück. *José Ortega y Gasset*

Ein Leben ohne Angst ist oberflächlich. *Karl Jaspers*

Ohne Umkehr ist das Leben des Menschen verloren; will der Mensch weiterleben, so muss er sich wandeln. *Karl Jaspers*

Grenzsituationen erfahren und existieren ist dasselbe.
Karl Jaspers

Man lebt nicht, um zu leben. Sondern weil man lebt und hat sich dies Weil nicht ausgesucht. *Ernst Bloch*

Das Leben verwirklicht sich selbst, indem es ständig das Gegebene transzendiert. *Ernst Bloch*

In einem Tag kann man die Schrecken der Hölle erleben; es ist reichlich genug Zeit dazu. *Ludwig Wittgenstein*

Wenn alle wissenschaftlichen Probleme gelöst sind, ist noch kein einziges Lebensproblem gelöst. *Ludwig Wittgenstein*

Pessimismus ist eine Katastrophe, wenn er nur verstärkt, was uns das Leben ohnehin schon antut. *Ludwig Marcuse*

Der Wille zum Leben ist der Tyrann aller Tyrannen.
Ludwig Marcuse

Das was man Sinn nennt, wird immer mehr verloren gehen.
Max Horkheimer

Man kann und darf wohl sein eigenes Leben für eine Sache riskieren, aber nie das Leben eines anderen. *Karl Raimund Popper*

Es gibt kein richtiges Leben im falschen. *Theodor W. Adorno*

Alles hat man herausgefunden, nur nicht, wie man lebt.
Jean-Paul Sartre

Das menschliche Leben beginnt jenseits der Verzweiflung.
Jean-Paul Sartre

Jede Minute des Lebens trägt in sich ihren Wert als Wunder und ihr Gesicht ewiger Jugend. *Albert Camus*

Das Leben verlieren ist keine große Sache; aber zusehen, wie der Sinn des Lebens aufgelöst wird, das ist unerträglich.
Albert Camus

Freiheit

Die schönste Frucht der Selbstgenügsamkeit ist Freiheit. *Epikur*

Du musst der Philosophie dienen, damit du die wahre Freiheit erlangst. *Epikur*

Zwang ist ein Übel; aber es besteht kein Zwang, unter Zwang zu leben. *Epikur*

Gedanken sind frei. *Marcus Tullius Cicero*

Der ist kein freier Mensch, der sich nicht auch einmal dem Nichtstun hingeben kann. *Marcus Tullius Cicero*

Frieden ist ungestörte Freiheit. *Marcus Tullius Cicero*

Für freie Menschen sind Drohungen wirkungslos.
Marcus Tullius Cicero

Willst du eine freie Seele haben, so musst du entweder arm sein oder wie ein Armer. *Seneca*

Die Sklaverei hält (nur) wenige Menschen, viele halten die Sklaverei fest. *Seneca*

Der Gottheit zu gehorchen, ist Freiheit. *Seneca*

Wie bleibt man frei? – Wenn man den Tod verachtet. *Plutarch*

Die wahre Freiheit wird nämlich nicht durch Befriedigung aller Wünsche erreicht, sondern durch Ausrottung der Begierde. *Epiktet*

Frei ist derjenige, dem alles nach Willen geht und den niemand hindern kann. *Epiktet*

Freiheit ist politische Macht, geteilt in kleine Stücke. *Thomas Hobbes*

Freiheit hebt die Notwendigkeit nicht auf, sondern setzt sie voraus. *Benedictus de Spinoza*

Nur freie Menschen sind einander wahrhaft dankbar. *Benedictus de Spinoza*

Der freie Mensch denkt über nichts weniger nach als über den Tod: seine Weisheit ist nicht ein Nachsinnen über den Tod, sondern über das Leben. *Benedictus de Spinoza*

Die menschliche Freiheit besteht lediglich darin, dass sich die Menschen ihres Wollens bewusst und der Ursachen, von denen sie bestimmt werden, unbewusst sind. *Benedictus de Spinoza*

Die Beherrschung unserer Leidenschaften ist der wahre Fortschritt in der Freiheit. *John Locke*

Freiheit

Wir sind umso freier, je mehr wir der Vernunft gemäß handeln, und umso mehr geknechtet, je mehr wir uns von den Leidenschaften regieren lassen.
Gottfried Wilhelm Leibniz

Freiheit bedeutet, von nichts anderem abhängig zu sein als von den Gesetzen.
Voltaire

Wille ist wollen, und Freiheit ist Können.
Voltaire

Die Freiheit des Menschen liegt nicht darin, dass er tun kann, was er will, sondern dass er nicht tun muss, was er nicht will.
Jean-Jacques Rousseau

Menschliche Unabhängigkeit und Freiheit hängt weniger von der Stärke des Arms als von der Mäßigung der Begierden ab.
Jean-Jacques Rousseau

Auf seine Freiheit verzichten heißt, auf seine Menschenwürde, Menschenrechte, selbst auf seine Pflichten verzichten.
Jean-Jacques Rousseau

Der Mensch wird frei geboren, und überall liegt er in Ketten.
Jean-Jacques Rousseau

Mir ist die gefährliche Freiheit lieber als ruhige Knechtschaft.
Jean-Jacques Rousseau

Du bist arm, ohne frei zu sein. Dies ist der elendste Zustand, in den ein Mensch geraten kann.
Jean-Jacques Rousseau

„Frei" ist ... nur ein Synonym für „einsichtig".
Claude Adrien Helvétius

Die Freiheit des Denkens trägt die Früchte der Wahrheit.
Claude Adrien Helvétius

Je weniger Bedürfnisse ihr habt, desto freier seid ihr.
Immanuel Kant

Der Mensch hat von Natur einen so großen Hang zur Freiheit, dass, wenn er erst eine Zeitlang an sie gewöhnt ist, er ihr alles aufopfert. *Immanuel Kant*

Das Vermögen, die Motive des Wollens schlechthin selbst hervorzubringen, ist die Freiheit. *Immanuel Kant*

Die Freiheit ist eigentlich ein Vermögen, alle willkürlichen Handlungen den Bewegungsgründen der Vernunft unterzuordnen. *Immanuel Kant*

Freiheit: die Eigenschaft der Wesen, bei denen das Bewusstsein einer Regel der Grund der Handlungen ist. *Immanuel Kant*

Was Freiheit in praktischer Beziehung ist, verstehen wir gar wohl, in theoretischer Absicht aber, was ihre Natur betrifft, können wir ohne Widerspruch nicht einmal daran denken, sie verstehen zu wollen. *Immanuel Kant*

Wenn wir frei sein wollen, müssen wir uns unsere Freiheit selber schaffen und dürfen sie niemals von anderswoher erwarten. *Claude Henri de Saint-Simon*

Nur die Verbesserung des Herzens führt zur wahren Freiheit.
Johann Gottlieb Fichte

Wessen Leben … ergriffen ist von dem Wahrhaftigen und Leben unmittelbar aus Gott geworden ist, der ist frei und glaubt an die Freiheit in sich und andern. *Johann Gottlieb Fichte*

Freiheit auch in den Regungen des äußerlichen Lebens ist der Boden, in welchem die höhere Bildung keimt.
Johann Gottlieb Fichte

Die Menschen wollen durchaus frei sein, sich gegenseitig zugrunde zu richten.
Johann Gottlieb Fichte

Die Freiheit ist der Charakter der Vernünftigkeit.
Georg Wilhelm Friedrich Hegel

Ein freier Mensch ist nicht neidisch.
Georg Wilhelm Friedrich Hegel

Die Idee des Rechts ist die Freiheit.
Georg Wilhelm Friedrich Hegel

Ganz er selbst darf jeder nur sein, solange er allein ist. Wer also nicht die Einsamkeit liebt, der liebt auch nicht die Freiheit.
Arthur Schopenhauer

Freiheit ist eine kräftigere Herzstärkung als Tokayer.
Arthur Schopenhauer

Angst ist der Schwindel der Freiheit.
Sören Kierkegaard

Die Menschen sind doch sonderbare Wesen. Die Freiheit, die sie haben, benutzen sie nicht, aber verlangen die, die sie nicht haben: Sie haben Denkfreiheit, und verlangen Redefreiheit.
Sören Kierkegaard

Das Reich der Freiheit beginnt erst da, wo das Arbeiten, das durch Not und äußere Zweckmäßigkeit bestimmt ist, aufhört.
Karl Marx

Die drei großen Feinde der Unabhängigkeit sind die Habenichtse, die Reichen und die Parteien.
Friedrich Nietzsche

Wer die Unfreiheit des Willens fühlt, ist geisteskrank; wer sie leugnet ist dumm.
Friedrich Nietzsche

Das Siegel der erreichten Freiheit: sich nicht mehr vor sich selber schämen. *Friedrich Nietzsche*

Wir sind frei, wenn unsere Handlungen aus unserer ganzen Persönlichkeit hervorgehen. *Henri Bergson*

Freiheit: eine sehr schöne Sache, aber nicht dann, wenn sie mit Einsamkeit erkauft wird. *Bertrand Russell*

Erst mit dem Verfall der Vorstellung von der Sünde in neuester Zeit haben die Frauen begonnen, ihre Freiheit wiederzugewinnen. *Bertrand Russell*

Viel Freizeit kann ermüdend wirken, wenn die Menschen sich nicht vernünftig und interessant beschäftigen. *Bertrand Russell*

Es kommt der Freiheit zu, den Boden herzugeben, auf dem sich das wahre Leben errichtet, aber nicht auch das Fundament.
Martin Buber

Ich liebe die Freiheit, aber ich glaube nicht an sie.
Martin Buber

Die Freiheit ist lediglich negativ. *Oswald Spengler*

Willensfreiheit ist keine Tatsache, sondern ein Gefühl.
Oswald Spengler

Es kommt darauf an, alle Menschen mit dem Bewusstsein zu durchdringen, dass nicht in dem Erringen der Freiheit, sondern in dem Einwilligen in eine vernünftige Unfreiheit ihre Aufgabe besteht. *Nicolai Hartmann*

Freiheit: der Zwang, sich zu entscheiden. *José Ortega y Gasset*

Die Freiheit ist nicht in die Welt gekommen, um dem gesunden Menschenverstand den Garaus zu machen.
José Ortega y Gasset

Es darf keine Freiheit geben zur Zerstörung der Freiheit.
Karl Jaspers

Denn Freiheit ist nie wirklich Freiheit bloß Einzelner. Jeder Einzelne ist frei in dem Maße, als die anderen frei sind.
Karl Jaspers

Vielleicht sind die tiefsten Gegensätze der Menschen durch die Weise ihres Freiheitsbewusstseins bestimmt. *Karl Jaspers*

Die Freiheit ist immer in der Defensive und daher in Gefahr. Wo die Gefahr in einer Bevölkerung nicht mehr gespürt wird, ist die Freiheit fast schon verloren. *Karl Jaspers*

Freiheit und Lüge schließen sich aus. Nur eine freie Welt kann zum Frieden kommen. Sie gibt es auf, Lüge vergeblich durch Lüge zu bekämpfen. Jede Unwahrheit ist ein Schritt auf dem Wege zum Totalitären. *Karl Jaspers*

Sehe ich ihn (den Menschen) in seiner Freiheit, so sehe ich ihn in seiner Würde. *Karl Jaspers*

Die Zukunft ist als Raum der Möglichkeiten der Raum unserer Freiheit. *Karl Jaspers*

Die Menschheit zur Freiheit zu führen, das heißt: sie zum Miteinanderreden zu bringen. *Karl Jaspers*

Das Reich der Freiheit kommt auch nicht mit stufenweiser Verbesserung von Gefängnisbetten. *Ernst Bloch*

Die Ungeübten sind gar nicht fähig, frei zu sein; aber das berechtigt niemand, ihnen Freiheit vorzuenthalten. Man wird frei im Gebrauch der Freiheit. *Ludwig Marcuse*

Ich glaube, dass Gerechtigkeit und Freiheit im Grunde dialektische Begriffe sind, d. h.: je mehr Gerechtigkeit, desto weniger Freiheit; und je mehr Freiheit, desto weniger Gerechtigkeit.

Max Horkheimer

Je mehr Freiheit es gibt, desto mehr wird die Gerechtigkeit dadurch gefährdet, dass die Stärkeren, Gescheiteren, Geschickteren die anderen schädigen. *Max Horkheimer*

Ich kann meine Freiheit nicht zum Ziel nehmen, wenn ich nicht zugleich die Freiheit der anderen zum Ziel nehme.

Jean-Paul Sartre

Nicht der Determinismus, sondern der Fatalismus ist das Gegenteil der Freiheit. *Jean-Paul Sartre*

Der Mensch, der verurteilt ist, frei zu sein, trägt das ganze Gewicht der Welt auf seinen Schultern; er ist, was seine Seinsweise betrifft, verantwortlich für die Welt und für sich selbst.

Jean-Paul Sartre

Die Freiheit besteht in erster Linie nicht aus Privilegien, sondern aus Pflichten. Freiheit ist ein Gut, das durch Gebrauch wächst, durch Nichtgebrauch dahinschwindet.

Carl Friedrich v. Weizsäcker

Es gibt keine Freiheit ohne gegenseitiges Verständnis.

Albert Camus

Einzig die Freiheit erlöst die Menschen aus der Vereinzelung, die Knechtschaft dagegen herrscht über eine Unzahl von Einsamkeiten. *Albert Camus*

Glück

Wer ist glücklich? Wer Gesundheit, Zufriedenheit und Bildung in sich vereint.
Thales

Wie man am besten ein Unglück ertrage? – Wenn man sieht, dass es seinen Gegnern noch schlechter geht.
Thales

Was dir auch Gutes gelingen mag, setze es auf Rechnung der Götter.
Bias

Wer nur grobe Nahrung, Wasser zum Trinken und einen gebeugten Arm als Kissen braucht, wird das Glück finden, ohne danach gesucht zu haben.
Konfuzius

Wer ständig glücklich sein möchte, muss sich oft verändern.
Konfuzius

Glück und Unglück sind nicht an die einzelne Person gebunden, sondern das Gute und Böse, das der Himmel schickt, hängt von den Tugenden und Lastern ab.
Konfuzius

Nur dem sich Mühendem verkaufen die Götter das Gute.
Epicharm

Wenn das Glück im sinnlichen Genus bestände, so müssten wir das Vieh glücklich nennen, wenn es Wickenfutter findet.
Heraklit

Bedenke, dass die menschlichen Verhältnisse insgesamt unbeständig sind, dann wirst du im Glück nicht zu fröhlich und im Unglück nicht zu traurig sein.
Sokrates

Die Glückseligkeit besteht in der heiteren Ruhe des Gemüts, die der Mensch nur durch die Beherrschung seiner Begierden erlangen kann.
Demokrit

Das Glück wohnt nicht im Besitz und nicht im Golde, das Glücksgefühl ist in der Seele zu Hause. *Demokrit*

Einen üppigen Tisch stellt das Glück hin, einen ausreichenden die Mäßigkeit. *Demokrit*

Der Geist, der sich gewöhnt, seine Freuden aus sich selbst zu schöpfen, ist glücklich. *Demokrit*

Glücklich, wer bei mäßigem Besitz wohlgemut, unglücklich, wer bei vielem missmutig ist. *Demokrit*

Mut ist Handelns Anfang, Glück aber Endes Herrin. *Demokrit*

Die größten Freuden entspringen aus dem Anschauen schöner Werke. *Demokrit*

Anstrengung ist die Würze zum Glück. *Xenophon*

Die Weisheit also macht, dass die Menschen in allen Dingen Glück haben. *Platon*

Das Bewusstsein, in seiner Selbstprüfung aufrichtig zu sein, ist die größte aller Formen des Glücks. *Mengtse*

Das Glück des Lebens stellt sich im Geleite der Tugend ein.
Aristoteles

… dass es drei Arten von Gütern gibt, deren Verein erst das Glück des Lebens begründet: äußere Güter, Güter des Leibes und Güter der Seele. *Aristoteles*

Wahres Glück ist, seinen Geist frei zu entfalten. *Aristoteles*

Das Glück gehört denen, die sich selber genügen. *Aristoteles*

Glück zu ertragen ist nicht jedermanns Sache. *Aristoteles*

Denn die Glückseligkeit muss von dem Glück unterschieden werden. *Aristoteles*

Manche Leute nämlich halten die Bedingungen der Glückseligkeit für Bestandteile von ihr. *Aristoteles*

Fast alles begehren wir als Mittel, ausgenommen die Glückseligkeit. Denn sie ist das Ziel. *Aristoteles*

Seine Trefflichkeit, welcher Art sie auch sei, ungehindert üben zu können, ist das eigentliche Glück. *Aristoteles*

Das Schönste auf Erden ist die Gerechtigkeit, das Beste die Gesundheit, das Süßeste aber, wenn man erreicht, was man begehrt. *Aristoteles*

Der Gipfel der Glückseligkeit ist, keine Glückseligkeit mehr zu erstreben. *Chuangtse*

Ich halte das Nichthandeln für wahres Glück, also gerade das, was die Welt für die größte Bitternis hält. Darum heißt es: höchstes Glück ist Abwesenheit des Unglücks. *Chuangtse*

Was man für Glück zu halten pflegt, ist ein gesunder Leib, Genüsse der Nahrung, schöne Kleider, Augenlust und die Welt der Töne. *Chuangtse*

Darum behaupte ich, dass die Freude das A und O des glückselig gestalteten Lebens ist … Für uns bedeutet Freude: keine Schmerzen haben im körperlichen Bereich und im seelischen Bereich keine Unruhe verspüren. *Epikur*

Die Stimme des Fleisches spricht: Nicht hungern, nicht dürsten, nicht frieren. Wer das besitzt oder darauf hoffen darf, der könnte sogar mit Zeus an Glückseligkeit wetteifern. *Epikur*

Wenn alle Freude sich allmählich verdichtete und die ganze Masse dauernd im ganzen menschlichen Körper oder wenigstens in seinen wichtigsten Teilen herrschte, dann würde man gar keine einzelnen Freuden mehr unterscheiden können.

Epikur

Man muss gleichzeitig lachen und philosophieren und sein Haus verwalten ... *Epikur*

Wenn du einen Menschen glücklich machen willst, dann füge nichts seinen Reichtümern hinzu, sondern nimm ihm einige von seinen Wünschen. *Epikur*

Von allem, was die Weisheit zur Glückseligkeit des ganzen Lebens in Bereitschaft hält, ist weitaus das Wichtigste der Besitz der Freundschaft. *Epikur*

Das Glück besteht im schönen Fluss des Lebens. *Zenon*

Das Unglück ist's, worauf das Glück beruht; das Glück ist es, worauf das Unglück lauert. *Laotse*

Das Glück ist blind. *Marcus Tullius Cicero*

Ein glückliches Leben besteht in erster Linie aus Freiheit von Sorgen. *Marcus Tullius Cicero*

Das Bewusstsein eines wohlverbrachten Lebens und die Erinnerung vieler guter Taten sind das größte Glück auf Erden.

Marcus Tullius Cicero

Es ist nichts widerwärtiger als ein Dummkopf, der Glück hat.

Marcus Tullius Cicero

Anteilnehmende Freundschaft macht das Glück strahlender und erleichtert das Unglück. *Marcus Tullius Cicero*

Wenn es einen Menschen gibt, der die Gewalt des Schicksals, die Wechselfälle des Lebens, die Wirkung aller denkbaren Ereignisse erträglich findet, der sich infolgedessen weder von Furcht noch von Angst berühren lässt, sich keiner Begierde hingibt und keinem leeren Wonnerausch anheimfällt: Warum soll der nicht glücklich heißen? *Marcus Tullius Cicero*

Glücklich leben und naturgemäß leben ist eins. *Seneca*

Glückselig kann auch der genannt werden, der – von der Vernunft geleitet – nichts mehr wünscht und nichts mehr fürchtet. *Seneca*

Das höchste Gut ist die Harmonie der Seele mit sich selbst. *Seneca*

Vertraue auf Dein Glück – und Du ziehst es herbei. *Seneca*

Wahre Freude ist eine ernste Sache. *Seneca*

Glück hat niemals ein Maß. *Seneca*

Nichts entreißt das Glück, was es nicht (zuvor) gegeben hat. *Seneca*

Glücklich ist nicht, wer anderen so vorkommt, sondern wer sich selber dafür hält. *Seneca*

Ohne Gefährten ist kein Glück erfreulich. *Seneca*

Ein Mensch, der nur an sich denkt und in allem seinen Vorteil sucht, kann nicht glücklich sein. *Seneca*

Glückselig ist, wer mit dem Bestehenden, wie es auch immer sei, zufrieden und mit seinen Verhältnissen befreundet ist.

Seneca

Glücklich zu leben wünscht jedermann; aber die Grundlagen des Glücks erkennt fast niemand. *Seneca*

O welche Verblendung bringt ein großes Glück über unsere Herzen. *Seneca*

Also in der Tugend liegt die wahre Glückseligkeit. *Seneca*

Die Natur hat dafür gesorgt, dass es, um glücklich zu leben, keines großen Apparates bedarf, ein jeder kann sich glückselig machen. *Seneca*

Halte nie einen für glücklich, der von äußeren Dingen abhängt. *Seneca*

Jeder ist in dem Grade unglücklich, als er es zu sein glaubt. *Seneca*

Es ist närrisch, heute unglücklich zu sein, nur weil du es in der Zukunft vielleicht einmal sein wirst. *Seneca*

Wen das Unglück oft übergeht, den findet es eines Tages (doch). *Seneca*

Das Glück trägt seinen Sturz in sich selbst. *Seneca*

Die unvernünftigen Tiere sind zudem fast durchgängig von Natur und Glück besser ausgerüstet als die Menschen. *Plutarch*

Verlange nicht, dass alles, was geschieht, so geschieht, wie du es willst, sondern wünsche dir, dass alles so geschieht, wie es geschieht, und du wirst glücklich sein. *Epiktet*

Denn sie wollen das, was zu ihrem Glücke beiträgt, aber sie suchen es, wo es nicht ist. *Epiktet*

Das Glück deines Lebens hängt von der Beschaffenheit deiner Gedanken ab.
Mark Aurel

Vergiss nicht: man benötigt nur wenig, um ein glückliches Leben zu führen!
Mark Aurel

Glücklich sein heißt einen guten Genius haben oder gut sein.
Mark Aurel

Diejenigen, die nicht mit Aufmerksamkeit den Bewegungen ihrer eigenen Seele folgen, geraten notwendig ins Unglück.
Mark Aurel

Der Mensch wird durch das Leid erst gehärtet, um das Glück ertragen zu können; so wie der Ton im Feuer gebrannt wird, um Wasser fassen zu können.
Aurelius Augustinus

Wisse, Menschenglück ist gar wankelmütig. Wisse, flüchtig die Güter auch. Eins steht ewig fest als ein uns Gesetztes: Nichts was irdisch erzeugt, beharrt.
Boethius

Hast du also das Glück dir zum Herrn gewählt, so füge dich seinen Launen.
Boethius

Was wollt ihr Menschen denn eigentlich erreichen, wenn ihr so heiß nach dem Glück verlangt? Dem Mangel wollt ihr durch den Überfluss entgehen! Aber gerade das Gegenteil erreicht ihr damit!
Boethius

Der Tugendhafte ist weise. Der Weise ist gut. Der Gute ist glücklich.
Boethius

Wahrlich, nur das ist elend, was du selbst dafür hältst, und jedes Los ist ein glückliches für den, der es mit Seelenruhe auf sich nimmt.
Boethius

Glück und Unglück sind meiner Meinung nach zwei souveräne Mächte. Es ist Torheit, anzunehmen, dass menschliche Klugheit die Rolle des Glücks spielen könne. *Michel de Montaigne*

Das Glück gleicht dem Markte, wo oft, wenn man warten kann, die Preise fallen. *Francis Bacon*

Die Beschaffenheit des Glücks eines Mannes liegt hauptsächlich in seinen eigenen Händen. *Francis Bacon*

Das Bewusstsein eines erfüllten Lebens und die Erinnerung an viele gute Stunden sind das größte Glück auf Erden. *Francis Bacon*

Glücklich hat nur der gelebt, der ganz im Verborgenen gelebt hat. *René Descartes*

Das höchste Glück besteht in dem festen Willen, tugendhaft zu handeln. *René Descartes*

Wer durch Kummer und Sorge gegangen ist, wer die Bitternis gekostet hat, der versteht es, sich dem ganzen Glück hinzugeben. *LiYü*

Während wir uns immer nur in Bereitschaft halten, glücklich zu werden, ist es unvermeidlich, dass wir es niemals richtig sind. *Blaise Pascal*

Das ganze Glück des Menschen besteht darin, bei anderen Achtung zu genießen. *Blaise Pascal*

Wenn ich es mitunter unternommen habe, die mannigfaltige Unruhe der Menschen zu betrachten, … so habe ich oft gesagt, dass alles Unglück der Menschen einem entstammt, nämlich dass sie unfähig sind, in Ruhe allein in ihrem Zimmer bleiben zu können. *Blaise Pascal*

Allein ist der Mensch ein unvollkommenes Ding; er muss einen zweiten finden, um glücklich zu sein. *Blaise Pascal*

Wie glücklich ist ein Leben, wenn es mit der Liebe beginnt und mit dem Ehrgeiz endet. *Blaise Pascal*

Die Selbstzufriedenheit ist in Wahrheit das Höchste, was man erhoffen kann. *Benedictus de Spinoza*

Glücklichsein ist nicht Belohnung für eine Tugend, es ist die Tugend selbst. *Benedictus de Spinoza*

Glück und Unglück sind die Namen für zwei Gegenstände, deren äußerste Grenze wir nicht kennen. *John Locke*

Das vollkommene Glück ist unbekannt, für den Menschen ist es nicht geschaffen. *Voltaire*

Die Menschen suchen ihr Glück, ohne zu wissen, auf welche Art sie es finden können: wie Betrunkene ihr Haus suchen, im unklaren Bewusstsein, eins zu haben. *Voltaire*

Jeder Mensch will glücklich werden; um aber dies Ziel zu erreichen, müsste er zunächst wissen, was das Glück denn eigentlich sei. *Jean-Jacques Rousseau*

… wer am gierigsten aufs Glück aus ist, ist jederzeit der Elendste. *Jean-Jacques Rousseau*

Sei gerecht, und du wirst glücklich sein! *Jean-Jacques Rousseau*

Es gibt nur eine Leidenschaft, nämlich glücklich zu sein. *Denis Diderot*

Die Natur hat gewollt, dass der Mensch keiner anderen Glückseligkeit oder Vollkommenheit teilhaftig werde, als die er sich selbst, frei vom Instinkt, durch eigene Vernunft verschafft hat.
Immanuel Kant

Die erste Sorge des Menschen sei: nicht wie er glücklich, sondern der Glückseligkeit würdig werde. *Immanuel Kant*

Dem, welcher ein Bein gebrochen hat, kann man dadurch sein Unglück doch erträglicher machen, wenn man ihm zeigt, dass es leicht hätte das Genick treffen können. *Immanuel Kant*

Die Zufriedenheit des Menschen entspringt entweder dadurch, dass er viele Annehmlichkeiten oder dass er nicht viel Neigungen in sich hat aufkommen lassen und also durch wenig erfüllte Bedürfnisse zufrieden ist. *Immanuel Kant*

Glückseligkeit findet sich nirgends in der Natur. Nur die Würdigkeit, glücklich zu sein, ist das, was der Mensch erringen kann. *Immanuel Kant*

Niemand kann mich zwingen, auf seine Art glücklich zu sein … *Immanuel Kant*

Wir sind nicht auf der Welt, um glücklich zu werden, sondern um unsere Pflicht zu erfüllen. *Immanuel Kant*

Glücklich ist derjenige, der sein Dasein seinem besonderen Charakter, Wollen und Willkür angemessen hat und so in seinem Dasein sich selbst genießt. *Georg Wilhelm Friedrich Hegel*

Es gibt nur einen angeborenen Irrtum, und es ist der, dass wir da sind, um glücklich zu sein. *Arthur Schopenhauer*

Neun Zehntel unseres Glücks allein beruhen auf der Gesundheit. *Arthur Schopenhauer*

Kommt zu einem schmerzlosen Zustand noch die Abwesenheit der Langeweile, so ist das irdische Glück im wesentlichen erreicht: denn das übrige ist Chimäre. *Arthur Schopenhauer*

Ganz glücklich, in der Gegenwart, hat sich noch kein Mensch gefühlt – er wäre denn betrunken gewesen.
Arthur Schopenhauer

Im Reich der Wirklichkeiten ist man nie so glücklich wie im Reich der Gedanken. *Arthur Schopenhauer*

Die Heiterkeit allein ist gleichsam die bare Münze des Glückes und nicht wie alles andere bloß der Bankzettel.
Arthur Schopenhauer

Alle Beschränkung beglückt. *Arthur Schopenhauer*

Ist einer heiter, so ist es einerlei, ob er jung oder alt, gerade oder bucklig, arm oder reich sei, er ist glücklich.
Arthur Schopenhauer

Große, lebhafte Freude lässt sich schlechterdings nur denken als Folge großer vorhergegangener Not. *Arthur Schopenhauer*

Durch die Individualität des Menschen ist das Maß seines möglichen Glückes zum voraus bestimmt. *Arthur Schopenhauer*

All unser Übel kommt daher, dass wir nicht allein sein können.
Arthur Schopenhauer

Um nicht sehr unglücklich zu werden, ist das sicherste Mittel, dass man nicht verlange, sehr glücklich zu sein.
Arthur Schopenhauer

Der meiste Schatten in unserem Leben rührt daher, dass wir uns selbst in der Sonne stehen. *Ralph Waldo Emerson*

Deine erste Pflicht ist, dich selbst glücklich zu machen. Bist du glücklich, so machst du auch andere glücklich. Der Glückliche kann nur Glückliche um sich sehen. *Ludwig Feuerbach*

Das Vergleichen ist das Ende des Glücks und der Anfang der Unzufriedenheit. *Sören Kierkegaard*

Ich freue mich an meiner Freude, von, in, mit, bei, auf und zu meiner Freude. *Sören Kierkegaard*

Die erste Wirkung des Glücks ist das Gefühl der Macht.
Friedrich Nietzsche

Das Glück des Menschen beruht darauf, dass es für ihn eine undiskutierbare Wahrheit gibt. *Friedrich Nietzsche*

Die Hoffnung ist ein viel größeres Stimulans des Lebens als irgendein Glück. *Friedrich Nietzsche*

Wer viel Freude hat, muss ein guter Mensch sein: aber vielleicht ist er nicht der Klügste, obwohl er gerade das erreicht, was der Klügste mit all seiner Klugheit erstrebt.
Friedrich Nietzsche

Hast du eine große Freude an etwas gehabt? So nimm Abschied, nie kommt es zum zweiten Male. *Friedrich Nietzsche*

Alles, was die Menschen mit Opfern an Glück verteidigt haben, ist nichts als Irrtum. *Friedrich Nietzsche*

Die Empörung über das Unglück des anderen ist der männliche Bruder des Mitleidens. *Friedrich Nietzsche*

Im Grunde nämlich gibt es nur Heiterkeit, wo es Sieg gibt.
Friedrich Nietzsche

Es ist ein unsägliches Glück, irgendwo in der Fremde zu Hause zu sein – denn es ist eine Synthese unserer beiden Sehnsüchte: nach der Wanderschaft und nach der Heimat – eine Synthese von Werden und Sein. *Georg Simmel*

Ein glückliches Leben muss zum größten Teil ein ruhiges Leben sein, denn wahre Freude kann nur in ruhiger Atmosphäre gedeihen. *Bertrand Russell*

Auf etwas verzichten müssen, ist Bestandteil des Glücks.
Bertrand Russell

Ich bin nicht sicher, ob die gebildeten Menschen meines Bekanntenkreises, selbst wenn sie ein sicheres Einkommen haben, so glücklich sind wie jene Mäuse, die die Krümel von ihren Tischen fressen. *Bertrand Russell*

Zuneigung zu empfangen, ist eine machtvolle Glücksquelle, der Mensch aber, der sie fordert, wird sie nicht erlangen.
Bertrand Russell

Der Erfolg ist und bleibt nur ein Einzelbestandteil des Glücks, und wenn alle übrigen Glücksmomente ihm aufgeopfert werden müssen, ist er zu teuer erkauft. *Bertrand Russell*

Glück ist Gegenwart ohne Denken. *Oswald Spengler*

Ob wir erreichen, was wir uns vornehmen, hängt vom Glücke ab, aber das Wollen ist einzig Sache unseres Herzens.
José Ortega y Gasset

Glück ist wie eine Sonne, die eine Zahl von Trabanten um sich hat: Behagen, Vergnügen, Lust, Zufriedenheit, Freude, Seligkeit, Heil. *Ludwig Marcuse*

Glück ist die Summe von hundert Negationen des Unglücks – plus Glück; das Glück wird weniger bemerkt. *Ludwig Marcuse*

Freiheit von allen Illusionen ist das Glück der Hoffnungslosen.
Ludwig Marcuse

Der Versuch, den Himmel auf Erden zu verwirklichen, produzierte stets die Hölle. *Karl Raimund Popper*

Ich kann mir nichts Besseres denken als ein bescheidenes, einfaches und freies Leben in einer egalitären Gesellschaft.
Karl Raimund Popper

Glück und Erfolg werden einem nur vergeben, wenn man großmütig einwilligt, beide zu teilen. *Albert Camus*

Tod, Sterben

Naht der Tod, ist des Menschen Wort ohne Falsch. *Konfuzius*

Wir wissen noch nichts vom Leben, wie könnten wir etwas über den Tod wissen? *Konfuzius*

Das Feste und Starke gehört dem Tode. Das Weiche und Schwache gehört dem Leben. *Konfuzius*

Die Menschen erwartet nach ihrem Tode, was sie sich nicht träumen lassen oder wähnen. *Heraklit*

Nun ist es Zeit, wegzugehen: für mich, um zu sterben, für euch, um zu leben. Wer von uns dem Besseren entgegengeht, ist jedem verborgen … *Sokrates*

Menschen, die den Tod zu fliehen suchen, laufen ihm in den Rachen. *Demokrit*

Lasst uns guten Muts sein in Bezug auf den Tod, da das kein Übel für uns sein kann, was das natürliche Gesetz der Götter, die über das Wohl der Menschen walten, zu unserem Besten so eingesetzt hat. *Platon*

Niemand weiß, was der Tod ist, ob er nicht für den Menschen das größte ist unter allen Gütern. Sie fürchten ihn aber, als wüssten sie gewiss, dass er das größte Übel ist. *Platon*

Der Schlaf ist ein kurzer Tod, der Tod ein langer Schlaf. *Platon*

Wir sollten das Leben verlassen wie ein Bankett: weder durstig noch betrunken. *Aristoteles*

Sagt nicht, dass die Toten tot sind. Etwas von ihrem Wesen lebt weiter in ihren Nachkommen. *Chuangtse*

Ich bin eine Leiche. Leiche ist Mist, der Mist ist Erde. Wenn aber die Erde eine Gottheit ist, so bin ich nicht eine Leiche, sondern ein Gott. *Alkmaion*

So ist also der Tod, das schrecklichste der Übel, für uns ein Nichts: Solange wir da sind, ist er nicht da, und wenn er da ist, sind wir nicht mehr. *Epikur*

Dem anderen gegenüber ist es möglich, sich Sicherheit zu verschaffen, aber im Hinblick auf den Tod bewohnen wir Menschen alle eine Stadt ohne Mauern. *Epikur*

Was ist lächerlicher als den Tod zu suchen, nachdem du das Leben unruhig gemacht hast durch die Furcht vor dem Tode.
Epikur

Wer sterben gelernt hat, hört auf, ein Knecht zu sein. *Epikur*

Ausgehen ist Leben, eingehen ist Tod. *Laotse*

Der Tod ist ein Ausruhen von Not und Elend.
Marcus Tullius Cicero

Jedem Alter ist der Tod gemein. *Marcus Tullius Cicero*

Tod ist Ziel der Natur, nicht Strafe. *Marcus Tullius Cicero*

Der Schlaf ist das Bild des Todes. *Marcus Tullius Cicero*

Wie bedauernswert ist nicht ein Greis, der während eines so langen Lebens nicht eingesehen hat, dass der Tod zu verachten ist. *Marcus Tullius Cicero*

Bedenke auch, dass alle Zeit, in der wir nicht waren, mag ihre Dauer auch von Ewigkeit sein, für uns wie nicht gewesen ist.
Lukrez

Du warst einmal nicht und wirst einmal nicht mehr sein; beides ist gleich. Vergangenheit und Zukunft gehen uns nichts an.

Seneca

Ist das Sterben ein Unglück, so müsste es auch ein Unglück sein, vorher nicht da zu sein. *Seneca*

Im Leben muss man sich immer nach andern richten, im Tode nicht. *Seneca*

Wir fürchten nicht den Tod, sondern den Gedanken an ihn.

Seneca

Kinder, junge Leute und Verrückte fürchten den Tod nicht. Es wäre doch eine Schande, wenn uns die Vernunft nicht dasselbe verschaffen könnte. *Seneca*

Bereite dich auf den Tod vor, das will besagen: bereite dich auf die Freiheit vor! *Seneca*

Der Tod vernichtet oder befreit uns. *Seneca*

Der Tod ist die Erlösung aller Schmerzen und völliges Aufhören, über ihn gehen unsere Leiden nicht hinaus, er versetzt uns wieder in den Zustand der Ruhe in dem wir uns befanden, ehe wir geboren waren. *Seneca*

Nicht nur einen Tod gibt es. Der uns dahinrafft, ist nur der letzte. *Seneca*

Der nah herangerückte Tod vertreibt prahlerische Worte.

Seneca

Den, der zu sterben wünscht, lässt der Tod niemals im Stich.

Seneca

Die Asche macht alle gleich. *Seneca*

Tod, Sterben

Wie elend ist es, nicht sterben zu können! *Seneca*

Der hat die Weisheit erfasst, der ebenso sorglos stirbt, wie er geboren wurde. *Seneca*

Der, den du verloren zu haben glaubst, ist nur vorausgegangen. Ist es nicht unsinnig, den zu beweinen, der schon am Ziele angekommen ist, wenn man denselben Weg noch vor sich hat?
Seneca

Gesetz ist Sterben, nicht Strafe. *Seneca*

Wer nicht sterben will, hat auch das Leben nicht gewollt.
Seneca

Der Tod ist das Ende aller Dinge des menschlichen Lebens, nur des Aberglaubens nicht. *Plutarch*

Besser sterben als leben, wenn man nicht bloß vor den Feinden, sondern auch vor den Freunden in stetem Misstrauen leben soll. *Plutarch*

Es ist viel dringender erforderlich, die Seele als den Körper zu heilen, denn Tod ist besser als ein schlechtes Leben. *Epiktet*

Du gehst ein in die vertraute und verwandte Materie; du löst dich auf in die Grundstoffe des Seins. Was in dir Feuer war, geht wieder ein in das Feuer, was Erde war, wird wieder zu Erde. Was Luft war, vereinigt sich wieder mit der Luft. Was Wasser war, geht zurück in das Wasser. *Epiktet*

Der Tod ist nichts Schreckliches; nur die fürchterliche Vorstellung vom Tode macht ihn furchtbar. *Epiktet*

Der Tod: das Erlöschen unserer Sinneseindrücke, die Erlösung von der Tyrannei unserer Triebe, von unserer mühseligen Denkarbeit und von der Fron für das Fleisch! *Mark Aurel*

Wenn du beim Sterben gelebt zu haben wünschst, so solltest du schon jetzt leben.
Mark Aurel

Der Tod, den die Menschen fürchten, ist die Trennung der Seele vom Körper. Den Tod aber, den die Menschen nicht fürchten, ist die Trennung von Gott.
Aurelius Augustinus

Der Tod ist nicht für schlimm zu achten, dem ein gutes Leben vorangegangen.
Aurelius Augustinus

Nichts ist gewisser als der Tod, nichts ungewisser als seine Stunde.
Anselm v. Canterbury

Es ist ungewiss, wo uns der Tod erwartet; erwarten wir ihn überall.
Michel de Montaigne

Auf den Tod sinnen heißt auf Freiheit sinnen.
Michel de Montaigne

Nicht der Tod, sondern das Sterben beunruhigt mich.
Michel de Montaigne

Wer die Menschen lehren würde zu sterben, der würde sie lehren zu leben.
Michel de Montaigne

Die Menschen fürchten den Tod, so wie die Kinder das Dunkel fürchten.
Francis Bacon

Glücklich ist der, der stirbt, bevor er den Tod gerufen hat.
Francis Bacon

Ich habe oft über den Tod nachgedacht, und finde ihn das geringste aller Übel.
Francis Bacon

Sterben ist ebenso natürlich wie das Geborenwerden, und für einen Säugling ist das eine vielleicht so schmerzhaft wie für uns das andere.
Francis Bacon

Rache triumphiert über den Tod; Liebe missachtet ihn; Ruhm erstrebt ihn; Kummer flieht ihm zu; Furcht nimmt ihn vorweg.
Francis Bacon

Der Tod ist leichter zu ertragen, wenn man nicht an ihn denkt …
Blaise Pascal

Nur wenn es eine Antwort auf den Tod gibt, hat der Mensch überhaupt etwas zu lachen.
Blaise Pascal

Der Tod verfolgt den Feigen, vergebens er entflieht; Gerettet wird, wer tapfer dem Tod ins Auge sieht.
Voltaire

Wer vor vielen Zeugen stirbt, stirbt immer mutig.
Voltaire

Der Tod ist gar nichts; nur der Gedanke an ihn ist traurig.
Voltaire

Vom Leben muss man wie vom Mahle fortspazieren, dem Wirte danken und sein Bündel schnüren.
Voltaire

In den meisten Fällen ist die Todesursache eines Menschen sein Leben.
Voltaire

Den Tod fürchten die am wenigsten, deren Leben den meisten Wert hat.
Immanuel Kant

Was kann, wenn man nahe daran ist, diese Welt zu verlassen, tröstender sein, als zu sehen, dass man nicht umsonst gelebt habe, weil man einige, wenngleich nur wenige, zu guten Menschen gebildet hat?
Immanuel Kant

Der Tod ist nicht die absolute Aufhebung des Lebens, sondern die Befreiung der Hindernisse des vollständigen Lebens.
Immanuel Kant

Es hat wohl niemals eine rechtschaffene Seele gelebt, welche den Gedanken hätte ertragen können, dass mit dem Tode alles zu Ende sei und deren edle Gesinnung sich nicht zur Hoffnung der Zukunft erhoben hätte. *Immanuel Kant*

Wer sterben kann, wer will den bezwingen?
Johann Gottlieb Fichte

Wir gleichen den Lämmern, die auf der Wiese spielen, während der Metzger schon eines und das andere von ihnen mit den Augen auswählt. *Arthur Schopenhauer*

Der Tod ist ein Schlaf, in welchem die Individualität vergessen wird: alles andere erwacht wieder oder vielmehr ist wach geblieben. *Arthur Schopenhauer*

Jede Trennung gibt einen Vorgeschmack des Todes und jedes Wiedersehen einen Vorgeschmack der Auferstehung.
Arthur Schopenhauer

Und dass es mit dem Tode ernst sei, ließe sich schon daraus abnehmen, dass es mit dem Leben, wie jeder weiß, kein Spaß ist. Wie müssen wohl nichts Besseres als diese Leiden wert sein. *Arthur Schopenhauer*

Nun aber ist der Tod die große Gelegenheit, nicht mehr Ich zu sein: Wohl dem, der sie benutzt. Während des Lebens ist der Wille des Menschen ohne Freiheit … Daher löst der Tod jene Bande: der Wille wird wieder frei. *Arthur Schopenhauer*

Eine ganze Unendlichkeit ist abgelaufen, als wir noch nicht waren: aber das betrübt uns keineswegs. *Arthur Schopenhauer*

Der flammende Beweis für die Unsterblichkeit ist unsere Unzufriedenheit mit jeder anderen Lösung. *Ralph Waldo Emerson*

Macht euch vertraut mit Natur, erkennet sie als eure Mutter; ruhig sinket ihr dann in die Erde hinab. *Ludwig Feuerbach*

Der Tod lehrt, dass der Ernst im Innern liegt. Der ernste Mensch bedenkt daher seinen eigenen Tod, indem er sich selbst tot denkt. Seinen Tod vorwegnehmend, gibt er ihm Wirklichkeit im Leben des Lebendigen. *Sören Kierkegaard*

Menschlich gesprochen ist der Tod das Letzte von allem, und menschlich gesprochen gibt es nur Hoffnung, solange Leben da ist. *Sören Kierkegaard*

Der Tod ist unerklärlich. *Sören Kierkegaard*

Der Tod ist kein Unglück für den, der stirbt, sondern für den, der überlebt. *Karl Marx*

Man soll vom Leben scheiden, wie Odysseus von Nausikaa schied – mehr segnend als verliebt. *Friedrich Nietzsche*

Es gibt keinen Teufel und keine Hölle. Deine Seele wird noch schneller tot sein als dein Leib. Fürchte nun nichts mehr!
Friedrich Nietzsche

Es gibt ein Recht, wonach wir einem Menschen das Leben nehmen, aber keines, wonach wir ihm das Sterben nehmen; dies ist nur Grausamkeit. *Friedrich Nietzsche*

Der Gedanke an den Selbstmord ist ein starkes Trostmittel: mit ihm kommt man gut über manche böse Nacht hinweg.
Friedrich Nietzsche

Das Tier stirbt nicht, es endet bloß; der Mensch aber stirbt, weil ihn auf Schritt und Tritt der Gedanke des Endenmüssens begleitet: das ist der Verlust des ewigen Lebens! *Ludwig Klages*

Unsterblichkeit ist weder zu widerlegen noch zu beweisen.
Karl Jaspers

Das eigentliche Leben ist auf den Tod gerichtet. Tod kann nur Tiefe haben, wenn keine Flucht zu ihm strebt. *Karl Jaspers*

Was zerstört wird durch den Tod, ist Erscheinung, nicht das Sein selbst. *Karl Jaspers*

Der Tod ist kein Ereignis des Lebens. Den Tod erlebt man nicht. *Ludwig Wittgenstein*

Vielleicht ist die wesentlichste Geschichte des Menschen als eine Geschichte seiner Wiegenlieder gegen den Tod zu schreiben.
Ludwig Marcuse

Tod ist die Vorauserfahrung von der Auflösung eines Alls, das Ich zu sich sagt. Die Erfahrung des Todes ist gebunden an die Erfahrung des Ich: seine Universalität und Inselhaftigkeit.
Ludwig Marcuse

Freitod und Selbstmord sind nicht Synonima. *Herbert Marcuse*

Von sehr bösen Menschen kann man sich eigentlich gar nicht vorstellen, dass sie sterben. *Theodor W. Adorno*

Sterben allein genügt nicht; man muss rechtzeitig sterben.
Jean-Paul Sartre

Der Tod wird zum Sinn des Lebens wie der auflösende Akkord zum Sinn der Melodie. *Jean-Paul Sartre*

Wahrscheinlich ist keine Menschheit je dem Tode gegenüber so ratlos gewesen wie die heutige. *Carl Friedrich v. Weizsäcker*

Der Tod, der dem Spiel und dem Heldentum seinen wahren Sinn verleiht. *Albert Camus*

Tod, Sterben

Die Angst vor dem Tod ist eine unbestreitbare Tatsache. Aber ebenso unbestreitbar ist, dass diese Angst, und mag sie noch so groß sein, noch nie stark genug war, um die Leidenschaft der Menschen einzudämmen. *Albert Camus*

Lieber aufrecht sterben als auf Knien leben. *Albert Camus*

Verzeichnis der zitierten Philosophen

Adorno, Theodor W. (1903–1969)
Alkmaion (um 4./5. Jhdt. v. Chr.)
Amiel, Henri Frédéric (1821–1881)
Anselm von Canterbury (1033–1109)
Antiphon (um 480–411 v. Chr.)
Arendt, Hannah (1906–1975)
Aristippos (um 435–355 v. Chr.)
Aristoteles (384–322 v. Chr.)
Augustinus, Aurelius (354–430)

Bacon, Francis (1561–1626)
Bentham, Jeremy (1748–1832)
Bergson, Henri (1859–1941)
Bias (625–540 v. Chr.)
Bloch, Ernst (1885–1977)
Boethius, Anicius Manlius Severinus (480–524)
Bruno, Giordano (1548–1600)
Buber, Martin (1878–1865)

Camus, Albert (1913–1960)
Chilon (um 6. Jhdt. v. Chr.)
Chrysippos (um 280–205 v. Chr.)
Chuangtse (um 370–280 v. Chr.)

Verzeichnis der zitierten Philosophen

Cicero, Marcus Tullius (106 – 43 v. Chr.)

Demokrit (460 – 371 v. Chr.)
Descartes, René (1596 – 1650)
Diderot, Denis (1713 – 1784)
Dilthey, Wilhelm (1833 – 1911)

Emerson, Ralph Waldo (1803 – 1882)
Empedokles (483 – 423 v. Chr.)
Epicharm (um 550 – 460 v. Chr.)
Epiktet (50 – 138)
Epikur (341 – 270 v. Chr.)

Feuerbach, Ludwig (1804 – 1872)
Fichte, Johann Gottlieb (1762 – 1814)
Fourier, Charles (1772 – 1837)

Gehlen, Arnold (1904 – 1976)
Gorgias (483 – 375 v. Chr.)

Hartmann, Nicolai (1882 – 1950)
Hegel, Georg Wilhelm Friedrich (1770 – 1831)
Heidegger, Martin (1889 – 1976)
Helvétius, Claude Adrien (1715 – 1771)
Heraklit (540 – 480 v. Chr.)
Hippias (um 400 v. Ch.)
Hobbes, Thomas (1588 – 1679)
Horkheimer, Max (1895 – 1973)
Huizinga, Johan (1872 – 1945)

Hutcheson, Francis (1694–1746)

Jacobi, Friedrich Heinrich (1743–1819)
Jaspers, Karl (1883–1969)

Kant, Immanuel (1724–1804)
Kierkegaard, Sören (1813–1855)
Klages, Ludwig (1872–1956)
Konfuzius (551–479 v. Chr.)

Laotse (um 4./3. Jhdt. v. Chr.)
Leibniz, Gottfried Wilhelm (1646–1716)
Li Yü (1611–1680)
Locke, John (1632–1704)
Lukrez (96 v. Chr.–40 n. Chr.)

Marcuse, Herbert (1898–1979)
Marcuse, Ludwig (1894–1971)
Mark Aurel (121–180)
Marx, Karl (1818–1883)
Meister Eckhard (1260–1327)
Mengtse (um 389–305 v. Chr.)
Montaigne, Michel de (1533–1592)

Nietzsche, Friedrich (1844–1900)

Ortega y Gasset, José (1883-–1955)

Parmenides (540–480 v. Chr.)
Pascal, Blaise (1623–1662)

Pieper, Josef (1904–1997)
Platon (427–347 v. Chr.)
Plutarch (45–125)
Popper, Karl Raimund (1902–1994)
Protagoras (481–411 v. Chr.)
Proudhon, Pierre Joseph (1809–1865)
Pythagoras (um 570–497 v. Chr.)

Rahner, Karl (1904–1984)
Rousseau, Jean-Jacques (1712–1778)
Russell, Bertrand (1872–1970)
Saint-Simon, Claude Henri de (1760–1825)
Sartre, Jean-Paul (1905–1980)
Scheler, Max (1974–1928)
Schelling, Friedrich Wilhelm Joseph (1775–1854)
Schlegel, Friedrich (1772–1829)
Schleiermacher, Friedrich Ernst (1768–1834)
Schopenhauer, Arthur (1788–1860)
Seneca, Lucius Annaeus (4 v. Chr.–65 n. Chr.)
Simmel, Georg (1858–1918)
Smith, Adam (1723–1790)
Sokrates (469–399 v. Chr.)
Spencer, Herbert (1820–1903)
Spengler, Oswald (1880–1936)
Spinoza, Benedictus de (1632–1677)
Spranger, Eduard (1882–1963)

Thales von Milet (625–545 v. Chr.)
Thomas von Aquin (1225–1274)

Voltaire (François Marie Arouet, 1694–1778)

Weizsäcker, Carl Friedrich von (1912–2007)
Wittgenstein, Ludwig (1889–1951)

Xenophon von Athen (ca. 430–354 v. Chr.)

Zenon von Kition (336–262 v. Chr.)

Register

Abenteuer 138
Aberglaube 78, 95, 118
Abgrund 28, 30
Abhängigkeit 24
Abschied 126
Achtung 71, 148, 150
Affekt 69, 70, 103, 133
Alter 56–59, 74, 138, 156, 166, 172, 173, 175
Amt 164ff., 167
Anarchie 65
Anerkennung 34, 39
Anfang 12, 55, 67, 96, 113, 132, 143, 151, 153, 164
Angst 76ff, 132, 147, 158
Anmut 129, 145
Anpassung 94
Anschauung 59, 111, 158, 171
Anstrengung 20, 38, 106, 156, 162, 165, 170
Antipathie 134
Antithese 100, 117
Arbeit 105, 164–172, 178, 179
Argument 121, 127
Armut 72, 173
Aufklärung 89, 92, 95, 99
Auflehnung 134
Augenblick 31, 56, 60, 170
Autorität 121, 154, 172

Beamte 165, 170
Bedürfnis 19, 24, 44, 74, 79, 81, 83, 86, 88, 139, 159, 173
Befehl 33, 150, 162
Befriedigung 65, 79, 83
Begeisterung 48, 69f.
Begierde 33, 79, 81, 83, 107f.,128, 139, 173
Begriff 26, 32, 80, 99f. 103, 110, 116, 130
Belehrung 159
Beleidigung 146
Belohnung 158
Bequemlichkeit 124

Beredsamkeit 47, 128, 145
bereuen 35, 137
Beruf 136, 164, 166–169, 171
Bescheidenheit 67
Besitz 83, 116f., 145, 172–176, 178f.
Besonnenheit 56
Bestechung 166
Betrug 280
betrügen 17, 54, 70, 109, 115, 285, 337, 364
betteln 173, 248, 301
Bettler 177
Bewegung 24, 37, 38, 85, 103, 134
Beweis 28, 46, 85, 112, 122
bewundern 47, 129
Bewunderung 18, 38, 71, 156
Bewusstsein 28f., 75, 93, 124, 126
Bildung 28, 35, 85, 94, 132
Böse, das 25, 40, 70, 82, 150

Chaos 24, 26, 83
Charakter 20f., 30, 39, 41, 43, 45–50, 53, 59f., 63, 65, 67, 70, 79, 130f., 137, 144, 161

Dank 15, 43
Dankbarkeit 176
Dasein 13, 19, 28f., 42, 170, 179, 219, 241, 253f., 256f., 277, 361f., 364ff., 386
Denken, das 26, 31, 59, 63, 84, 93, 96f., 98–106, 108, 127, 144, 147, 162
Denker 98, 102, 107
Dichter 131
Disziplin 62
Don Juan 137, 148
dumm 19, 54, 155
Dummheit 19, 48, 63, 85, 87, 98f., 141
Dummköpfe 43, 44, 91, 98
Dünkel 46

Edle, der 34f., 39
edel 34, 38, 43, 56, 98, 178
Egoismus 64, 66

Register

Egoist 53
Ehe 82, 138–145, 148
Ehre 36, 83, 103, 130, 152, 155f.
Ehrfurcht 18, 40, 58, 73
Ehrgeiz 19, 74, 81, 167
ehrlich 41, 114, 142, 161
Eifersucht 66, 71, 81, 146, 148, 158
Eigenliebe 25, 70, 74, 108
Eigensinn 50, 158f.
Eigentum 34, 139, 174, 178f.
Einbildungskraft 86, 113
Einsamkeit 30, 41, 46, 51, 160
Einsicht 51, 95, 108ff., 121, 126, 166
Eitelkeit 52–55, 65, 75, 158
Elend 49, 81
elend 24, 58
Eltern 150, 151, 155f., 159, 160, 162
Emanzipation 132
Empfindlichkeit 24, 48
Entfremdung 55
Enthaltsamkeit 144f.
Entschluss 45, 125
Erfahrung 24, 40, 48, 51, 91, 99, 110, 112, 124f. 177
Erfindung 41, 86, 168
Erfolg 37, 38, 166ff., 172
Erholung 157, 166
Erinnerung 22, 58, 121ff., 179
erkennen 15, 20ff., 34, 46f., 51, 86, 91, 107–110, 114, 119, 126, 233, 255
Erkenntnis 16, 29, 78, 88, 91, 99, 107f., 110ff., 116, 122
Erlebnis 53, 102
Ernst 44, 50, 133
Eros 143
Erwartung 70, 77, 80
Erwerbsleben 164
Erziehung 141, 153–163
Essen 26
Ethik 149, 160
ewig 13, 15, 29, 37, 60, 76, 108, 128, 144, 176
Ewigkeit 13, 22, 73, 151
Existenz 75, 109, 136, 139

Falschheit 41, 113
Familie 128, 150ff., 162, 178

Fanatismus 43
Faulheit 165, 168
Fehler 21, 36, 39, 57, 79, 81, 85, 97, 152, 161, 168, 172
Feigheit 117
Feind 21, 48, 54, 71, 115, 117
Feinfühligkeit 136
Feuer 15, 38, 75, 170
Fleiß 220, 223
Fortschritt 106, 114, 136, 171, 212, 227, 269ff., 273–277, 330
Frau 47, 128–140, 142, 144ff., 151, 157, 199, 218, 250, 262, 264, 267, 270, 298, 304, 306, 374
Freigeist 244, 256
Freiheit 27, 32f., 55, 77, 88f., 131f., 138, 142, 155, 159, 162, 177, 223, 247, 256, 270, 277, 282f., 289, 292, 294, 299f., 307, 317, 321, 329, 331, 343, 369–376, 390, 393, 395, 397
Freude 19, 25, 48, 68f., 72, 74, 79, 84f., 121, 137, 144f., 157, 171f., 174, 176, 189, 195, 199, 225, 252, 318, 335, 338, 355, 365, 378–381, 387, 389
Freund 141, 161, 173, 191–199, 245, 326, 345, 364, 394
Freundlichkeit 247, 318, 344
Freundschaft 75, 134, 138, 140f., 146, 192–199, 243, 273, 380
Frieden 34, 62, 85, 251, 268, 274, 275, 281f., 306, 331, 347, 359, 369, 375
Frömmigkeit 228, 237f., 259, 318f., 322
Furcht 38, 40, 53, 76ff., 123, 140, 155, 165, 233, 238, 247, 268, 275, 308, 319, 328, 331, 381, 392, 396

Gastfreundschaft
Gatte 138, 141
Gebet 242, 253, 256, 291
Geburt 18, 25, 39, 120, 164, 235, 265, 285, 357, 360, 365f.
Gedächtnis 86, 99, 120ff., 124, 127, 210, 313
Gedanke 55, 77, 85, 92, 96ff., 100–106, 111, 118, 125, 144, 150, 195, 217f., 220, 222, 225, 275, 280, 333, 352, 369, 383, 387, 393, 396ff.

Gedicht 139, 216
Geduld 138, 187, 322f., 350
Gefahr 21f., 31, 37, 45, 47, 145, 157, 167, 226, 233, 251, 272, 329, 365, 375, 376
gefährlich 63, 91, 96, 114, 116f., 120, 145, 190, 206, 212, 271, 285, 288, 371
Gefühl 45, 56, 64, 66–72, 79, 82, 109f., 125, 129f., 134, 136, 194, 198f., 212, 228, 241, 273, 284, 286, 312, 319, 322, 338f., 374, 378, 388
Gegensatz 12, 15, 33, 42, 102, 115, 195, 251, 263, 278, 375
Gegenteil 72, 135, 198, 223, 238, 243, 321, 364, 383
Gegner 173, 210, 310, 317, 351, 377
Gehorsam 162, 228, 238, 299, 313, 321f., 326
Geist 21, 24f., 36, 38, 41, 44, 58, 64ff., 77, 81, 84–90, 97, 99, 105, 109, 119, 124ff., 129f., 132, 148, 157f., 175, 180, 183, 189, 204, 208, 210, 226, 232, 238, 247ff., 251, 262, 266, 270f., 276, 281, 321, 336, 351, 353, 378
Geistesleben 296
Gelassenheit 296
Geld 38, 134, 137, 172–175, 177–180, 184, 189, 194, 198, 291, 296, 301
Gelehrsamkeit 190, 201, 203, 208
Gelehrter 99, 123, 170, 172, 201f., 205f., 208, 210, 286
Geliebte(r) 138f., 146, 149, 264
Gemeinschaft 22, 28, 148, 150, 262, 264, 279, 290
Gemüt 18, 65, 77, 81, 154, 168, 256, 377
Generation 141, 286, 273, 276, 355
Genie 40–44, 51, 58, 87, 99, 123, 129, 136, 151, 168, 169, 207, 215
Genügsamkeit 145, 181, 319
Genuss 41, 50, 68, 70f., 82, 90, 132, 144, 154, 168, 177, 225, 361, 379
Gerechtigkeit 131f., 184, 229, 255, 261, 268, 282, 283, 290, 340–344, 376, 379

Gesang 139
Geschäft 26, 57, 164–168, 171, 185, 215, 351
Geschichte 30, 32f., 135, 208, 212, 232, 235, 246, 264, 269–274, 276ff., 290, 326, 399
Geschicklichkeit 130
Geschlecht 130f., 141f., 146ff., 314, 361
Geschmack 35, 40, 45, 58, 109, 139, 148, 203, 235, 241, 308, 339
Geschwätz 35
Gesellschaft 27, 29, 50, 133, 137, 163, 168, 177, 214, 222, 261–268, 276, 285, 295, 329, 354, 390
Gesetz 13, 16ff., 38, 55, 69, 92, 142, 180, 196, 218, 224, 232, 278–283, 288, 291, 298, 300f., 306, 311, 354, 371, 391, 394
Gesinnung 38f., 51, 124, 134, 155, 160, 192, 312, 316, 342, 397
Gespräch 45, 96, 140, 193, 199, 202, 261, 288
Gesundheit 29, 96, 158, 167, 177, 187, 189, 190, 225, 377, 386
Gewalt 38, 48, 95, 115, 156, 238, 262, 265, 274, 285, 288, 292, 295, 301f., 319, 331, 339, 342, 381
Gewinn 36, 91, 174, 176, 182, 247, 269, 358
Gewissen 72, 76, 142, 218, 229, 244, 280, 286, 303, 310–313, 328
Gewissenhaftigkeit 113, 241, 345
Gewohnheit 20–24, 36, 43, 47, 50, 53, 63, 98, 115, 155f., 252, 269, 316f., 342, 360
Glaube 91f., 105f., 124, 126, 209, 213, 228, 237–247, 254, 272, 354
Gleichgültigkeit 24, 48, 331, 339
Gleichheit 94, 132, 192f., 262, 279, 283, 294, 343f.
Glück 25, 38, 43, 49, 59, 61, 85, 143, 145, 149f., 153, 160, 174, 180, 185, 222, 227, 229, 259, 262, 270, 273, 282, 286, 292, 314ff., 331, 357, 377–387, 390

glücklich 26, 34, 38f., 56, 59, 71, 137, 139, 143, 152, 169, 173, 180, 191, 200, 225, 252, 276, 281, 288, 298f., 307, 315, 335, 343, 349, 356, 354, 377–382, 384–387, 395
Glückseligkeit 23, 145, 178, 194, 228, 377, 379, 380, 386
Gnade 221, 274, 344
Gott 15, 17, 22, 27, 30f., 33, 76, 109, 111, 128, 129, 142, 238, 240, 243–246, 248, 250–260, 269, 305f., 346, 352, 356, 372, 392, 395
Götter 16, 22, 44, 72, 164, 173, 187, 251ff., 255, 255–258, 294, 315, 320, 377, 391
Grausamkeit 42f., 78, 342, 398
Greis 45, 56ff., 60, 193, 223, 358, 392
Grenze 62, 89, 91, 173, 197, 207, 254, 333, 344, 385
gut 13, 45, 174, 193, 205, 258, 277, 311, 324, 381
Gute, das 17, 31, 45, 48, 70f., 108, 130, 164, 209, 218, 275, 304–309, 314, 316f., 348, 377
Güte 47, 71, 119, 152, 192, 247, 268, 318, 319

Habgier 158, 175
Habsucht 230, 234, 389
handeln 27, 34, 63, 80, 83, 106, 145, 160, 193, 204, 226, 241, 267, 288f., 306f., 322, 330, 334, 345, 349, 360, 366, 371, 378f., 384
Handlung 23, 35, 41, 46, 48f., 53, 80, 226, 280, 282, 284, 305, 311, 324, 329f., 343, 372, 374
Handwerk 216, 226
Harmonie 26, 381
Hass 38, 58, 69, 71, 73, 75, 81, 155f., 273, 299, 330
hassen 35, 57, 64, 72, 130, 132, 238, 317, 339, 350
Hässlichkeit 63
Hast 204, 210
heilen 47, 188, 190, 224, 225, 345, 334, 394

Heilige, das 216, 232, 243
Heilmittel 76, 188, 190, 218
Heimat 230, 234, 389
Heimtücke 41
heiter 154, 188, 219, 345, 377, 387
Heiterkeit 353, 387, 388
Herrschaft 26, 274, 286, 299f., 302f., 320, 326, 331, 356, 366
Herrscher(in) 297, 298, 301ff.
Herz 19, 36, 45, 47, 51, 65, 67–72, 88, 114, 130, 139, 145, 151, 178, 183, 195, 197, 201, 212, 217, 238, 240, 256, 306, 308, 316, 322, 334, 343, 355, 372, 373, 382, 389
Heuchelei 246, 334f., 337f.
Hilfe 37, 132, 163, 193
Himmel 18, 29, 37, 55, 129, 144, 151, 213, 246, 248, 250, 257, 300, 304, 318, 361, 377, 390
Hochmut 69, 209, 326, 333–336, 352
hoffen 153, 161, 323, 360f.
Hoffnung 28, 38, 76, 78, 80, 136f., 162, 181, 187f., 195, 255, 276, 324, 337, 347, 350, 358–361, 388, 397, 398
Höflichkeit 261, 321ff., 333, 363
Hölle 82, 247, 250, 368, 390, 398
Humanität 161, 170, 205, 325
Humor 34, 244
Hund 26, 41, 43f., 65, 135

Ich 30f., 44, 64ff., 194, 196, 199, 208, 243, 257, 334, 339, 367
Ideal 100, 105, 117, 135ff., 211, 256, 288, 325, 366, 367
Idealist 52, 106
Idee 49, 77, 81, 86, 98ff., 102, 104f., 107, 123, 135, 230, 232, 254, 271, 276, 292, 296f., 373
Individualität 65, 70, 387, 397
Individuum 76, 161, 287, 326,
Instinkt 24, 26, 53, 66, 71, 86, 87, 94, 241, 308, 386
Intoleranz 296, 335, 339
Ironie 100, 230, 312
Irrtum 71, 112–118, 123f., 219, 250, 259, 386, 388

Jammer 43, 256, 352
Jude 246, 249
Jugend 56–61, 138, 154, 160, 164, 172, 197, 206, 363, 369
Justiz 280, 283, 291

Kampf 19, 27, 31, 90, 103, 227, 235, 264, 272, 275, 277, 286, 302, 337, 365f.
Kapitalismus 275
Katholizismus 248, 287
Kind 15, 17, 36, 79, 96, 112, 120, 128, 133, 139, 142, 149–162, 173, 234, 240, 242, 289, 300f., 323, 326, 349, 352, 356, 361, 393, 395
Kirche 140, 246, 249ff.
Klasse 102, 264, 285, 286, 290, 293, 301, 302
Kleinmut 69, 154, 326
klug 20, 37, 39, 43, 53, 147f., 160, 168, 178, 201, 228, 264, 285, 292, 295, 298, 325, 338, 345, 388
Klugheit 48, 62, 85, 178, 341, 384, 388
Knecht 215, 247, 267, 371, 376, 392
Kommunismus 287, 292f.
Kompromiss 288, 366
Konflikt 239, 288
König(in) 12, 107, 224, 257, 285, 298–302
Konkurrenz 328
Kooperation 275
Körper 21, 24, 26, 47, 55, 57, 62, 67, 84, 86, 107, 109, 157, 187f., 193, 224f., 262, 380, 394, 395
Korruption 266
Kosmos 16, 22
Kraft 15, 27, 29, 34, 35, 37, 42, 52, 56, 58f., 62, 71, 76, 81f., 84, 121, 130, 160, 169, 180, 203, 226, 231, 237, 252, 274, 276, 302, 313, 315, 336
Krankheit 57, 63, 73, 147, 187–190, 224, 225, 291, 327
Krieg 12, 117, 173, 175, 198, 240, 251, 255, 261, 268, 271, 273–276, 282, 290, 305
Kritik 105, 207

Kultur 156, 191, 269, 271ff., 275, 292, 305
Kummer 20, 358, 384, 396
Kunst 87, 98, 156, 160, 185, 189, 190, 204, 210, 212–223, 226, 231, 236, 262, 281, 284, 299, 301, 322f., 359

Lächeln 198
lachen 25, 50, 69f., 72, 82, 147, 157, 338, 352, 361, 380, 396
Langeweile 24, 53, 167, 169, 186, 329, 387
langweilig 68, 117, 214, 362
Lärm 40, 45, 54, 147, 261
Laster 154, 167, 184, 239, 281, 305, 311, 315, 327ff., 334, 336, 377
Leben 16, 18f., 29, 31f., 34, 37, 41, 51, 53, 56, 59ff., 63, 71, 75, 80, 84, 87ff., 91, 95, 98, 104f., 120, 128, 132, 141f., 150f., 154, 157, 160, 165, 167, 171, 177, 180ff., 188ff., 193f., 201, 203f., 213, 219, 222, 225ff., 231, 233, 245, 252–255, 266f., 270, 288, 290, 310, 316, 320, 323, 326, 343, 346, 347ff., 352, 355, 356–370, 372, 374, 378–381, 383ff., 387–399
Lebenskunst 365
Legitimität 303
Lehre 130, 149, 153, 159, 201, 203, 205, 207, 209, 224, 230, 246–249, 343, 345
lehren 157, 162, 200, 205f., 209, 228, 238, 265, 299f., 347, 395
Lehrer(in) 95, 150, 154, 156, 160, 162f., 230, 364
Leib 16, 30, 57, 63, 65, 67, 73, 94, 100, 132, 135, 144, 167, 188, 221, 227, 311, 359, 363, 378f., 398
Leid, leiden 22, 34, 42, 62, 68, 70ff. 80, 83, 85, 146, 153, 157, 186ff., 195, 267, 298, 311, 320, 324, 327, 341, 355, 362, 365f., 383, 393, 397
Leidenschaft 21, 33, 40, 47f., 56, 59, 65, 69, 74f., 79–82, 86, 88, 94, 109, 114, 118, 143, 146, 148, 188, 209, 224f., 238, 261, 287, 295, 298, 300, 305f., 311, 351, 360, 362, 370, 371, 385

lernen 22, 24, 40f., 55, 58, 77, 96, 98, 119f., 122–125, 132, 142, 154, 156, 159f., 166, 169, 200f., 203, 205f., 210, 220, 225, 228, 233, 239, 270, 287, 297, 315, 326f., 346, 350, 357f., 361, 363, 366f., 392

lesen 101, 121, 123, 125, 201, 203, 217f., 220, 223f., 226, 290

Liebe, lieben 15, 18, 25f., 28ff., 34, 37f., 42, 49, 55, 58, 60, 64, 67, 70, 72–76, 80ff., 85, 108, 111, 114, 131, 134, 138–149, 151, 166, 177, 179, 183, 197, 199, 204, 209, 215, 220, 224, 234, 238, 248, 250, 253, 254, 256–259, 264, 278ff., 291, 298, 299, 304, 315ff., 319ff., 324, 330, 336, 338, 344, 346, 349ff., 354, 357, 373f., 385, 396, 398

Literatur 213f., 218, 226, 290

Lob 43f., 139, 155, 214, 278, 319f., 325, 339, 345

Logik 89, 97, 106, 135

Lohn 71, 108, 166, 214, 225f., 237, 240, 308, 314, 315

Lüge 45, 113, 115, 117f., 222, 268, 289, 293, 320, 336f., 375

Lust 13, 56, 68f., 72, 79f., 83, 144, 192, 265, 314, 332, 354, 389

Macht 19, 23, 35, 49, 54f., 71, 80–83, 88, 100, 106, 111, 113, 121, 179, 183, 187, 204, 220, 240, 256f., 267f., 281, 283–286, 288f., 292, 300f., 303, 331, 338, 342, 364f., 370, 384, 388

Malerei 213f.

Mangel 17, 33f., 53, 81f., 93, 99, 111, 146, 185, 193, 199, 309, 311, 328, 330, 383

Mann 35f., 39f., 42, 47, 55, 79, 96, 128–142, 144–148, 151f., 157, 160, 171f., 192, 199, 235, 266, 274, 283, 285, 290, 293, 298, 300, 334f., 340, 352, 384

Masse 36, 40, 43, 250, 266–278, 288, 294, 296, 318, 380

Mäßigung 144, 318, 371

Medizin 140, 189, 191, 225f.

Meinung 19, 49, 63, 88, 115, 119, 123, 125f., 129, 137, 153, 156, 172, 182, 203, 208, 241, 261, 263f., 272, 279, 283, 285, 288f., 303, 306, 329, 350, 384

Melodie 217, 399

Mensch (Stichwort erscheint fast auf jeder Seite)

Menschenrechte 371

Menschenverstand 92–95, 375

Menschenwürde 371

Menschheit 15, 28, 78, 132, 136, 146, 170, 179, 185, 202, 218, 220f., 239, 241, 248, 253, 262, 270, 272, 286, 302, 306, 309, 311, 375, 399

Metaphysik 234, 242, 256

Minderheiten 268, 273

Missbrauch 184, 248

Mitleid, mitleiden 58, 67, 199, 228, 258, 321, 325, 335, 338, 388

Mittelmäßigkeit 274

Mode 135, 262, 263, 342

Moral 59, 78, 207, 216, 263, 269, 285, 287, 304–311, 325

moralisch 18, 240, 283, 304–307, 316f., 322, 335f.

morden 72, 231, 269, 330

Motivation 212

Motive 65, 80, 323, 372

Mühe 96, 108, 154, 165, 201, 209, 377

Musik 90, 212f., 215ff., 219f., 353

Muße 111, 165, 169, 171, 173, 226, 357

Müßiggang 157, 169ff.

Mut 92, 125, 158, 230, 248, 250, 322, 326, 330, 378

Mutter 12, 16, 78, 100, 133f., 149–153, 168, 216, 242, 308, 319, 338, 398

Mystik 283

Mythos 242

Nachahmung 213f., 309

Nächstenliebe 247, 324, 342

Nacht 44, 119, 144, 242, 251, 265, 398

Nahrung 35, 62, 83, 110, 214, 377, 379

Naivität 336

Narr 46, 51, 92, 112, 352

Nation 216, 262f., 265, 291f.
Natur 15, 24, 26ff., 35, 42, 45f., 50f., 58, 63ff., 69, 74, 76, 84, 98, 120, 130ff., 135, 147, 153, 155–158, 164, 166, 168, 179, 182, 188, 189, 200, 209, 213, 215–218, 222, 229, 235, 239, 247, 248, 254ff., 262f., 266, 273, 278, 280, 282, 295, 298, 304f., 308f., 323, 328, 336, 341, 349ff., 354, 372, 382, 386, 392, 398
Naturwissenschaft 133, 232, 244
Negation 109, 254, 390
Neid 66, 71, 81, 156, 168, 295, 299, 332, 334, 337
Neugier 25, 244, 334
Nichts 13f., 23, 29, 266, 392
Niederlage 72, 85, 367
Niedertracht 25, 219, 267
Not 38, 95, 105, 123, 147, 159, 167, 198, 216, 280, 319, 340, 373, 387, 392
Notwendigkeit 17ff., 32, 50, 100, 119, 244, 277, 282, 295, 311
Nutzen 32, 48, 80, 161, 191, 193f., 205, 278, 336, 341, 346, 348

Offenheit 196
Öffentlichkeit 267
Opfer 118, 171, 248, 270, 276, 323, 343, 388
Optimismus 48
Optimist 104
Ordnung 15, 65, 71, 97, 181, 185, 187, 272, 279, 282ff., 298, 300, 315f.

Pädagogik 160
Paradox 209
Paradoxie 307
Partei 107, 285ff., 289, 291, 333, 373
Persönlichkeit 27, 39, 66, 148, 180, 294, 374
Pessimismus 218, 368
Pessimist 104
Pflicht 24, 42, 67, 150, 158, 168, 190, 228, 239f., 247, 279, 282, 284, 291, 305, 310ff., 316, 322, 357, 371, 376, 386

Phantasie 74, 77, 86, 89, 96, 124, 202, 228, 241, 276
Philosophie 59, 87, 202, 224–236, 238, 241, 243, 247, 257, 271, 369
Poesie 59, 131, 213, 216, 220, 231, 241
Politik 165, 284–289, 296
Prinzip 66, 74, 78, 92, 109, 112, 140, 207, 310ff., 354
Privilegien 104, 376
Propaganda 95, 266, 273
Protestantismus 248f.

Qual 217, 277, 337

Rache 58, 233, 280, 332, 334, 344, 396
Realität 100, 288
Recht 17, 67, 150, 169, 204, 216, 263, 279–285, 303, 307, 322, 342, 357, 373, 398
Rede, reden 22, 25, 32, 45, 47, 51, 54, 58, 99, 107, 122, 152, 184, 196, 199, 201, 213f., 220, 225ff., 231, 236, 241, 257f., 261, 284, 288, 312, 318, 320, 332, 338, 341, 346, 348f., 375
Redefreiheit 299, 373
regieren 13, 93, 130, 294, 297–302, 357, 371
Regierung 295, 300–303
Reichtum 26, 72, 134, 167, 181–185, 240, 263, 297, 351, 380
Reiz 131, 144, 151, 363
Religion 87, 161, 177, 211, 215f., 228, 231f., 237–245, 247f., 250, 252, 255, 291f., 308, 328
Revolution 30, 54, 87, 208, 271, 274ff.
Ruhe 24, 37, 63, 65, 114, 116, 135, 160, 168, 183, 188, 300, 310, 377, 383f., 393
Ruhm 25, 27, 36f., 85, 165ff., 169, 183, 190, 196, 227, 262, 300, 310, 315, 396

Sanftheit 12, 58
schaden 16, 36, 77, 173, 188, 191, 287, 329, 360
Scham 67, 70, 325, 335

Schande 37, 80, 120, 181, 334, 393
Schauspieler 42, 49, 190, 302
schenken 308, 330
Schicksal 20f., 31, 33, 69, 93, 98, 103, 135, 175, 226, 267, 289, 349, 351ff., 361, 381
Schlaf 188f., 271, 360ff., 391f., 297
Schlechtigkeit 68, 87, 242, 327, 334
Schmeichler 39, 193, 196, 296
Schmerz 35f., 47, 49, 68f., 72, 80ff., 90, 153, 187, 189, 191, 242, 304, 355, 361, 379, 393
Schönheit 18f., 51, 56, 128f., 133, 138, 144f., 149, 213, 218, 231, 304
Schöpfung 17, 27, 367
Schrecken 27, 63, 68
schreiben 102, 145, 201, 213f., 219f., 223, 229, 235, 269, 364, 399
Schriftsteller 32, 201, 215–218, 220f., 223f., 235
Schuld 36, 81, 176, 284, 312f., 341
Schule 154, 156, 160, 162
Schwäche 21, 50, 62, 69, 78, 150, 193, 242, 301, 307, 328f., 332, 351
schweigen 22, 74, 127, 147, 265, 279, 301, 313, 320, 332
Schwierigkeit 45
Schwindel 77
Seele 18, 21, 34, 37, 39, 43, 55, 62–67, 73, 75, 84, 96, 100, 107, 109, 131, 144, 149, 155, 164, 167, 183, 187, 190, 191, 195f., 198, 200, 205, 213f., 222, 224–227, 230, 237, 242, 251, 253, 257, 309, 311, 313, 352, 369, 378, 381, 383, 394, 395, 397f.
Sehnsucht 26, 59, 82, 143, 241, 256, 317, 389
Sein, das 12ff., 29, 33, 96, 111, 147, 164, 174, 234, 253f., 343, 348, 399
Selbst, das 37, 64, 75, 165, 215, 328, 346
Selbstbehauptung 71
Selbstbeherrschung 153, 307, 319, 323
Selbstbewusstsein 93
Selbstmord 336, 398f.
Selbstvertrauen 328

Selbstzufriedenheit 385
Seligkeit 22, 163, 389 (siehe auch Glückseligkeit)
Sexualität 250
Sinn 12ff., 20, 36f., 59, 82, 92f., 99, 109, 115, 127, 131, 144, 146, 153, 168, 170, 181, 184, 186, 199, 224, 227, 233, 237f., 241, 245, 262, 284, 303, 307, 341, 352, 357, 366, 368f., 394, 399
sinnlich 131ff., 377
Sinnlichkeit 70, 72, 82, 92, 133, 215
Sitte 92, 135, 149, 151, 201f., 207, 269, 282, 304, 306, 340
Sittlichkeit 67, 130, 148, 190, 231, 239, 307, 318
Sklave, Sklavin 32, 69, 79, 129, 154, 162, 170, 177, 199, 247, 262, 298, 308, 311, 328
Sohn 150, 152f.
Sonne 118, 200, 264, 387, 389
Sorge 19, 33, 64, 78, 150, 171, 184, 186, 195, 274, 360, 363, 380, 384, 386
Sozialismus 286–289
Sparsamkeit 41, 49, 175, 182–185
Spaß 360, 397
Spezialist 172, 205
Spiel, spielen 45, 51, 96, 100, 103, 133, 137, 154, 156, 215, 216, 227, 250, 282, 351, 353, 356, 358, 361, 397
Spott 123, 191
Sprache 14, 71, 81, 92, 94, 99–102, 218, 230, 235, 255, 257, 261, 265, 311, 325, 366
Staat 63, 155, 165, 167, 242, 263, 270, 279, 284, 290–295, 297, 299, 321, 346
Stärke 16, 42f., 56, 118, 122, 131, 149, 316, 319, 321, 371
Staunen 225, 227
sterben 18, 104, 173, 206, 223, 226, 228, 258, 288, 356–359, 364, 391–395, 397–400
Stille 13, 128
Stolz 25, 90, 138, 176, 264, 313, 321, 335, 348

Strafe 159, 248, 269, 278, 284, 311, 333, 335, 341, 344, 392, 394
Streit 103, 207, 328, 360, 364
Streitlust 330
Streitsucht 56
Strenge 154, 155, 221
Studium 62, 160, 202, 230
Sturm 74, 195, 225, 299
Sünde 174, 243, 311, 313, 329, 331, 374

Tabu 272
Tadel, tadeln 35, 53, 192, 197, 278, 324, 325, 337, 340, 345, 355
Talent 41ff., 99, 130, 141, 158, 168, 177, 296, 337
Tanz, tanzen 193, 258, 353, 359
Tapferkeit, tapfer 38, 42, 263, 318ff., 326, 341, 351, 396
Tat 27, 29, 36, 48, 55, 58, 65, 127f., 134, 155, 157, 181, 193, 221, 226, 267, 314ff., 318, 324, 327, 330, 347f., 380
Tatsache 33, 66, 106, 123, 211f., 261, 374, 400
Technik 273, 275f.
Teufel 31, 51, 177, 258, 282, 285, 349, 398
Theater 51, 222, 354, 358
Theologie 189, 240
Theorie 106, 206f., 209, 211f., 288, 296
Tier 15, 19–22, 25–33, 39, 55, 68, 88f., 133, 135, 159, 241, 243, 255, 272, 287, 330, 382, 398
Tod 18, 20, 24, 34, 57, 72, 76, 95, 150, 191, 222, 225f., 232, 252, 258, 305, 310, 359, 360, 362f., 370, 391–400
Toleranz 325
Tor 23, 38, 41, 112, 183, 201, 239, 264
Torheit 48, 141, 148, 190, 300, 328, 384
Tradition 271f., 277
Tragödie 88, 216, 250, 270
Trauer, trauern 35, 48, 65, 69, 176, 348
traurig, Traurigkeit 59, 77, 188, 360, 377, 396
Traum 20, 60, 227, 270
Treue 166, 261, 332, 341
Trieb 53, 110, 147, 148, 162, 266, 394
Triebfeder 69

Trost 54, 59, 132, 309, 355, 398
Trunkenheit 188, 311, 341
Tüchtigkeit 25, 39, 107, 320
Tugend 30, 47, 81, 85, 118, 131, 156, 158, 177, 192, 216, 234, 255, 268, 270, 291, 305, 311, 314–322, 324, 326f., 329, 332, 334ff., 341, 343, 377, 378, 382, 385
Tyrann 39, 83, 199, 283, 297f., 300, 303, 368
Tyrannei 247, 294, 300, 303f.

Übel 41, 77, 79, 91, 117, 119, 145, 167, 178, 188, 205, 281, 295, 299, 302, 305, 310, 331, 335f., 369, 387, 391, 392, 395
Überdruss 85, 226, 367
Überfluss 184, 185, 216, 383
Überlegenheit 40, 69, 86
Überlegung 23, 62, 152, 327
Überwindung 27
Überzeugung 88, 104, 112, 116f., 122, 124ff., 162, 272, 297
Übung 35, 45, 62, 157, 164, 223
Unabhängigkeit 24, 27, 178, 264, 270f., 373
Unbewusste, das 63
Unendliche, das 13, 23, 28, 215, 241, 253
Unendlichkeit 13, 17, 91, 153, 397
Unfreiheit 373f.
Unfrieden 267
Ungerechtigkeit 282, 340, 343f.
Unglück 21, 59, 61, 150, 168, 185, 194, 207, 315, 331, 335, 377, 379f., 383–386, 388, 390, 393, 398
unglücklich 57, 71, 82, 91, 139, 140, 158, 173, 178, 191, 200, 228, 318, 337, 365, 378, 382, 387
Unheil 72, 79, 111, 211, 237, 239, 316
Universum 16, 234
Unmenschlichkeit 23, 344
Unmündigkeit 229
Unrecht 17, 36, 92, 157, 279f., 298f., 314, 318, 332, 340
Unruhe 248, 358, 379, 384
Unschuld 49, 146, 284, 311, 312

Register | 415

Unsinn 223, 266, 282
Unsterblichkeit 22, 64, 198, 256, 397, 399
Unterbewusstsein 152
Unterdrückung 270, 277, 285, 302
Untergang 30, 293, 298, 317
Unterwerfung 159, 247, 277
Untreue 146
Unwissenheit 115, 119, 123, 205, 207, 209, 242, 333
Unzufriedenheit 330, 397
Ursache 69, 83, 92, 107f., 120, 135, 189, 206, 352, 363, 370, 369
Ursprung 14ff., 23, 74, 121, 256, 328, 332
Urteil 38, 40, 78, 94, 108ff., 234, 239, 311, 321
urteilen 52, 108ff., 115, 124, 201, 204, 208, 297
Urteilskraft 53, 58, 93, 99, 109f., 139, 168, 254, 296
Utopie 276

Vater 12, 133, 150, 152f., 167
Vaterland 158, 177, 265
Verachtung 43, 71, 147, 321
Verantwortung 278, 313
Verbrechen 117, 207, 269, 278–281, 311, 320, 327, 333, 335, 360
Verdienst 149, 268, 295, 331, 338, 343
Verehrung 300, 336
Verfassung 242, 278, 291, 294, 296
Vergangenheit 59, 152, 268, 272, 275, 363, 365, 393
Vergnügen 26, 36, 56f., 81, 148f., 164, 167, 177, 187, 189, 196, 254, 309, 389
Verlangen 22, 75, 81, 182, 252, 300, 316, 319, 321
Verleumdung 247, 335
Verlust 174, 178, 244, 269, 398
Vermögen 80, 89, 92, 98, 115, 138, 175, 177f., 182f., 215, 301, 372,

Vernunft 26, 40, 69ff., 74, 81f., 84, 91–95, 109, 115, 122, 129, 207, 212, 224, 227, 230f., 238, 240f., 249, 255, 261, 269, 282, 292, 296, 298, 300, 303, 316ff., 321, 339, 371f., 381, 286, 393
Versöhnung 337
Versprechen 49, 222, 341
Verstand 52, 58, 65, 71, 73, 79, 80, 85, 87, 90–95, 97, 109, 114f., 119, 124ff., 130, 134, 157, 196, 201, 212, 215, 223, 229, 235, 237, 249, 254, 255, 282, 294, 324, 345, 375
Vertrauen 44, 198, 268, 318, 319, 358
Verwandtschaft 192, 194, 243
Verzeihung 338
Verzweiflung 33, 68, 366, 369
Volk 97, 239, 240, 242f., 249, 259, 262f., 265f., 270ff., 274, 279, 281–284, 290–294, 296–302
Vollkommenheit, vollkommen 16f., 24, 34, 41, 53, 62, 65, 68, 71, 85, 99, 110, 132f., 160, 190, 193, 200, 217, 230, 257, 290, 300, 334, 385f.
Vorbild 37, 233, 305
Vorfahren 149, 152
Vorteil 34, 36, 53, 110, 140, 152, 173, 203, 237, 248, 306, 312, 330, 336, 381
Vorurteil 40, 54, 92f., 103, 110, 134, 158, 252, 258, 262, 348

Wahnsinn 82, 85, 87, 95, 175, 245, 265
Wahrheit 25, 35, 38, 42, 55, 63, 71, 83, 92, 105, 107, 112–119, 124, 155, 184, 195, 206–210, 212, 218–222, 228, 230f., 233f., 236, 242, 246, 253, 267, 297, 308, 318, 320, 332, 335, 341, 342f., 349, 355, 368, 371, 385, 388
Wahrnehmung 90, 95, 107
Wasser 21, 37, 319, 377, 394
Weib 83, 128, 130–138, 141, 144, 147f., 151, 156, 164, 177, 219, 233, 250, 267, 352
weinen 145, 150f., 349

weise 21, 35, 37f., 40, 96, 119ff., 144, 176, 201, 295, 318, 352, 358, 360, 383
Weise, der 23, 35–38, 41, 44, 138, 174, 183, 201, 279, 342, 383
Weisheit 25, 35, 39, 40, 46, 58, 67, 76, 94, 120, 134, 158, 165, 172, 190, 194, 207, 224, 226, 228ff., 233ff., 247, 249, 251, 255, 270, 273, 320, 334, 357f., 370, 380, 394
Welt 12, 15, 17, 19, 20, 23, 26ff., 31f., 34, 37, 40f., 47, 51f., 55, 58, 66, 77f., 87, 89, 91, 92, 104, 106, 109, 111, 122, 124, 128f., 149, 153, 159ff., 172, 179, 194, 196, 202f., 205, 211f., 217, 223, 235, 240, 249, 250, 256f., 265, 267f., 275, 277, 280, 282, 285, 298, 306, 317, 329, 334f., 338, 346f., 351–355, 359, 367, 375, 376, 379, 386, 396
Weltanschauung 111, 296
Weltgeschichte 270f., 273, 274, 276
Werk 13, 59, 158, 162, 165, 168, 170f., 207, 213, 215, 237, 300, 378
Werkzeug 89, 95, 111, 173, 180, 211, 231, 241, 259, 266, 286
Wesen 13, 16f., 21f., 25f., 28–32, 37, 52, 66, 87, 109, 131, 137, 179, 192, 212, 217, 221, 227, 231, 242, 251, 253, 256, 260, 313, 353, 364, 365, 367, 372, 373, 391
Widerspruch 16, 93, 96, 244, 278, 281, 313, 352, 354, 361, 372
Widerstand 266, 301, 307, 336
Wille 23, 29, 38, 43, 63ff., 73, 80, 83, 87, 134, 141, 176, 178, 190, 216, 227, 258f., 262, 270, 283, 309, 317, 326, 329, 334, 337, 364, 368, 370f., 373, 384, 396, 397
Willensfreiheit 374
Willkür 282, 307, 386
Wind 34, 153, 181, 302, 315
Wirklichkeit 14, 21, 27, 77, 90, 102, 107, 116, 149, 217f., 221f., 225, 233, 243, 277, 292, 296, 387, 398
Wissen 62, 84, 93, 96, 115, 119–127, 204, 210, 218, 233, 241, 255, 275

Wissenschaft 66, 119, 156, 158, 205–212, 215, 228, 231, 232, 236, 243, 244, 262, 275, 284, 292
Witz 72, 87, 110, 136, 168, 201, 354
Wohlstand 186, 291
Wohlwollen 239, 302, 322
Wollust 82, 144, 190
Wunder 16, 23f., 143, 259, 321, 323, 369
Wunsch 24, 40, 55, 79f., 82, 148, 168, 180, 185, 217, 250, 256f., 287f., 296, 300, 303, 309, 331, 337, 370, 380
wünschen 25, 57, 145, 182, 183, 222, 246, 252, 334, 349, 359, 381f., 393, 395
Würde 77, 97, 128, 185, 302, 311, 318, 321, 371, 375

Zeit 16, 32ff., 47, 58ff., 80ff., 87, 93, 102, 105, 108, 114, 117, 122, 126, 135, 138ff., 157, 166, 170, 175, 187, 189f., 200–203, 207, 219, 221, 227, 245, 253, 256, 266, 272, 276f., 286, 291, 296, 300f., 318, 320, 326, 331, 340, 354, 358, 360, 363, 368, 374, 391, 392
Zeitung 265, 296
Zerstreuung 48, 69, 226
Zeugen 107, 396
Ziel 23, 27, 36, 42f., 49, 62, 162f., 167, 175, 204, 227f., 229, 238, 255, 276, 285, 350, 353, 356, 376, 379, 385, 392, 394
Zorn 68, 239, 264, 332, 336, 338
Zufall 18, 38, 99, 133, 159, 167, 227, 256, 298, 351, 352, 354ff., 358
Zufriedenheit 49, 145, 174, 182, 377, 386, 389
Zukunft 59, 141, 151, 221, 226, 257, 268, 313, 332, 362f., 375, 382, 393, 397
Zuneigung 162, 389
Zwang 47, 155f., 159, 240, 286, 369, 374
Zweck 29f., 51, 55, 66, 71, 88, 94, 133, 141, 144, 148, 159, 171, 180, 204, 216, 218, 230, 239, 256, 263, 270, 281, 289, 290, 292, 306, 331f., 336, 362
Zweifel 43, 55, 104, 110, 210, 228, 300, 347